Βγάλε τα παλιά σου παπούτσια!

Ρόμπερτ Μπετς

Βγάλε τα παλιά σου παπούτσια!

*Δώσε στη ζωή σου
μια νέα κατεύθυνση.*

ΕΚΔΟΣΕΙΣ
ROBERTO & PHILIPPO

Πρώτη έκδοση: 2012
Μετάφραση: Ελένη Γιαννιού, μεταφραστικό γραφείο LOGOS, Αννόβερο
Φωτό του Robert Betz: Brigitte Sporrer

Εκτύπωση:
CPI books GmbH · Eberhard-Finckh-Straße 61 · 89075 Ulm
www.cpibooks.de

Printed in Germany

Εκδόσεις Roberto & Philippo
Sonnenstr. 1 · 80331 Μόναχο · Germany
www.verlag-roberto-und-philippo.de · info@verlag-roberto-und-philippo.de

ISBN 978-3-942581-35-6

Περιεχόμενα

3. Πέντε βήματα προς μια καινούρια ζωή!

Εισαγωγή για την ελληνική έκδοση του βιβλίου „Βγάλε τα παλιά σου παπούτσια!"

Χαίρομαι ιδιαίτερα που το βιβλίο μου „Βγάλε τα παλιά σου παπούτσια", το οποίο στη Γερμανία συγκαταλέγεται στα Bestseller με 80.000 αντίτυπα, μπορείτε τώρα να το διαβάσετε και στα ελληνικά. Ήταν μεγάλη μου επιθυμία να δώσω την δυνατότητα στους Έλληνες φίλους μου να βγουν από τα „παλιά τους παπούτσια" και να αρχίσουν μια ζωή, στην οποία η καρδιά τους να τραγουδάει από χαρά.

Η Ελλάδα και ακριβέστερα το νησί Λέσβος, είναι εδώ και δέκα χρόνια η επιλεγμένη μου πατρίδα, ο ουρανός με οδήγησε εκεί. Κάθε χρόνο φέρνω πάνω από 1.000 ανθρώπους σε αυτό το υπέροχο νησί, για να περάσουν εκεί μια ή δυο εβδομάδες, λαμβάνοντας μέρος κατά την διάρκεια των διακοπών τους σε σεμινάριο με περίπου 20 συμμετέχοντες, κερδίζοντας έτσι πολλά για την ζωή και το σώμα τους. Τα σεμινάρια αυτά βοηθούν όπως και οι διαλέξεις, οι διαλογισμοί και τα βιβλία μου σε μια ζωή της χαράς, της ειρήνης, της ελευθερίας και της αφθονίας.

Γεννηθήκαμε σε αυτόν τον κόσμο, για να ζούμε ευτυχισμένοι και να χαρίζουμε αγάπη στον εαυτό μας και τους συνανθρώπους μας. Όμως ελάχιστοι άνθρωποι –στη Γερμανία ή στην Ελλάδα – είναι πράγματι ευτυχισμένοι και βιώνουν αυτό που τους συμβουλεύει η φωνή της καρδιάς τους. Άπειρα „παλιά παπούτσια" μάς κρατούν φυλακισμένους μέσα μας. Είναι προπάντων οι πλήρως αναληθείς, ναι οι τρελλές σκέψεις για τον εαυτό μας, για τους άλλους και για την ζωή, οι οποίες μας κρατούν πίσω στις παλιές τροχιές, στα ίχνη του „συνηθισμένου ανθρώπου", όπως μου αρέσει να τον ονομάζω.

9

Όλοι εμείς μάθαμε στην παιδική μας ηλικία να κατακρίνουμε οι ίδιοι τον ευατό μας και να του στερούμε την αγάπη. Οι περισσότεροι άνθρωποι δεν θεωρούν τον εαυτό τους αξιαγάπητο. Γι' αυτό ψάχνουν την αγάπη έξω. Έτσι ένα από τα παλιά παπούτσια λέγεται: „Πρέπει να κερδίσω την αγάπη και την εκτίμηση των άλλων με την προσαρμογή και τις επιδόσεις μου". Αυτή και μόνο η πεποίθηση έχει δημιουργήσει ατέλειωτο πόνο και δυστυχία στη ζωή μας και στις οικογένειές μας.

Κανείς δεν μας είπε στην παιδική μας ηλικία, πως εμείς οι ίδιοι είμαστε οι δημιουργοί της ζωής μας και πως επιτρέπεται να αναλάβουμε την ευθύνη για τα δημιουργήματά μας, το σώμα μας, τα συναισθήματά μας, την κατάσταση της συντροφικής μας σχέσης και της θέσης εργασίας μας.
Έτσι δημιουργήσαμε μη συνειδητά πράγματα και καταστάσεις, που κανένας άνθρωπος δεν θα τις δημιουργούσε συνειδητά. Που σημαίνει: „Δεν ξέρουμε, τι κάνουμε!"

Το βιβλίο μου αυτό θέλει να διασαφηνίσει σε κάθε αναγνώστη, πώς δημιούργησε ο ίδιος την μέχρι τώρα βιωματική του πραγματικότητα συμπεριλαμβανομένης της σημερινής κατάστασης του σώματός του. Μόνο αφού αυτό μας γίνει σαφές, μπορούμε να κάνουμε μια καινούρια αρχή και να θεραπεύσουμε το παρελθόν. Όμως ένα παρελθόν, με το οποίο δεν έχουμε κλείσει ειρήνη, αναγκαστικά επαναλαμβάνεται στη ζωή μας.

Πρόλογος

Δεν έχει σημασία τι ηλικίας είσαι, ούτε σε ποια περίοδο της ζωής σου βρίσκεσαι. Από το βιβλίο αυτό θα πάρεις μαζί σου κάτι για σένα.*) Ακόμη και εάν ίσως εξοργιστείς με το ένα ή άλλο σημείο του βιβλίου, θα είναι εντούτοις για σένα ευλογία. Θα εκπλαγείς.

Το βιβλίο αυτό το έγραψα για όλους εκείνους που διατηρούν μια φλόγα περιέργειας μέσα τους, που έχουν το θάρρος να θέσουν τις εξής ουσιαστικές ερωτήσεις: *Για ποιο λόγο είμαι εδώ; Τι σκοπό έχει το ότι είμαι εδώ; Τι να κάνω εδώ; Τι διαδραματίζεται αλήθεια εδώ; Πώς έφτασα εκεί που βρίσκομαι σήμερα; Ποιος είμαι αλήθεια;*

Διάβασε το βιβλίο αυτό με όλο σου το σώμα, όχι μόνο εγκεφαλικά. Εάν προσπαθήσεις να το επεξεργαστείς μόνο διανοητικά, τότε θα σου διαφύγει η Ουσία. Διάβασέ το με την καρδιά σου και φρόντισε να είναι αυτή ανοικτή. Παίρνε ενδιάμεσα βαθιές αναπνοές. Και κράτησε πενήντα τοις εκατό της προσοχής σου για σένα, για τις εσωτερικές σου αντιδράσεις στις προτάσεις αυτού του βιβλίου. Αυτές μπορείς να τις διαισθανθείς και να τις αντιληφθείς μόνο, εφόσον αναπνέεις βαθιά. Αναπνέοντας μόνο επιφανειακά, βρίσκεσαι μόνο στον εγκέφαλο, εάν όμως αναπνέεις βαθιά, βρίσκεσαι σε όλο σου το σώμα και αισθάνεσαι τι σε συγκινεί. Άφησε να σε συγκινήσει, αδιάφορο εάν αυτό είναι ευχάριστο ή δυσάρεστο. Εάν κάτι σε πληγώνει, δηλαδή σε ταράζει, σε προσβάλλει, τότε σε αφορά! Το αργότερο τότε ξέρεις πως κρατάς το σωστό βιβλίο στα χέρια σου. Σου στάλθηκε, γιατί το παρήγγειλες. Το βιβλίο αυτό είναι η απάντηση στο κάλεσμά σου, αδιάφορο εάν το κάλεσες συνειδητά ή μη συνειδητά.

Διάβασε το βιβλίο αυτό, εάν είναι δυνατόν με ένα μολύβι στο χέρι. Χρησιμοποίησε το περιθώριο για τις παρατηρήσεις σου ή για ερωτηματικά. Εάν μια σκέψη μου τη θεωρείς ανόητη, τότε με χαρά σημείωσε στο περιθώριο «Ανοησία!!!» ή «Βλακεία» ή ό,τι άλλο θελήσεις. Αργότερα ίσως να διασκεδάσεις με αυτές σου τις σημειώσεις, ξεφυλλίζοντας το βιβλίο για δεύτερη ή και για τρίτη ακόμη φορά. Ίσως από την μια ή άλλη «βλακεία» να προέκυψε κάτι «ενδιαφέρον».

Έχουμε συνήθως την τάση, να θεωρούμε κάτι καλό, με το οποίο συμφωνούσαμε και προηγουμένως. Όταν κάποιος διαβάσει ένα βιβλίο που επιβεβαιώνει τις απόψεις του, το ονομάζει «καλό» βιβλίο. Εάν όμως διαβάσει ένα βιβλίο με απόψεις που αντιτίθεται στις απόψεις του, γρήγορα γίνεται «άσχημο» βιβλίο. Γι' αυτό πρόσεξε προπάντων τα σημεία εκείνα, με τα οποία ο εγκέφαλός σου δεν συμφωνεί, και ιδιαίτερα πρόσεξε τις εσωτερικές σου αντιδράσεις, τις σκέψεις και τα συναισθήματά σου. Εάν τυχόν προσπαθήσεις να διαβάσεις το βιβλίο αυτό με κριτική ματιά, τότε θα βρεις πολλά σημεία να κριτικάρεις και να κατακρίνεις. Γιατί αυτό που ψάχνεις πάντα το βρίσκεις. Δε χρειάζεται να εξουδετερώσεις τη λογική σου, διάβασέ το όμως με ανοικτή καρδιά και με ό,τι είσαι.

*Ακόμη και εάν είστε ήδη εβδομήντα χρονών, θέλω στο βιβλίο αυτό να σας μιλώ στον ενικό. Γιατί, τι είναι δεκαπέντε χρόνια διαφορά απέναντι στην αιωνιότητα, στην οποία ήδη ζούμε και οι δυό μας. Δεν έχει σημασία λοιπόν, αγαπητή μου ή αγαπητέ μου, αδελφή μου ή αδελφέ μου.

1
Λιοντάρι ή πρόβατο;

⊞ Οι πιο πολλοί άνθρωποι περνάνε τη ζωή τους σε κατάσταση ύπνωσης.

Όσο περισσότερο παρακολουθώ τους ανθρώπους τριγύρω μου, τόσο πιο πολύ έχω την εντύπωση πως η πλειονότητα των ανθρώπων εδώ στη Δυτική Ευρώπη βρίσκεται σε βαθύ ύπνο. Περνάνε τη ζωή τους με έναν τρόπο, σαν να τους έχει χορηγήσει κάποιος ένεση μακράς διαρκείας με υπνωτικές και ναρκωτικές ουσίες, των οποίων η ενέργεια κρατάει τουλάχιστον μερικές δεκαετίες και σε όχι λίγους από αυτούς μέχρι το θάνατό τους. *Αυτό σημαίνει ότι πολλοί άνθρωποι φαίνεται πως πεθαίνουν δίχως να έχουν πραγματικά ζήσει τη ζωή τους, δίχως να έχουν ποτέ τους ξυπνήσει.* Αυτό είναι θλιβερό. *Πώς μπορεί κανείς όμως να αντιληφθεί το ότι οι άνθρωποι κοιμούνται;* Οι περισσότεροι ζουν μέρα-νύχτα, χρόνος μπαίνει-χρόνος βγαίνει, πάντοτε την ίδια ζωή. Στη ζωή τους δεν αλλάζουν σχεδόν τίποτε, εκτός από το αυτοκίνητό τους μετά από κάποια χρόνια, ενίοτε και το σύντροφό τους και καμιά φορά τη θέση εργασίας τους. Όμως στην ουσία δεν συμβαίνει τίποτε πραγματικά καινούριο στη ζωή τους. Η ζωή των πολλών φαίνεται σαν να αποτελείται από μια *αλυσίδα επαναλήψεων.* Ζουν μια ζωή *ρουτίνας:* Ξυπνάνε, πηγαίνουν στη δουλειά, εκπληρώνουν τις προσδοκίες του αφεντικού τους, γυρίζουν στο σπίτι, κουβεντιάζουν και ξεκουράζονται, πάνε για ύπνο. Σηκώνονται, δουλεύουν, έχουν μια απασχόληση, ξαπλώνουν, σηκώνονται, δουλεύουν, έχουν μια απασχόληση, ξαπλώνουν. Και στο τέλος μένουν στο κρεβάτι ξαπλωμένοι και πεθαίνουν ...

Οι περισσότεροι άνθρωποι κοιμούνται (όρθιοι), αν και κουράζονται φοβερά και φαίνονται συχνά υπερκουρασμένοι ή υπερφορτισμένοι. Δεν έχουν στην πραγματικότητα ποτέ χρόνο, δίνουν συχνά την εντύπωση των αγχωμένων και εξουθενωμένων ανθρώπων, κάνουν τα πάντα πολύ γρήγορα λες και τους κυνηγάει κάποιος και μουρμουρίζουν διαρκώς στον εαυτό τους: «Δεν έχω καιρό, δεν έχω καιρό. Πρέπει να βιαστώ, πρέπει να βιαστώ. Θ' αργήσω, θ΄αρ-

15

γήσω.» Προσπαθούν να διεκπεραιώσουν ό,τι γίνεται, κά-
νουν πολλά πράγματα συγχρόνως, ιδιαίτερα οι γυναίκες,
αλλά δεν τελειώνουν ποτέ και δεν είναι ποτέ πραγματικά
ευχαριστημένοι.
Οι περισσότεροι άνθρωποι προβάλλουν σφοδρή αντί-
σταση, εάν κάποιος προσπαθήσει να τους ξυπνήσει. Όταν
κάποιος βιώνει και προβάλλει έναν εντελώς διαφορετικό
δρόμο, τότε τον δείχνουν με το δάχτυλο συνήθως εχθρικά,
τον υβρίζουν και τον αποφεύγουν. Εκ πρώτης όψεως σί-
γουρα φοβούνται πως θα ξυπνήσουν κάποια μέρα και θα
αναγκαστούν να εξακριβώσουν ότι αυτά τα οποία μέχρι
τότε πίστευαν δεν είναι αληθινά, ότι όλος ο κόσμος τους,
τον οποίο έκτισαν, θα μπορούσε να γκρεμιστεί. Και σας ορ-
κίζομαι στο Θεό πως ο φόβος τους αυτός είναι δικαιολο-
γημένος.

⊞   **Σχεδόν κανείς δε βιώνει τη δική του ζωή.**

Η ζωή που ζουν οι περισσότεροι άνθρωποι δεν είναι η δική
τους ζωή, δηλαδή εκείνη η ζωή που οι ίδιοι διάλεξαν. Σχε-
δόν κανείς στη Δύση δε διαθέτει λίγο χρόνο για να κατα-
νοήσει τι είδους ζωή θέλει και θα μπορούσε να ζήσει. Ένας
νεαρός, στην καλύτερη περίπτωση, βρίσκεται αντιμέτωπος
με την εξής ερώτηση που του θέτει η οικογένειά του: «Τι
θέλεις να γίνεις, όταν μεγαλώσεις;» Αυτό όμως σημαίνει:
«Πώς θέλεις να κερδίσεις τα λεφτά σου ή να πληρώσεις το
ενοίκιό σου;» Σχεδόν κανένας πατέρας και καμία μητέρα δε
λέει στο παιδί της: «Σκέψου καλά ποια ζωή θέλεις να ζή-
σεις! Και σκέψου το εγκαίρως! Κοίταξε γύρω σου πώς ζουν
οι άλλοι τη ζωή τους, για παράδειγμα εμείς, οι γονείς σου.
Μην την υιοθετείς τυφλά αλλά πάρε τις δικές σου αποφά-
σεις για τη δική σου ζωή. Γιατί αυτή είναι μικρή, ακόμη κι αν
πρόκειται να φτάσεις τα ογδόντα. Σκέψου επομένως καλά
τι θέλεις να κάνεις στη ζωή σου».
Οι περισσότεροι νέοι δεν είναι ιδιαίτερα ενθουσιασμένοι

από τη ζωή που ζουν οι γονείς τους και πολλοί από αυτούς θέλουν να ζήσουν τελείως διαφορετικά. Όμως, μόλις φύγουν από το πατρικό σπίτι και αρχίσουν να ζουν τη δική τους ζωή, αυτή διαμορφώνεται σε λίγα χρόνια πολύ παρόμοια με τη ζωή των γονέων τους: Σηκώνονται· δουλεύουν· έχουν μια απασχόληση· πάνε για ύπνο· σηκώνονται· χαίρονται όταν είναι Σαββατοκύριακο· δουλεύουν· έχουν μια απασχόληση. Τα βγάζουν πέρα μέχρι το Σαββατοκύριακο, τα βγάζουν πέρα μέχρι τις διακοπές, τα βγάζουν πέρα μέχρι τη σύνταξη ...

Μετά από περίπου είκοσι χρόνια αναγκαστικής συμβίωσης με τους γονείς ή με έναν γονέα, δεν είναι σχεδόν κανένας νέος ενήλικας σε θέση να αρχίσει τη δική του αυτόνομη ζωή, όσο κι αν το επιθυμεί αυτό. Γιατί; Το μυαλό του είναι γεμάτο με σκέψεις και πεποιθήσεις που έχει ακούσει χίλιες φορές από τους γονείς του και από άλλους ενήλικες (δασκάλους, ιερείς, προϊσταμένους) και τις οποίες έπρεπε να αφομοιώσει, γιατί με τον τρόπο αυτό έχαιρε των επαίνων τους και κέρδιζε την προσοχή τους. Κάθε παιδί θέλει να επιβιώσει ψυχολογικά, που σημαίνει πως πρέπει να πάρει το ελάχιστο σε αναγνώριση, εκτίμηση, δέουσα προσοχή και αγάπη, συναισθήματα για τα οποία θα κάνει σχεδόν τα πάντα.

Το παιδί έχει αρχικά ένα πλήθος δικών του παρορμήσεων, επιθυμιών και ιδεών. Όμως, γρήγορα το απομακρύνουν από ό,τι αποκλίνει από το πρότυπο των γονέων και της μάζας. Το εκπαιδεύουν έτσι, ώστε να μετατραπεί σε άνθρωπο της μάζας, σε υδρόβιο ποντικό που κολυμπάει με τη μάζα και βλέπει το σκοπό της ζωής του στη δουλειά, στο να κατορθώσει κάτι (χρήματα και λίγη υπόληψη) και να απολαύσει ταυτόχρονα με τη δουλειά του το μέγιστο δυνατό σε διασκέδαση και άνεση. Αυτό εννοεί η πλειονότητα των ανθρώπων, όταν μιλάει για μια επιτυχημένη ζωή.

Αυτό που εμείς ονομάζουμε εδώ και χιλιάδες χρόνια παιδεία, σημαίνει αν το κοιτάξουμε καλά, στρατιωτικά γυμνάσια. Εκγυμνάζουμε τα παιδιά και τους νέους στο να υιοθετήσουν τον τρόπο της σκέψης μας, της ομιλίας και των πράξεών μας. Δεν επιθυμούμε κάποιους που να κολυμπάνε κόντρα στο ρεύμα, κάποιους γκρινιάρηδες ή παρεκκλίνοντες. Δε θέλουμε επαναστάτες, περιθωριακούς, αρνητές, γιατί αυτοί μας προκαλούν θυμό και φόβους. Θέλουμε θετικούς ανθρώπους που να λένε ναι, θέλουμε να είναι όλα μέλι- γάλα. Η γενιά των γονέων θα μπορούσε να τους φωνάξει: «Παιδιά, μη μας χαλάτε τον ύπνο μας! Κάντε το, όπως εμείς. Κουτσά- στραβά πάνε καλά τα πράγματα, ή μήπως δεν είναι έτσι;»

▓ **Ο άνθρωπος της μάζας: Κανονικός, προσαρμοσμένος, μη συνειδητός.**

Εδώ στη Δύση κατορθώσαμε, όπως λέμε, να φτάσουμε σε υψηλό βιοτικό στάνταρ. Ακόμη κι ένας άνεργος απολαμβάνει συνήθως τα βιομηχανικά επιτεύγματα, όπως είναι η κεντρική θέρμανση, το σταθερό τηλέφωνο και το κινητό, το ποδήλατο και συχνά και το αυτοκίνητο, ο υπολογιστής, το ψυγείο, το τρεχούμενο ζεστό νερό και πολλά άλλα. Από υλικής πλευράς έχουν οι πιο πολλοί από εμάς σήμερα πολύ περισσότερα από ό,τι χρειάζονται για τα προς το ζειν. Κανείς στην Γερμανία σήμερα δε χρειάζεται να πεινάει ή να κρυώνει.

Η «πρόοδός» μας είναι απίστευτη. Φαντάσου η προγιαγιά σου να έβγαινε από τον τάφο της για μια ολόκληρη εβδομάδα κι εσύ να έπρεπε να της εξηγήσεις όλες τις τεχνικές επιτεύξεις που υπάρχουν σήμερα. Η προγιαγιά σου λοιπόν δεν θα έκλεινε το στόμα της από την έκπληξή της … Θέλω να υπενθυμίσω πιο πολύ στις νεότερες γενιές: Πριν από εξήντα χρόνια η χώρα αυτή βρισκόταν στη στάχτη.

Στο μυαλό πολλών ηλικιωμένων αντηχεί περήφανα: «Καταφέραμε ένα σωρό πράγματα!» Όμως τι καταφέραμε αλήθεια; Εγώ ισχυρίζομαι: Καταφέραμε να δημιουργήσουμε ένα λαό καταναλωτικών, κουρασμένων, ως επί το πλείστον αρρώστων ή εξαρτημένων (στη Γερμανία περίπου 8 εκατομμύρια) ανθρώπων, οι οποίοι διαρκώς βρίζουν τα στελέχη της Οικονομίας, της Πολιτικής και της Θρησκείας, σαν τα παιδιά που βρίζουν τους γονείς τους ρίχνοντάς τους το φταίξιμο για ό,τι άσχημο τους συμβαίνει. Η πιο αγαπημένη τους απασχόληση φαίνεται να είναι η κατάκριση, η αποδοκιμασία και η απάρνηση όλων των δυσμενειών που τους συμβαίνουν στη ζωή. Δε χαραμίζουν ούτε μια σκέψη στο πώς προέκυψαν στη ζωή τους όλα αυτά τα δυσάρεστα (αρρώστιες, απώλειες, αποτυχίες, απογοητεύσεις, φόβοι ή άλλα αρνητικά συναισθήματα).

Είμαστε ένας λαός καταναλωτικών όντων των οποίων συγκεκριμένα χαρακτηριστικά είναι: Ασυνειδησία, ρουτίνα, δυσαρέσκεια, κατάκριση κι αποδοκιμασία του εαυτού μας και των άλλων, αντιζηλίες, όπως και φόβοι, φόβοι και πάλι φόβοι. Είχαμε μεγάλες προόδους στον υλιστικό τομέα, στην τεχνολογία των εξωτερικών ανέσεων. Όμως στον μη υλιστικό τομέα, στο πνευματικό επίπεδο, φαίνεται πως εμείς τα πνευματικά όντα κατορθώσαμε το αντίθετο. Εν πάση περιπτώσει, υφίσταται ένα τεράστιο χάσμα μεταξύ της εξωτερικής πλευράς ευημερίας στη ζωή μας και της εσωτερικής, διανοητικής και πνευματικής πλευράς, την οποία δεν μπορούμε να την χαρακτηρίσουμε ως «ευ»-κατάσταση. Εν ολίγοις: Μέσα μας δεν είμαστε ό,τι το καλύτερο.

⊞ **Ζήσε τη ζωή σου – να είσαι ο εαυτός σου!**

Σε προτρέπω να αμφισβητήσεις τα πάντα που βίωσες μέχρι τώρα και συνεχίζεις να βιώνεις. Σε παρακαλώ όμως όχι όλα μαζί, αλλά το ένα μετά το άλλο. Εξέτασε στοργικά κάθε τομέα της ζωής σου και τη σχέση σου με τον κάθε τομέα. Τι ανήκει στους ουσιαστικούς μας τομείς;

- Η σχέση μας με τον εαυτό μας. (Εγώ κι Εγώ)
- Η σχέση μας με το φυσικό μας σώμα.

19

- Η σχέση μας με τη μέχρι τώρα ζωή μας, τη βιογραφία μας και με όλες τις δικές μας εμπειρίες.
- Η εσωτερική μας σχέση με την οικογένεια καταγωγής μας, ιδιαίτερα με τους γονείς μας, όπως τη ζήσαμε στην παιδική και νεανική μας ηλικία.
- Η σχέση μας με την εργασία και την επιτυχία, με τη δημιουργία και την έκφραση των ιδιαίτερων ικανοτήτων μας.
- Η σχέση μας με το άλλο φύλο και με το δικό μας φύλο.
- Ο υπαρξιακός μας προσανατολισμός μέσα σε μια συντροφική σχέση ή δίχως σύντροφο.
- Το βίωμα των φιλικών μας σχέσεων.
- Η σχέση μας με την κοινωνία, στην οποία ζούμε, με το ρόλο μας μέσα σε αυτήν.
- Η σχέση μας με το Θεό.

Κοίταξε με ακρίβεια, με ειλικρίνεια και θάρρος κάθε έναν από αυτούς τους τομείς και νιώσε πόσο ευχαριστημένος και ευτυχισμένος ή πόσο δυσαρεστημένος, απογοητευμένος ή δυστυχισμένος αισθάνεσαι σε αυτόν ή σ' εκείνον τον τομέα. Σκέψου πως εσύ ήσουν αυτός που επέφερε αυτή την κατάσταση στη ζωή του και σε όλους τους μεμονωμένους τομείς – φυσικά σχεδόν πάντα μη συνειδητά.

⊞ **Ο άνθρωπος γεννιέται ως πρωτότυπο, μα πεθαίνει ως αντίγραφο.**

Οι περισσότεροι άνθρωποι είναι όντα τα οποία στην πραγματικότητα κοιμούνται βαθιά, παρόλο που φαίνεται πως βρίσκονται εν κινήσει. Κοιμούνται προπάντων στο πνεύμα, στη συνείδηση. Ο συμβατικός άνθρωπος ζει δίχως συνείδηση. Δεν συνειδητοποιεί την ύπαρξη και την οντότητά του. Ο συμβατικός άνθρωπος κοιτάζει τους άλλους και αρχίζει να συμπεριφέρεται όπως αυτοί. Το ίδιο κάνουν και οι μαϊμούδες.

- Όταν η μάζα αρχίζει να τρέχει, τότε τρέχει μαζί της και ο συμβατικός άνθρωπος.
- Όταν όλοι σταματάνε να τρέχουν, τότε κι αυτός σταματάει.
- Εάν όλοι βλέπουν τηλεόραση, βλέπει κι αυτός.
- Εάν όλοι γκρινιάζουν, κι αυτός γκρινιάζει.
- Όταν όλοι βρίζουν, βρίζει κι αυτός.
- Όταν όλοι κατακρίνουν, κι αυτός κατακρίνει.
- Εάν όλοι πάνε διακοπές, πηγαίνει κι αυτός και ανέχεται το μποτιλιάρισμα στους δρόμους.
- Εάν κανείς δε θέτει ερωτήσεις, τότε κι αυτός δε ρωτά.

Ο άνθρωπος γεννιέται ως πρωτότυπο, αλλά πεθαίνει ως αντίγραφο. Και περνάει τον περισσότερο χρόνο της ζωής του ως αντίγραφο ενός γείτονα, ακόμη κι εάν αυτός οδηγεί άλλο αυτοκίνητο. Η συμβατική ζωή, η ζωή της μάζας, είναι η ζωή των αντιγραφέων, των προσαρμοσμένων, των υδρόβιων ποντικών, των φοβιτσιάρηδων, των πληγωμένων μικρών παιδιών στο σώμα ενός ενήλικα.

Αυτή η αντιγραφή της ζωής δεν είναι αντάξια του ανθρώπου. Όμως, όποιος δεν έχει συνειδητοποιήσει την πραγματική του αξία, την θεϊκή του ύπαρξη, την αγιότητά του, την ομορφιά του, το θησαυρό του, δεν αναγνωρίζει την αξιοπρέπειά του και συμπεριφέρεται απέναντι στη ζωή του και στους πλησίον του αναξιοπρεπώς, δίχως σεβασμό, αγάπη κι εκτίμηση.

Όμως όλα αυτά δεν πρέπει να είναι έτσι. Μπορούμε να τα αλλάξουμε. Ρώτησε τον εαυτό σου: Θέλεις να τα αλλάξεις; Ή μήπως ζεις ήδη ως πρωτότυπο, μια πρωτότυπη ζωή; Θα χαρακτήριζες τη ζωή σου ως πολύχρωμη και συναρπαστικά ωραία, σαν μια περιπέτεια κατά την οποία ανακαλύπτεις κάθε μέρα κάτι καινούριο; Περπατάς στη ζωή όπως ένα παιδί; Με ανοιχτό μυαλό, με αυθορμητισμό και περιέργεια, με γέλιο ,παιχνίδι, χιούμορ, αγάπη και με ενθουσιασμό για όλα, απολαμβάνοντας τα πολλά; Είσαι παρών στη ζωή σου; Ή μήπως περιφέρεσαι μόνο ως σώμα;

21

⊞ Από λιοντάρι σε πρόβατο – και πάλι πίσω σε λιοντάρι.

Γεννιόμαστε λιοντάρια, αλλά μεγαλώνουμε μεταξύ προβάτων και ξεχνάμε πως είμαστε λιοντάρια, γεμάτα απέραντη δύναμη, γεμάτα ατέλειωτη δημιουργικότητα, γεμάτα αστείρευτη αγάπη και χαρά για τη ζωή. Τη διαδικασία αυτή του «γίγνεσθαι πρόβατον» την ονομάζουμε στην ψυχολογία «προπαρασκευή.» Αφήνουμε να μας κάνουν προσαρμοσμένα, ευπρεπή, υπάκουα, εξαρτημένα από την τηλεόραση και τα φάρμακα, φοβισμένα αρνιά, των οποίων η ακμή της ζωής συνίσταται στο να φτάσουν στην ηλικία της συνταξιοδότησης. Όποιος είναι ευχαριστημένος με αυτό, ας ακολουθήσει αυτόν το δρόμο. Εγώ, όμως, θεωρώ αυτόν τον τρόπο ζωής ξένο προς τη φύση μας, δηλαδή ανάξιο του ανθρώπου. Γιατί ο άνθρωπος είναι ένα δυναμικό, θείο ον, το οποίο απλά ξέχασε πως είναι τέτοιο. Ίσως να ένιωσες κάποτε αυτόν τον βαθύ πόθο στην καρδιά σου για μια άλλη, πραγματική ζωή, μια ζωή μέσα σε καθεστώς ελευθερίας. Με αυτόν τον πόθο δεν μπορεί ο νους να προβεί σε πολλές πράξεις. Γι' αυτό αποφεύγει, όσο μπορεί, να παραδοθεί στον πόθο αυτό.

Ρώτησε λοιπόν τον εαυτό σου: Πόσο ελεύθερος αισθάνεσαι στην καθημερινή σου ζωή; Πόσο ελεύθερος είσαι στη σχέση σου; Πόσο ελεύθερος είσαι στον εργασιακό σου χώρο ή στο επάγγελμά σου; Αισθάνεσαι πως το επάγγελμά σου είναι αποστολή για σένα; Πόσο ελεύθερος αισθάνεσαι στις συναντήσεις σου με συνανθρώπους, συναδέλφους, γείτονες, προϊσταμένους κλπ.;
Προσπάθησε πρώτα-πρώτα να σου γίνουν αντιληπτές αυτές οι ανελευθερίες. Και νιώσε τον πόνο που συνδέεται με αυτές, π.χ. με το να πηγαίνεις κάθε μέρα στη δουλειά με νιώθοντας πως: «Πρέπει να πάω, δεν μπορώ να κάνω αλλιώς, δεν έχω άλλη επιλογή ....» Μην αποσπάς την προσοχή σου από τον πόνο αυτό, βλέποντας τα καθημερινά τηλεοπτικά ψυχαγωγικά προγράμματα, γιατί αυτά είναι

προγράμματα αναισθητοποίησης του πόνου και τίποτε άλλο. Το πρόβατο θέλει γενικά να μην ακούει να του λένε ότι είναι λιοντάρι. Το πρόβατο ψάχνει το κοπάδι, το λιοντάρι γυρεύει τη μοναξιά και τη συνειδητή, θαρραλέα απόφαση. Όποιος παίρνει αυτή την απόφαση για την ελευθερία, ξεκινάει έναν συναρπαστικό δρόμο. Ανοίγει την πόρτα σε αυτό που του αξίζει να φέρειτο όνομα «ζωή.» Ρώτησε λοιπόν τον εαυτό σου σε μια ήσυχη στιγμή: «*Θέλω να είμαι ελεύθερος; Θέλω να γευθώ σε αυτή τη ζωή την ελευθερία; Είμαι πρόθυμος να πιστέψω πως υπάρχει για μένα σε αυτή τη ζωή ελευθερία, πως αυτό είναι βιώσιμο κι εφικτό;*»

Σε ενθαρρύνω να πάρεις αυτή τη βασική απόφαση που θα μπορούσε να είναι: «*Θέλω να ακολουθήσω τον πόθο της καρδιάς μου και αποφασίζω εδώ, σε αυτή τη ζωή, σε αυτό το σώμα, να ανακαλύψω και να νιώσω πως είμαι ένα καταπληκτικό, ελεύθερο πλάσμα που έχω τη δύναμη και τη θέληση να εκφράσω τον πραγματικό μου εσωτερικό εαυτό. Θέλω να ανακαλύψω, να εκφράσω και να βιώσω αυτόν τον εαυτό όλο και περισσότερο, όλο και πιο πολύ. Και παρακαλώ τον εσωτερικό μου καθοδηγητή να με οδηγήσει σε αυτόν το δρόμο.*» Αυτός ο αληθινός εσωτερικός εαυτός υπάρχει στον καθένα μας. Γίνεται αντιληπτός ως φωνή της καρδιάς μας που μας καθοδηγεί κάθε μέρα. Δεν μας μεταδίδει μόνο κάθε στιγμή ό,τι ταιριάζει σε μας αλλά μιλάει επίσης για τους πόθους μας, για βαθιά κρυμμένες επιθυμίες της καρδιάς μας που συσχετίζονται με την απέραντη χαρά.

▦ Να είσαι ριζικά ειλικρινής με τον εαυτό σου!

Εφόσον αγόρασες αυτό το βιβλίο, τότε βρίσκεσαι σε αναζήτηση. Θέλεις να αλλάξεις κάτι στη ζωή σου. Πριν αρχίσεις όμως με τις αλλαγές και χαθείς μέσα σε αυτές, κάνε πρώτα μια μικρή απογραφή. Αφιέρωσε λίγο χρόνο για να δεις πώς έχουν τα πράγματα: Πού βρίσκεσαι σήμερα; Πώς είσαι πνευματικά, συναισθηματικά και σωματικά; Σε γενικές γραμμές σου προσφέρει το βιβλίο αυτό τη δυνατότητα μιας επιμελούς απογραφής. Δείξε θάρρος ώστε να είσαι ειλικρινής με τον εαυτό σου. Κοίταξε προσεκτικά τις μέχρι τώρα ενέργειές σου.

Πολλοί άνθρωποι δεν θέλουν να ξέρουν τα πάντα με τόση ακρίβεια σχετικά με τον ίδιο τους τον εαυτό. Σε πολλούς είναι δυσάρεστο το να βλέπουν τι έχουν καταφέρει μέχρι τώρα στη ζωή τους, τους παρακαμπτήριους δρόμους που διέσχισαν, τα σκληρά προγράμματα που έζησαν και τα εμφανή αδιέξοδα στα οποία βρέθηκαν. Εσύ, όμως, να είσαι απόλυτα ειλικρινής με τον εαυτό σου και θα δεις πως αυτό σου αξίζει. Το να είσαι ειλικρινής δεν σημαίνει να δηλώνεις ένοχος αλλά να μην ωραιοποιείς και να μην απωθείς τίποτε, να κοιτάζεις την αλήθεια: Την κατάσταση του σώματος, του πνεύματός σου και των συναισθημάτων σου. Την κατάσταση των σχέσεών σου, τους πόθους και τις επιθυμίες σου, τις απογοητεύσεις και τις ελπίδες σου, το ωραίο και το άσχημο σε σένα και στη ζωή σου. Αυτό δε θα σε σκοτώσει.

Εάν θεωρείς τον εαυτό σου αρκετά σπουδαίο, τότε απάντησε στις παρακάτω ερωτήσεις – εάν είναι δυνατόν γραπτά. Αφιέρωσε χρόνο σε αυτό. Θα ήταν καλό να διαθέτεις ένα τετράδιο συνοδευτικό του βιβλίου αυτού, στο οποίο θα καταγράφεις καθετί που σου έρχεται στο νου κατά την ανάγνωσή του. Εμπειρικά γνωρίζουμε ότι μόλις ένα πέντε τοις εκατό των αναγνωστών διαβάζει με αυτό τον αποδοτικό τρόπο ένα βιβλίο. Ίσως να ανήκεις κι εσύ σε αυτή τη μικρή, ιδιαίτερη μειονότητα.

Ερωτήσεις απογραφής σε σένα και στη ζωή σου.

- Με ποιο πράγμα είμαι ευχαριστημένος στη ζωή μου, τι μου αρέσει στη ζωή μου;
- Τι μου αρέσει στον εαυτό μου; Τι αγαπάω σε μένα; Για ποιο πράγμα μπορώ να επαινέσω τον εαυτό μου;

- Τι αγαπάω στη ζωή μου; Τι μου αρέσει να κάνω; Τι κάνω με αγάπη;
- Με ποιο πράγμα στη ζωή μου δεν έχω ηρεμία, δηλαδή δεν είμαι ευχαριστημένος; (γεγονότα, καταστάσεις, σώμα, οικονομικά, συντροφική σχέση, οικογένεια, επάγγελμα, ελεύθερος χρόνος κλπ.)
- Ποιος τομέας στη ζωή μου χρειάζεται εδώ και καιρό αλλαγές;
- Με ποιους ανθρώπους στη ζωή μου είμαι ευτυχισμένος και ζω ειρηνικά, με ποιους όχι; (γονείς, σύντροφοι, πρώην σύντροφοι, παιδιά, αφεντικά, πρώην αφεντικά, καθηγητές, δάσκαλοι, αδέλφια, άλλοι συγγενείς, πρώην φίλοι....)
- Για ποιο πράγμα μετανιώνω στη ζωή μου; Τι δεν θα ξαναέκανα σήμερα;
- Ποιο βασικό συναίσθημα κυριαρχεί στη ζωή μου τον τελευταίο καιρό, τον τελευταίο χρόνο;
- Ποια συναισθήματα εμφανίζονται συχνά που μου είναι δυσάρεστα;
- Ποια προειδοποιητικά σήματα, ενοχλήσεις, πόνους ή αρρώστιες παρουσίασε το σώμα μου τα τελευταία δέκα χρόνια; (όπως π.χ. διαταραχές ύπνου, πονοκέφαλους, οσφυαλγίες, στηθαγχικούς πόνους, αναπνευστικές ανωμαλίες, δερματολογικά προβλήματα,αρθραλγίες;)
- Ποιους εσωτερικούς φόβους βιώνω;

Αυτές είναι μερικές βασικές ερωτήσεις. Με τη βοήθειά τους μπορείς να προσεγγίσεις για πρώτη φορά τον εαυτό σου και τη ζωή σου. Κατά την ανάγνωση του βιβλίου αυτού θα μπορέσεις να ανακαλέσεις στη μνήμη σου όλο και περισσότερα πράγματα και, μάλιστα, θα συνειδητοποιήσεις όσα βρίσκονται ακόμη τώρα στην ομίχλη. Να καταγράψεις όσο το δυνατόν περισσότερα από τα πράγματα που έρχονται στη σκέψη σου, όπως και ποια συναισθήματα ξυπνάνε μέσα σου. Κάνε μια απογραφή των ουσιαστικών σου πεποιθήσεων και της στάσης σου (του διανοητικού σου επιπέδου) καθώς και των συναισθημάτων σου (του συναισθηματικού σου επιπέδου), τα οποία εμφανίζονται κατά τη διάρκεια της ανάγνωσης αυτού του βιβλίου. Κάνε μια απόλυτα ειλικρινή απογραφή. Στο βιβλίο αυτό θα σου προσφέρω ακόμη πολλές άλλες ερωτήσεις. Να είσαι θαρραλέος, να τις κοιτάξεις και μετά να ψάξεις τις αληθινές απαντήσεις μέσα σου. Θα είναι ευλογία για σένα. Για μένα η ζωή αυτή είναι πολύ πιο πολύτιμη και αξιόλογη από ότι φανταζόμασταν μέχρι σήμερα. Το πολύτιμο, το θαυμάσιο, ο θησαυρός της ζωής δεν μας αποκαλύπτεται όμως αυτόματα, γιατί μέχρι τώρα, ως μεμονωμένα άτομα και ως ανθρωπότητα, είμαστε σε κατάσταση ύπνωσης. Πολλοί από εμάς ταρακουνιούνται κάπου κάπου στη ζωή τους και ξυπνούν από το λήθαργό τους. Η αιτία μπορεί να είναι ένα δυστύχημα, η απώλεια ενός αγαπημένου ανθρώπου – λόγω θανάτου ή γιατί μας εγκατέλειψε –, η απώλεια της θέσης εργασίας, η σύγκρουση με έναν άνθρωπο που μας απασχολεί ή ένα άλλο δυσάρεστο γεγονός. Ένα τέτοιο περιστατικό συνταράσσει συνήθως ανθρώπους ηλικίας μεταξύ των τριάντα πέντε και πενήντα χρόνων. Σε παρακαλώ: Κατανόησε την κραυγή της ζωής που κρύβει αυτό το περιστατικό. Σου φωνάζει: «Ξύπνα! Ζήσε τη ζωή σου! Να είσαι εσύ ο ίδιος!»

Η καρδιά μας λαχταράει πληρότητα, μεγάλη και βαθιά χαρά, συναίσθηση, συνείδηση, επίγνωση. Λαχταράει να γυρίσει σπίτι της. Ισχυρίζομαι μάλιστα πως ο καθένας μας νιώθει βαθιά στο είναι του τη λαχτάρα να ξυπνήσει και να φτάσει σε μια κατάσταση πλήρους συνειδητότητας, πλήρους αγρύπνιας, πλήρους ειρήνης με όλα και με τον εαυτό του, σε μία κατάσταση, δηλαδή, παντελούς ευτυχίας.

⊞ **Καλώς έπραξες!**

Αδιάφορο από πού κατάγεσαι, αδιάφορο τι ηλικίας είσαι και πόσο επιτυχημένος ή αποτυχημένος σήμερα θεωρείσαι.

Έχεις κάνει σωστά τη δουλειά σου. Κι αυτό το εννοώ. Περπάτησες το δρόμο σου με τον τρόπο που τον περπάτησες. Υπήρχαν άλλες εναλλακτικές λύσεις εδώ; Φυσικά. Εσύ όμως διάλεξες τον ένα δρόμο. Τα έβγαλες πέρα, τα κατάφερες, έκανες αυτό που έκανες, έπραξες όπως έπραξες. Και επέζησες. Περπάτησες έναν μοναδικό δρόμο και στο δρόμο αυτό συγκέντρωσες πολύτιμες εμπειρίες, ακόμη κι αν δεν ξέρεις να τις εκτιμάς. Έκανες πολύ καλά! Καλώς έπραξες! Να επαινέσεις εσύ ο ίδιος τον εαυτό σου, γιατί έκανες αυτό που έκανες, αυτό που σου ήταν μέχρι τώρα δυνατό. Βρίσκεσαι όμως ακόμη σε αναζήτηση. Μέσα σου κάποιος πιστεύει πως υπάρχει κάτι περισσότερο. Μέσα σου ίσως υπάρχει ένας ακόμη απροσδιόριστος πόθος για πιο πολλά, για κάτι άλλο! Κι εσύ ακολουθείς αυτόν τον πόθο. Κι αυτό είναι καλό! Σωστά το κάνεις. Βρες το θάρρος να φωνάξεις εσύ ο ίδιος δυνατά στον εαυτό σου: «Καλώς έπραξα! Θέλω να επαινέσω τον εαυτό μου για το δρόμο μου!» Και νιώσε τότε πόσο δύσκολα ακόμη προφέρεις, ίσως, αυτήν την πρόταση.

Και, αν θέλεις να θεωρήσεις το δρόμο σου άσχημο, μπορείς να το κάνεις. Κάνε το όμως συνειδητά και διευκρίνισε τι κατορθώνεις με αυτό. Καταδικάζεις τον ίδιο σου τον εαυτό. Θεωρείς τη ζωή σου άσχημη, γιατί σκέφτεσαι άσχημα γι᾿ αυτή και όχι γιατί είναι πράγματι άσχημη. Ο Θεός δε σε καταδικάζει για τίποτε στη ζωή σου· εσύ, όμως, γιατί νομίζεις πως πρέπει να το κάνεις αυτό; Εάν θέλεις να συνεχίσεις να το κάνεις, τότε κάνε το τουλάχιστον συνειδητά και πες στον εαυτό σου: «Θέλω από ᾿δω και πέρα να κατακρίνω τον εαυτό μου για οτιδήποτε.»

Κανείς δε μας είπε στην αρχή της ζωής μας πώς εξελίσσεται η ζωή και σύμφωνα με ποιους κανόνες συμβαίνει αυτό. Ούτε οι γονείς μας ούτε οι δάσκαλοί μας το έπραξαν. Συγχώρεσέ τους, γιατί δεν μπορούσαν διαφορετικά. Σου μετέδωσαν αυτό που είχαν ακούσει οι ίδιοι από τους γονείς και τους δασκάλους τους. Νιώσε συμπόνια γι᾿ αυτούς, γιατί έδωσαν ό,τι καλύτερο μπορούσαν. Ακριβώς, όπως κι εσύ μέχρι τώρα στη ζωή σου. Ευχαρίστησέ τους γι᾿ αυτό! Και αν δεν το μπορείς ακόμη, τότε κατηγόρησέ τους για ακόμη μια στιγμή, όμως κάνε το συνειδητά. Πες σε όλο τον κόσμο: «Κατηγορώ τους γονείς μου, γιατί έκαναν τόσο πολλά σφάλματα, γιατί δεν ήταν τόσο καλοί, όπως θα τους ήθελα. Φταίνε για πολλά στη ζωή μου.» Κάνε το συνειδητά. Ίσως κάποτε αποφασίσεις να αποκτήσεις άλλη άποψη, κάποτε ίσως αποφασίσεις να συγχωρέσεις τους γονείς σου, τους δασκάλους σου ... κι εσένα τον ίδιο.

▨ Η πραγματική ζωή αρχίζει περίπου στα πενήντα χρόνια.

Εάν θελήσουμε να μάθουμε περισσότερα για μας και τη ζωή, τότε πρέπει να κοιτάξουμε εξ αποστάσεως την πορεία της ζωής των περισσότερων ανθρώπων. Έτσι, θα μπορέσουμε να κατανοήσουμε καλύτερα τη δική μας ζωή, ιδιαίτερα τη σημερινή μας κατάσταση. Με την πρώτη ματιά φαίνεται να διαφέρουν πολύ οι ατομικές βιογραφίες. Εάν όμως τις κοιτάξουμε καλύτερα, θα ανακαλύψουμε πολλές ομοιότητες.

Τα πρώτα δέκα έως δεκαπέντε χρόνια τα περνούν σχεδόν όλοι οι άνθρωποι σε ένα είδος φυλακής. Η οικογένεια (ή το ίδρυμα, στο οποίο μεγαλώνουν μερικοί) δεν αποτελεί στην αντίληψη του παιδιού τόπο θαλπωρής κι ελευθερίας και δεν είναι τίποτε άλλο παρά μια φυλακή, ανεξάρτητα από το βαθμό ευημερίας, το επάγγελμα ή τη μόρφωση των γονέων. Κάθε παιδί γεννιέται σε ένα σύστημα πλήρους εξάρτησης, δηλαδή, μη ελευθερίας. Δεν είναι μόνο εξαρτημένο από φυσικής πλευράς από το περιβάλλον του, αλλά προπαντός από ψυχικής και διανοητικής πλευράς. Ήδη από τα πρώτα χρόνια μαθαίνει τι εννοούν και τι πιστεύουν οι γονείς του, τι σκέφτονται για τους ανθρώπους και τον κόσμο. Όσο γρήγορα πίνει το μητρικό του γάλα, τόσο γρήγορα γνωρίζει τον τρόπο σκέψης των γονέων του και προπάντων τις βασικές τους σκέψεις, τις πεποιθήσεις τους και τα πιστεύω τους και μαζί με αυτά τα βασικά πρότυπα της συμπεριφοράς τους. Ένα παιδί δεν έχει άλλη επιλογή από το να υιοθετήσει αυτές τις σκέψεις.

Στο τέλος της πρώτης φάσης της ζωής του ο νέος ενήλικας είναι γεμάτος σκέψεις για τον κόσμο, τον εαυτό του και τους άλλους που δεν προέρχονται από αυτόν τον ίδιο. Με τις σκέψεις αυτές και τα συναισθήματα που συνδέονται με αυτές βυθίζεται στη ζωή. Τι κάνει ένας κανονικός άνθρωπος στα είκοσι ή τα τριάντα του χρόνια; Είναι εργατικός, θέλει να καταφέρει κάτι. Πρωτίστως, όμως, θέλει να καταφέρει κάτι στην κοινωνική του ζωή, σε επίπεδο υλικό, να «χτίσει» κάτι: Να μάθει ένα επάγγελμα και να έχει επιτυχία, να αποκτήσει ένα διαμέρισμα ή ένα σπίτι και να το διακοσμήσει όμορφα. Στη συνέχεια, το αυτοκίνητό του πρέπει να είναι το κατάλληλο και κατόπιν δεν θα ήταν άσχημη η συμβίωση με τον ή τη σύντροφο κάτω από την ίδια στέγη, με ή χωρίς στεφάνι.

Επενδύουμε, λοιπόν, σχεδόν όλη μας την ενέργεια σε αυτόν το στόχο, στο να θέλουμε να έχουμε και να επιτύχουμε κάτι και σ' αυτό συχνά μας παρακινεί η εξής σκέψη: «Πρέπει να τα καταφέρω!» Πράγμα που σημαίνει πως είμαστε τα εργατικά κι επιμελή παιδιά, όπως μας ήθελαν οι γονείς μας. Κουραζόμαστε, σκοτωνόμαστε στη δουλειά και θέλουμε να τα καταφέρουμε όπως όλοι οι άλλοι.

Αφού κατορθώσαμε το ένα ή το άλλο (φτάσαμε σε μια επαγγελματική θέση, έχουμε ασφάλεια ζωής και μερικές μετοχές, ξεπληρώσαμε το σπιτάκι μας κατά το ήμισυ και ίσως αποκτήσαμε κι ένα ή δύο παιδιά), τότε συμβαίνει στους περισσότερους ανθρώπους κάποιο βαρυσήμαντο, καθοριστικό γεγονός. Λόγω διαφόρων περιστάσεων στην ηλικία μεταξύ των τριάντα πέντε και πενήντα ετών βιώνετε μια κρίσιμη στιγμή στη ζωή σας: Η μητέρα ή ο πατέρας πεθαίνουν, κάποιον τον εγκαταλείπει ο σύντροφός του, κάποιον άλλο τον απολύουν από τη δουλειά του. Άλλοι πάλι καταρρέουν σωματικά λόγω υπερκόπωσης ή λόγω ασθένειας, όπως είναι ο καρκίνος ή η ανακοπή της καρδιάς, υποφέρουν από απότομη απώλεια ακοής, κήλη, δισκοπάθεια, ημικρανίες ή από τις συνέπειες σοβαρών δυστυχημάτων στην οδική κυκλοφορία. Σε όλα αυτά προστίθενται οι απογοητεύσεις στο γάμο και στη συντροφική σχέση που εξελίσσεται σε υπόθεση ρουτίνας δίχως να προκαλεί δυνατά συναισθήματα. Αδιαφορία, συνήθεια και υποφώσκουσα επιθετικότητα καθορίζουν το κλίμα μετά από δέκα και πλέον χρόνια συμβίωσης. Όπως η εξωτερική ζωή πολλών ανθρώπων έτσι και η εσωτερική τους, ο κόσμος των σκέψεων και των συναισθημάτων τους, θυμίζει συχνά χάος.

Αυτή η περίοδος κρίσης μπορεί να είναι σήμα αφύπνισης. Εάν βρίσκεσαι τη στιγμή αυτή σε μια τέτοια κρίση, τότε ίσως να σκέφτεσαι πως κάποιο σφάλμα έκανες. Όχι, δεν είναι έτσι! Απλά έζησες την εντελώς κανονική ζωή ενός Δυτικοευρωπαίου στον 21ο αιώνα. Τώρα, στα σαράντα ή τα πενήντα σου χρόνια ή ίσως και αργότερα, σου προσφέρει η ζωή τη μοναδική δυνατότητα να αρχίσεις την πραγματική, τη δική σου ζωή.

Για πολλούς ανθρώπους είναι αυτή η φάση της ζωής μια περίοδος αλλαγής, αναστροφής και μετάβασης από μία φάση σε άλλη. Αφού τα εξωτερικά συμπτώματα της κρίσης μάς έβγαλαν από τον κανονικό ρυθμό, από την τροχιά της ζωής μας, είμαστε τώρα για πρώτη φορά αναγκασμένοι να ασχοληθούμε με τον εαυτό μας και με ουσιαστικά ερωτήματα. Ιδιαίτερα αρρώστιες και ατυχήματα μας εξαναγκάζουν να μεταφερθούμε από την κάθετη θέση κατά την οποία ο εγκέφαλος που σκέφτεται και υπερισχύει βρίσκεται επάνω και έχει την ηγεσία, στην οριζόντια θέση. Στη θέση αυτή δεν μπορεί ο άνθρωπος πλέον να δραπετεύσει τόσο εύκολα από τον ίδιο του τον εαυτό και τότε ακριβώς μπορεί να επανέλθει στις αισθήσεις του και να ξαναβρεί τις αισθήσεις του. Κατάκοιτος στο κρεβάτι βρίσκεται ο άνθρωπος για πρώτη φορά για μεγάλο χρονικό διάστημα μόνος με τον εαυτό του, έχοντας πρόσβαση στον εαυτό του. Δεν εκμεταλλεύονται όλοι, όμως, αυτήν την ευκαιρία και θεωρούν, αντίθετα, αυτή την αρρώστια, αυτό το ατύχημα σαν ένα μικρό ολίσθημα της ζωής. Σε αυτές τις περιπτώσεις πρέπει να ακολουθήσει κάτι πιο έντονο.

Τα χρόνια που συνοδεύονται από αδυναμία, χάος, φόβους, κατάθλιψη, εξαρτήσεις, αρρώστια και συχνά από έλλειψη χρήματος είναι περίοδος ευλογημένη, γιατί μπορεί να επιφέρουν την αναγέννηση του ανθρώπου. Αυτή είναι η πραγματική γέννηση του ανθρώπου ως όντος που διαθέτει αυτοπεποίθηση, αυτοδιάθεση, ως ξύπνιου όντος, γεμάτου αγάπη και ευγνωμοσύνη. Αυτή είναι η πραγματική γέννηση που η ψυχή μας αναζητεί και επιδιώκει.

Τα πρώτα μας σαράντα ή πενήντα χρόνια ήταν ένα είδος προκαταρκτικού παιχνιδιού, μια ζωή δίχως συνείδηση. Ήταν, όμως, πολύτιμα χρόνια και πρέπει να τα εκτιμήσουμε και να τα αναγνωρίσουμε. Γιατί, κάθε αντίληψη κι επίγνωση μπορεί να προκύψει μόνο μέσα από το ασυνείδητο. Μόνο εάν πρωτύτερα έζησα το σκοτάδι, μπορώ να διακρίνω το φως ως φως και να το εκτιμήσω. Μόνο εκείνος που γνώρισε τι εστί φόβος και ανημποριά ξέρει πολύ καλά τι σημαίνει το να δείχνει εμπιστοσύνη κανείς στη ζωή και στις δικές του εσωτερικές δυνάμεις.

«Πενήντα χρόνια προκαταρκτικό παιχνίδι;», αναρωτιέσαι ίσως. «Δεν είναι μήπως τρελό;» Ναι, εάν το συγκρίνουμε με αυτό που ονομάζουμε κανονική σκέψη, ακούγεται ίσως τρελό.

«Και αυτό για να ζήσουμε ίσως ακόμη δέκα, είκοσι ή τριάντα χρόνια;» Ναι, σας λέω εγώ. Ίσως οι επόμενες γενιές να βιώσουν τη ζωή τους διαφορετικά και να ξυπνήσουν νωρίτερα από το λήθαργό τους. Όμως το σημαντικό κατά τη γνώμη μου, δεν είναι ο αριθμός των χρόνων κατά τους οποίους εμείς εδώ βιώνουμε μια ζωή γεμάτη κι ευτυχισμένη, αλλά σημαντικό είναι να βρούμε το δρόμο προς μια ζωή συνειδητή, με αυτοπροσδιορισμό, χαρά και ειρήνη με τον εαυτό μας και με όλο τον κόσμο. Ακόμη και αν στο τέλος της ζωής σου έχεις ζήσει μόνο έναν χρόνο σε αυτήν την κατάσταση, θα άξιζε τον κόπο η ζωή σου από αυτήν την πλευρά και μόνο.

⊞ «Φτάνει πιά!» – ή μήπως όχι ακόμη;

Όταν ανταμώνουν οι άνθρωποι, συχνά ρωτάει ο ένας τον άλλο: «Τι κάνεις;.» Και η απάντηση είναι ως επί το πλείστον: «Καλά, ευχαριστώ!» ή «Έτσι κι έτσι.»
Στο Αλγκόι της Γερμανίας, όπου κράτησα πολλές διαλέξεις και όπου μιλούν διάλεκτο, ακούγεται αυτή η απάντηση στην ερώτηση «Τι κάνεις» κάπως διαφορετικά. Αλλά όλοι σχεδόν απαντούν «Έτσι κι έτσι!.» Οι περισσότεροι άνθρωποι είναι έτσι κι έτσι, δηλαδή καλούτσικα, ακόμη και αν τύχει να πάσχουν από καρκίνο. Συμβιβάζονται με τον ψυχικό και σωματικό τους πόνο, με μια ζωή που μόλις μπορούν να την κουμαντάρουν. Αυτό δεν έχει καμία σχέση με τη μετριοφροσύνη αλλά περισσότερο με μια ατέλειωτη νωθρότητα και με κάποιο φόβο ενώπιον αλλαγών. Αυτή τη στάση την νουθετούσαν χρόνια και χρόνια πολλές γενιές από τα ιερά των εκκλησιών υπό την κυριαρχούσα ιδέα πως σημαντικό είναι το να υποφέρεις εδώ αυτή τη ζωή και να την αντέξεις. Η στάση αυτή είναι βαθιά ριζωμένη ακόμη και σήμερα, επίσης, στη νοοτροπία πολλών νέων ανθρώπων. Δεν έχουν υψηλότερες απαιτήσεις από τη ζωή τους παρά μόνο να τα καταφέρνουν κουτσά-στραβά. Η υλική ευημερία μάς παρηγορεί μόνο για το ότι αισθανόμαστε κενοί, νιώθουμε μοναξιά και ψυχοπλάκωμα.
Τα τελευταία χρόνια είχα τη χαρά να γνωρίσω πολλούς ανθρώπους που είχαν το θάρρος να αλλάξουν τη ζωή τους. Μετά από δεκαετίες μιας κανονικής ζωής, ρουτίνας και καθημερινότητας δεν είχαν απλά βαρεθεί, αλλά είχαν κυριολεκτικά απηυδήσει. Το σώμα τους έδειχνε εδώ και καιρό συμπτώματα παθήσεων, όπως οσφυαλγίες, πονοκεφάλους, συχνές γρίπες, ιγμορίτιδα, αρθραλγίες, αλλεργίες κλπ.
Η αποφασιστική πρόταση που παρότρυνε την αλλαγή στη ζωή των ανθρώπων αυτών ήταν: «Φτάνει πια!» Από κει και πέρα συνέβαινε πράγματι κάτι καινούριο στη ζωή τους. Κανένας δεν προφέρει αυτή την πρόταση «Φτάνει πια!» για μας, ούτε καν ο πολυεύσπλαχνος Θεός. Κάποτε πρέπει λοιπόν να τη φωνάξουμε εμείς απευθύνοντάς την στον κόσμο.

Σε πολλούς διαρκεί αυτό δεκαετίες, μέχρι να αρθρώσουν αυτό το «Φτάνει πια!.» Είναι μια απόφαση που οδηγεί την τωρινή μας ζωή σε ένα βήμα παραπέρα. Και αυτό το βήμα είναι όντως αναγκαίο, εφόσον βλέπουμε πόσοι τυραννιούνται με τη ζωή τους.

Μόνο αφού μπορέσουμε να φωνάξουμε δυνατά τα λόγια αυτά, τότε θα συμβεί κάτι νέο στη ζωή μας, θα μπουν σε δρόμο και θα είναι δυνατές νέες εξελίξεις. Έχω την εντύπωση πως όλο το σύμπαν αρχίζει να μας υποστηρίζει, εάν πάρουμε αυτήν την απόφαση. «Φτάνει πια!» σημαίνει: «Δεν το θέλω άλλο πια. Δεν θέλω πια. Το άντεξα για υπερβολικά πολύ χρόνο. Τώρα ήρθε η ώρα της αλλαγής και με αυτήν και η ώρα των αποφάσεων. Θέλω να γυρίσω τη σελίδα της ανέχειάς μου και γι' αυτό είναι τώρα αναγκαίο κάτι καινούριο. Εμπρός λοιπόν!»

Μια και διαβάζεις αυτό το βιβλίο, είναι μεγάλη η πιθανότητα , πως και για σένα «φτάνει πια.» Ή μήπως έχεις εκφράσει ή σκεφτεί αυτό το «Φτάνει πια!» ήδη προ καιρού; Τότε κοίταξε τι έχει συμβεί από τότε στη ζωή σου και ποιες νέες αποφάσεις έχεις πάρει. Στο τέλος του βιβλίου αυτού σε προσκαλώ να καταπιαστείς με μερικές βασικές αποφάσεις για τη ζωή σου. Δίχως τέτοιες αποφάσεις δεν θα επέλθουν πολλά νέα πράγματα στη ζωή μας, διότι η δύναμη του παλιού, της συνήθειας μάς καθιστά μαλθακούς, άπραγους, νωθρούς κι αδρανείς.

Το περιβάλλον μας, η πλειονότητα των συνανθρώπων μας και συχνά επίσης τα μέλη της οικογένειάς μας δεν δείχνουν ιδιαίτερο ενδιαφέρον για το ότι εμείς ξεκινάμε για νέες ανακαλύψεις, για νέες Ιθάκες. Αντίθετα αυτό τους φοβίζει.

2

Τα παλιά παπούτσια

⊞ Τι είναι τα παλιά μας παπούτσια;

Τα «παλιά παπούτσια» με τα οποία περπατάμε είναι τα παλιά πρότυπα και οι παλιές συνήθειες της σκέψης, της συναίσθησης και της συμπεριφοράς που προέκυψαν πριν από πολύ καιρό. Μας διαβιβάστηκαν από γενιά σε γενιά και είναι σήμερα αυτό που οι περισσότεροι χαρακτηρίζουν ως φυσιολογικό και σύμφωνα με το οποίο συμπεριφέρεται η πλειονότητα. Ο «φυσιολογικός άνθρωπος» έχει σήμερα μια ντουλάπα γεμάτη με παλιά παπούτσια, από τα οποία κάθε πρωί, αφού ξυπνήσει και ξεκινώντας την ημέρα του, φοράει και κάποιο ζευγάρι. Δεν αντιλαμβάνεται καν πως τα πόδια του πονάνε και μαζί με αυτά και η ψυχή του- μπορεί κανείς να εξοικειωθεί με τα πάντα. Και έχουμε όντως εξοικειωθεί με τόσα πολλά περίεργα. Εάν κάποιος εξωγήινος μας επισκεπτόταν στη γη και μας έβλεπε, δεν θα μπορούσε να συνέλθει από την έκπληξή του. Αναζητώντας μια εξήγηση για την περίεργη αυτή ανθρωπότητα, ίσως να έβγαζε ως συμπέρασμα το εξής: «Αυτό το είδος άνθρωπος βρίσκεται ακόμη στα σπάργανά του.»

Ήδη από τους πρώτους μήνες της ζωής μας αρχίζουμε να παρακολουθούμε το τι και πώς κάνουν οι μεγάλοι κάτι, τι λένε και πώς σκέφτονται. Τα περισσότερα πράγματα τα μαθαίνουμε από τη μητέρα μας, γιατί με αυτή συχνά περνάμε δέκα φορές περισσότερο χρόνο από ότι με τον πατέρα μας. Ακόμα από την εποχή που ήμασταν στην κοιλιά της. Όταν ήμασταν μέρος του μητρικού οργανισμού δεν μας διέφευγε τίποτε από αυτά που σκεφτόταν η γυναίκα αυτή, τι έλεγε και τι συναισθανόταν, διότι δεν υπάρχει πιο στενή σχέση μεταξύ δύο ανθρώπων από αυτήν του εμβρύου με τη μητέρα του. Και το έμβρυο είναι ευθύς εξ αρχής ένα αναπτυγμένο σκεφτόμενο ον. Αντιλαμβάνεται κάθε κλονισμό της μητέρας, κάθε φόβο της, λύπη, κατάθλιψη, κάθε χαρά και κάθε γέλιο, και μάλιστα ακριβέστατα, πράγμα που το εντυπωσιάζει και το αγγίζει. Έτσι, γίνεται αυτό ο πλέον οικείος γνώστης της μητέρας του, πριν ακόμη καν γεννηθεί.

37

Στην πρώιμη παιδική ηλικία παρατηρούμε καθημερινά τη μητέρα ή τους άλλους ενήλικες στο περιβάλλον μας και μαθαίνουμε έτσι σίγουρα τι σκέφτονται αυτοί για τη ζωή, τον εαυτό τους και τους συνανθρώπους τους και επίσης πώς συμπεριφέρονται. Τη στιγμή εκείνη όμως δεν έχουμε τη δυνατότητα να αμφισβητήσουμε τις απόψεις τους και τον τρόπο συμπεριφοράς τους, δηλαδή το εάν έχει νόημα το να σκέφτεται και να συμπεριφέρεται κανείς έτσι. Θα μου επιφέρει χαρά στη ζωή μου το να σκέφτομαι με τον τρόπο αυτό; Επειδή η μητέρα (και εν μέρει και ο συχνά απών πατέρας) είναι το μόνο πρότυπο στο περιβάλλον μου και επειδή εγώ είμαι πλήρως εξαρτημένος από την αφοσίωση και τη στοργή τους, αφομοιώνω τη συμπεριφορά τους, τα συναισθήματά τους, την ομιλία και τη σκέψη τους ως πρότυπο του εαυτού μου. Αυτό που λέει η μητέρα ή ο πατέρας ισοδυναμεί με θεϊκά μηνύματα. Για ένα μικρό παιδί έχουν η μητέρα ή ο πατέρας το αξίωμα του θεού, γιατί αυτοί κατέχουν τη δύναμη για την ευεξία ή τον πόνο του παιδιού, για την προσοχή που του δίνουν (π.χ. φαγητό) και ένα παιδάκι νιώθει με μεγάλη ευαισθησία αυτό το ιεραρχικό πλέγμα. Αγωνίζεται λοιπόν με τον τρόπο του, για να λάβει το μέγιστο δυνατό της ενέργειάς τους. Ένας άνθρωπος αναπτύσσει στην παιδική του ηλικία μια απολύτως δική του στρατηγική επιβίωσης η οποία συνεχίζει συνήθως να είναι ενεργή και όταν ακόμη ενηλικιωθεί.

Το παιδί αρχίζει να μπαίνει στα παλιά παπούτσια της μητέρας και του πατέρα του και να περπατάει με αυτά. Όταν όμως κοιτάξουμε με μεγαλύτερη προσοχή, θα εξακριβώσουμε πως αυτά τα παλιά μητρικά ή πατρικά παπούτσια είναι στην πραγματικότητα πολύ πιο παλιά. Τα έφτιαξαν οι πρόγονοί μας και τα μετέδωσαν ως κληρονομιά από γενιά σε γενιά. Εάν ήμασταν σε θέση να αντιληφθούμε πόσο παλιά και ξεπερασμένα είναι τα υλικά, από ποια εποχή προέρχεται αυτό σύμφωνα με το οποίο προσανατολίζουμε τη ζωή μας, θα ανατριχιάζαμε.

Στις επόμενες σελίδες ανοίγω μια ντουλάπα γεμάτη παλιά παπούτσια και σε παρακαλώ να κοιτάξεις κάθε ένα από αυτά και να τα φορέσεις ακόμη μια φορά για λίγο. Γιατί αυτό; Για να αισθανθείς για ακόμη μια φορά τα επώδυνα σημεία πίεσης, την ένταση, την αγωνία, τον πόνο και τη λύπη, που για δεκαετίες προκαλούσες στον εαυτό σου με τη σύμπραξη αυτών των παλιών παπουτσιών. Εάν συνειδητοποιήσουμε αυτό, δηλαδή το πώς έχουμε δημιουργήσει στενότητα, πίεση, ένταση, βαρύτητα μέσα μας και στη ζωή μας, τότε μπορούμε να επουλώσουμε παλιές πληγές και να ξεπεράσουμε παλιά πρότυπα σκέψης και συναίσθησης. Μόνο τότε θα προκύψει ένας νέος χώρος για νέες αποφάσεις, για μια νέα κατεύθυνση στη ζωή μας. Αναζήτησε και βρες στα επόμενα κεφάλαια ποιο παπούτσι βρίσκεται στη δική σου ντουλάπα που σε πιέζει και σου προκαλεί πόνους.

⊞ **Παλιό παπούτσι: Δεν έχω χρόνο.**

Έχεις πολύ χρόνο; Έχεις την εντύπωση πως έχεις πολύ χρόνο; Ή μήπως έχεις συχνά το συναίσθημα πως πρέπει να βιάζεσαι; Έχεις την εντύπωση πως ο χρόνος τρέχει- το βάζει στα πόδια; Όλος ο κόσμος θέλει να μας πείσει πως δεν έχουμε αρκετό χρόνο. Και πως πρέπει οπωσδήποτε να βιαζόμαστε σε ό,τι κι αν κάνουμε. Μας αρέσει ιδιαίτερα το ότι όλα κινούνται όλο και γρηγορότερα. Τρώμε γρήγορα, οδηγούμε γρήγορα, κάνουμε γρήγορο σεξ, περπατάμε γρήγορα, αναπνέουμε γρήγορα. Τα τάχιστα είδη των σπορ είναι τα αγαπημένα μας, όπως η φόρμουλα 1 ή τα 100 μέτρα τρέξιμο ή ο μαραθώνιος δρόμος. Τι νόημα έχει αυτό; Σχεδόν κανείς δεν έχει χρόνο με την έννοια της ηρεμίας. Γνωρίζεις αλήθεια αυτή τη λέξη; *Ηρεμία* … Θέλουμε να κατορθώνουμε όλο και περισσότερα σε όλο λιγότερο χρόνο. Είμαστε συνεχώς σε φούρια. Και το βράδυ πέφτουμε πτώματα στο κρεβάτι, δίχως να είμαστε πλέον σε θέση να στοχαστούμε την ημέρα που πέρασε.

Μια από τις συχνότερες σκέψεις σε εμάς στο δυτικό κόσμο –το πιο γνωστό δυτικό μάντρα- είναι: «Δεν έχω χρόνο!» Εκφράζουμε αυτή τη σκέψη απερίσκεπτα, δίχως να μας γίνεται συνειδητό τι προξενούμε με αυτή τη φράση στη ζωή μας. Γιατί η σκέψη «Δεν έχω χρόνο!» δημιουργεί και ενδυναμώνει το συναίσθημά μου πως δεν έχω χρόνο και πως πρέπει να βιαστώ ακόμη περισσότερο. Φροντίζει να μας κόβεται η αναπνοή- να λαχανιάζουμε. Η σκέψη αυτή είναι, όπως κάθε σκέψη, δημιουργική και επιδρά σαν μια διαταγή. Δημιουργείς έτσι στον εαυτό σου ένα συναίσθημα της έλλειψης χρόνου, της ένδειας.

Είναι ένα από τα πολλά τρελά παιχνίδια που παίζουμε στη ζωή μας, εφόσον θέλουμε να τα παίζουμε. Συνειδητοποίησε και εδώ πως εσύ μπορείς να επιλέξεις. Εάν όλος ο κόσμος σου βάζει την ιδέα πως δεν έχεις χρόνο, τότε με τον καιρό όντως το πιστεύεις. Αυτό όμως συμβαίνει, επειδή δεν το σκέφτεσαι και κάνεις σχεδόν πάντα αυτό που κάνουν και οι άλλοι. Είσαι καιροσκόπος. Και συμβαδίζεις με τη μάζα των φουριόζων, των βιαστικών. Και αυτό συνεχίζεις να το κάνεις. Μήπως ξέρεις αλήθεια γιατί τρέχεις τόσο γρήγορα; Σε τι ωφελεί η ταχύτητα, αφού δεν ξέρεις προς τα πού τρέχεις; Τι σκοπό έχει η γρήγορη ζωή σου; Γιατί βιάζεσαι τότε τόσο πολύ να φτάσεις στο τέλος σου, στο θάνατό σου; Γιατί προς τα εκεί βαδίζεις τρέχοντας.

Όμως δεν ξέρουμε προς τα πού πάμε. Το κυριότερο είναι το ότι τρέχουμε. Η σβελτάδα, η βιασύνη, η δύσπνοια έχουν πλέον ανεξαρτητοποιηθεί. Δεν είμαστε πλέον σε θέση να ηρεμήσουμε. Προσπάθησε απλά να νιώσεις πόσο γρήγορα ή πόσο αργά διαβάζεις αυτή τη στιγμή το βιβλίο αυτό. Γνωρίζεις τη σκέψη «ελπίζω να τελειώσω γρήγορα το βιβλίο!», γιατί υπάρχουν τόσα άλλα βιβλία που πρέπει ή θέλεις να διαβάσεις;

Συνειδητοποίησε για τον εαυτό σου πως κάποτε αποφάσισες να συμβαδίζεις με τη μάζα, αφήνοντας να σε κυβερνά η ανησυχία και η αταξία. *Εσύ ο ίδιος ήσουν αυτός, γι' αυτό λοιπόν μπορείς εσύ ο ίδιος να το αλλάξεις και πάλι.* Ακόμη και εάν εκατομμύρια ανθρώπων τρέχουν, δεν χρειάζεται να

τρέχεις κι εσύ μαζί τους. Δώσε στη ζωή σου τη δική σου τα-
χύτητα ή τη δική σου βραδύτητα. Γίνε πιο αργός! Επίλεξε
τη βραδύτητα! Πάρε μια καινούρια απόφαση! Πώς θα γίνει
αυτό; Στην αρχή υπάρχει, όπως πάντα, μια νέα σκέψη. Η
σκέψη αυτή σου λέει: *«Έχω χρόνο! Υπάρχει αρκετός χρόνος
για μένα! Δεν πρόκειται πράγματι να χάσω κάτι σημαντικό.
Διαθέτω όλο το χρόνο αυτού του κόσμου!»* Ακόμη και εάν το
μυαλό σου δεν εμπιστεύεται αυτή τη νέα περίεργη σκέψη,
κλείσε τα μάτια και φώναξέ την και κατάλαβε όλες τις εσω-
τερικές σου αντιδράσεις: Τα συναισθήματα, τις αισθήσεις
και τις σκέψεις σου. Άφησέ τα όλα να έρθουν, είναι πολύ
ενδιαφέρον να τα παρακολουθείς.

Εάν θέλεις να βγεις από αυτό το παλιό παπούτσι, από αυτό
το συλλογικό παιχνίδι του «Δεν έχω χρόνο!», τότε πάρε μια
νέα απόφαση! Συνειδητοποίησε πως εδώ παίρνεις μια
πραγματικά βασική απόφαση για τη ζωή σου, πως θέλεις
να πάρεις τον δικό σου δρόμο, πως θέλεις με αγάπη να χα-
ρίσεις στον εαυτό σου και πάλι χρόνο. Υπάρχει αρκετός
χρόνος για σένα. Έχει απ' όλα σε αφθονία! Και όταν φτά-
σεις εκεί, τότε πες στον εαυτό σου σε μια πανηγυρική
στιγμή, ίσως στα πλαίσια μιας μικρής τελετουργίας: *«Σή-
μερα αποφασίζω εκ νέου. Σήμερα αποφασίζω να σκέφτομαι
διαφορετικά για το χρόνο που έχω στην διάθεσή μου. Υπάρ-
χει αρκετός χρόνος εδώ. Από σήμερα διαθέτω χρόνο για το
σημαντικότερο, για εμένα τον ίδιο. Από σήμερα δεν θέλω
πλέον να βιάζομαι. Θέλω να απολαμβάνω κάθε στιγμή
αυτής της ζωής, να τη βιώνω συνειδητά. Αποφασίζω για τη
βραδύτητα, για την επίγνωση. Από σήμερα λέω όχι στο
παλιό παιχνίδι της βιασύνης και της ανυπομονησίας. Και εάν
τύχει και πάλι να βρεθώ σε άγχος, τότε θέλω να καλέσω αμέ-
σως στη μνήμη μου αυτήν την απόφασή μου.»*
Να προσέχεις όλο και περισσότερο τις στιγμές στις οποίες
σου κόβεται και πάλι η αναπνοή, όταν βρίσκεσαι σε άγχος
και είσαι βιαστικός. Κάθε φορά που θα σου συμβαίνει αυτό,
σταμάτα, αν οδηγείς αυτοκίνητο, ψάξε για έναν τόπο στάθ-
μευσης, κλείσε τα μάτια, πάρε μια βαθιά και ήπια αναπνοή

και συνειδητοποίησε την κατάσταση στην οποία βρίσκεσαι. Νιώσε πως διέφυγες από το κέντρο του εαυτού σου, πως δε βρίσκεσαι πλέον κοντά στον εαυτό σου. Και νιώσε πως η αναπνοή σου αυτή σε επαναφέρει και πάλι στο κέντρο σου. Πάρε τόσες αναπνοές, μέχρι να επανέλθει ηρεμία και να μπορέσεις να έχεις και πάλι καθαρές σκέψεις, δίχως να αισθάνεσαι κάποια εσωτερική ανησυχία. Και τότε μπορείς να αποφασίσεις εκ νέου. Πάρε μια νέα απόφαση που να σε αποδεσμεύει αμέσως από τη βιασύνη. Ίσως αποφασίσεις τότε πως θέλεις να φτάσεις αργότερα στο ραντεβού σου. Ίσως αποφασίσεις να ακυρώσεις ένα ραντεβού. Ίσως αποφασίσεις να πάρεις κάποιον τηλέφωνο και να τον πληροφορήσεις πως θα έρθεις αργότερα, έτσι ώστε να κερδίσεις χρόνο. Ίσως αποφασίσεις να διαγράψεις ορισμένα πράγματα από το φορτωμένο σου πρόγραμμα, γιατί «ουκ εν τω πολλώ το ευ». Αποφάσισε εκ νέου! Μην επιτρέψεις ποτέ πιά να σου έρθει η σκέψη: «Δεν έχω άλλη επιλογή. Πρέπει να το κάνω!» Γιατί αυτό δεν είναι αλήθεια. Πάντα υπάρχουν περισσότερες δυνατότητες επιλογής, μόνο που εμείς δε θέλουμε ως επί το πλείστον να τις δούμε και γι' αυτό και δεν τις βλέπουμε. Επίλεξε εκ νέου! Επίλεξε να έχεις χρόνο. Επίλεξε μια άλλη ταχύτητα για τη ζωή σου.

Ίσως θελήσεις να εμπνευστείς από το θαυμάσιο μυθιστόρημα Η *ανακάλυψη της βραδύτητας* του Στεν Ναντόλνυ. Έχε θάρρος για τη βραδύτητα, τη συνειδητότητα και θα βιώσεις ένα θαύμα. Θα βιώσεις πως γίνεσαι πιο γρήγορος, πως βιώνεις περισσότερα, πως ζεις πιο συνειδητά.

Το συναίσθημα έλλειψης χρόνου βασίζεται, όπως και όλα τα συναισθήματα έλλειψης, στο φόβο. Φοβάσαι πως μπορεί να σου διαφύγει κάτι. Αυτό προσπαθεί να σου μεταδώσει το μυαλό σου, αλλά το αντίθετο συμβαίνει. Δεν μπορεί να σου διαφύγει κάτι. Και εάν γίνεσαι πιο αργός και πιο συνειδητός, εάν κάνεις πολλά διαλείμματα και παίρνεις βαθιές ανάσες, τότε θα επέλθει το αντίθετο: Η ζωή σου έχει με μιας μεγαλύτερο νόημα, γίνεται πιο γεμάτη και μακρύτερη. Όποιος πιστεύει στο συγκεκριμένο χρόνο, όποιος πιστεύει πως ο χρόνος είναι μια μη μεταποιήσιμη μονάδα μέτρησης, γελιέται σε μεγάλο βαθμό. Για τον έναν είναι 24 ώρες σαν 8 ώρες, για τον άλλο σαν 48, για τον τρίτο σαν 72 ώρες. Γιατί αυτό; Γιατί ο χρόνος εξαρτάται από το πώς τον βιώνω. Στα σεμινάριά μου στη Μυτιλήνη οι περισσότεροι συμμετέχοντες αισθάνονται τη μια εβδομάδα σαν να ήταν τρεις ή τέσσερις εβδομάδες. Γιατί; Γιατί ζουν πιο συνειδητά αυτό το χρονικό διάστημα. Γιατί κάνουν απλά πράγματα, όπως π.χ. το να περπατούν, το να βλέπουν, το να ακούν τις συναντήσεις τους, πολύ πιο συνειδητά από ότι τα κάνουν στην καθημερινότητά τους. Η προσωπική μου αίσθηση του χρόνου δεν εξαρτάται από τους δείκτες της ώρας, αλλά από το πόσο συνειδητά, πόσο προσηλωμένα και πόσο ξύπνια βρίσκομαι σε αυτό που κάνω τη στιγμή αυτή. Και αυτό που είναι δυνατό στις διακοπές μου, είναι δυνατό και στην καθημερινή μου ζωή. Εσύ θα αποφασίσεις να το δοκιμάσεις και να το εξασκήσεις αυτό.

Συχνά κρυφογελώ, όταν ακούω για τις εκτενείς και ακριβές απόπειρες της επιστήμης, ιδιαίτερα της Ιατρικής, να επιμηκύνουν την ανθρώπινη ζωή. Εγώ αυτό το θεωρώ ένα κακόγουστο αστείο. Κάθε άνθρωπος μπορεί να επιμηκύνει κατά βούληση τη ζωή του και να κερδίσει όσο χρόνο θέλει. Πώς; Με το να αρχίσει να κάνει όλα τα πράγματα και ιδιαίτερα τα πιο απλά, πιο συνειδητά, παραμένοντας σε αυτό που κάνει. Με τον τρόπο αυτό μπορείς άνετα από μια 70χρονη ζωή να κάνεις μια ζωή διακοσίων χρόνων. Ο χρόνος δεν υπάρχει αντικειμενικά, είναι ιδιαίτερα ευέλικτος.

Όταν βιάζεσαι, όταν βρεθείς σε άγχος, δεν βρίσκεσαι κοντά στον εαυτό σου. Τα χάνεις. Γύρισε πίσω σε σένα, γίνε πιο βραδύς, συνειδητοποίησε τον εαυτό σου. Και τότε θα έχεις όλο το χρόνο αυτού του κόσμου. Όποιος δε βρίσκεται κοντά στον εαυτό του, χάνει χρόνο, τον περνάει ανώφελα. Εκείνος που είναι συγκεντρωμένος στον εαυτό του και αναπνέει συνειδητά, διαθέτει πάντα αρκετό χρόνο. Ο χρόνος που περνάμε στο σώμα μας είναι τόσο πολύτιμος που θα ήταν κρίμα να μην τον βιώνουμε συνειδητά.

⊞ **Παλιό παπούτσι: Ζω βαριά και κουραστική ζωή.**

Οι περισσότεροι άνθρωποι στη Δύση θεωρούν τη ζωή τους κουραστική. Έχουν την αίσθηση πως δυσκολεύονται και όχι πως ζουν μια εύκολη ζωή. Συναντάμε έναν γνωστό και τον ρωτάμε «Τι κάνεις;», δεν παραξενευόμαστε καν, όταν μας λέει πόσο δύσκολα είναι τα πράγματα. Αλλά φανταστείτε να μας απαντούσε: «Τι κάνω; Είμαι θαυμάσια. Βρίσκω τη ζωή τόσο υπέροχα εύκολη», τότε θα μέναμε σίγουρα έκπληκτοι. Η ζωή είναι υπέροχα εύκολη; Σε ποιο κόσμο ζει αυτός ο άνθρωπος; Είναι μήπως φρεσκοερωτευμένος; Είναι αυτή η βασική βαρύτητα με την οποία τόσοι άνθρωποι βαδίζουν στη ζωή τους. Είναι κάποια πανάρχαια παπούτσια, πραγματικά από μολύβι τα οποία κάποτε τα φορέσαμε και με τα οποία σερνόμαστε στη ζωή. Αυτό δεν το κάνουμε με ελαφρά βήματα, αλλά με μεγάλο κόπο. Αυτή η βαρύτητα είναι για πολλούς αισθητή στη σωματική κατάσταση της υγείας τους και μάλιστα όχι μόνο για τους μάλλον ευσωμότερους από εμάς. Η βαρύτητα αυτή γίνεται προπαντός αισθητή στους ώμους. Όταν κλείσουμε τα μάτια και εισπνεύσουμε, πολλοί από εμάς έχουμε την αίσθηση πως κουβαλάμε τόνους βάρους στους ώμους μας. Κάποιοι αισθάνονται μεγάλο βάρος στο στήθος, βαρύ σαν πέτρα και συχνά σαν βράχο. Άλλοι αισθάνονται το βάρος στα μέλη του σώματος, στα χέρια και στα πόδια ή ακόμη και στο κεφάλι. Αυτό το βάρος μέσα και πάνω στο σώμα δεν είναι απλά δημιούργημα της φαντασίας τους. Πρόκειται για αόρατα βάρη τα οποία δημιουργούμε εμείς οι ίδιοι με τον καιρό, συλλέγοντάς τα μέσα μας. Το σώμα μας έχει με αυτά να κουβαλήσει μεγάλο βάρος και οι συνέπειες παρουσιάζονται συχνά σε σχετικά νεαρή ηλικία. Οι άπειρες δισκοπάθειες έχουν τη ρίζα τους εκεί. Σχεδόν κανένας από εμάς δεν κουβαλάει, όπως συνηθιζόταν παλιά, σάκους με κάρβουνα ή άλλα βάρη στην καθημερινή του ζωή. Κι όμως οι μεσοσπονδύλιοι δίσκοι δεν τα βγάζουν πλέον πέρα με τα όλο και αυξανόμενα βάρη τα οποία τους φορτώνουμε αόρατα.

Η ελαφρότητα είναι εξαίρεση στη ζωή ενός κανονικού ανθρώπου, η βαρύτητα είναι ο κανόνας. Από πού προέρχεται όμως αυτή η βαρύτητα; Θα μπορούσες να πεις: «Αν κοιτάξω τα τελευταία είκοσι, τριάντα χρόνια, πρέπει να εξακριβώσω πως ήταν όντως σκληρά. Κουράστηκα πολύ.» Κάτι μέσα στον άνθρωπο σκέφτεται: «Η ζωή είναι δύσκολη, αυτό είναι γεγονός.» Η ζωή συνδέεται τόσο στενά με τη βαρύτητα, ώστε η ιδέα μιας ζωής σε ελαφρότητα φαίνεται για τον άνθρωπο ως μη ρεαλιστική και ως ουτοπία.

Ρώτησε κάποτε τον εαυτό σου: «Μπορείς να φανταστείς τη ζωή σου εύκολη, ότι θα σου ήταν εύκολη η επίτευξη των στόχων σου δίχως να αισθάνεσαι βάρος και κόπο;» Η κούραση στη ζωή μας γεννιέται στο μυαλό μας. Το μυαλό μας είναι τόσο προγραμματισμένο στη βαρύτητα, την κούραση, τον κόπο, την επιμέλεια, την εργατικότητα, τον αγώνα, την πυγμή, το πάλεμα, ώστε η καθημερινότητά μας να είναι αναγκαστικά δύσκολη. Και όλα συμβαίνουν σύμφωνα με την πίστη και τη φαντασία σου. Και για τους γονείς μας ίσχυε ως αυτονόητο πως στη ζωή αυτή πρέπει κανείς να κουραστεί για να καταφέρει, να κατορθώσει, να δημιουργήσει κάτι.

Γι᾽ αυτό ήταν και είναι και η πιο συχνή παραίνεση σε παιδιά και νεαρούς: *«Προσπάθησε, κουράσου! Να είσαι εργατικός, για να μπορέσεις να προκόψεις!»* Όποιος είναι της γνώμης πως πρέπει να κουραστεί, αυτός δημιουργεί λογικά μια βαρύτητα στη ζωή, «έχει δυσκολίες», όπως λέμε, γιατί το να κουράζεσαι με ελαφρότητα δεν έχει νόημα.

Οι περισσότεροι από εμάς έχουν παραμείνει μέχρι σήμερα τα φρόνιμα και προσαρμοσμένα παιδιά που διψάνε για αγάπη και που έχουν αφομοιώσει όλες τις παραινέσεις. Κάθε μέρα κοπιάζουμε. Ελάχιστοι άνθρωποι βρίσκουν τη ζωή τους στον τόπο εργασίας τους ευχάριστη και εύκολη. Μόνο λίγοι χαίρονται το πρωί που πηγαίνουν στη δουλειά τους όπως χαίρεται κανείς να παίξει ένα ενδιαφέρον και ωραίο παιχνίδι. Ελάχιστες μητέρες κι ελάχιστοι πατέρες αισθάνονται την οικογενειακή τους ζωή ως ευχάριστη και εύκολη σαν παιχνίδι. Προβλήματα, κόποι και ταλαιπωρίες κυριαρχούν συχνά τη βασική διάθεσή τους. Έχουμε όλοι μας αποδεχθεί και αφομοιώσει τις εξής σκέψεις ως βασικές μας πεποιθήσεις: «Η ζωή είναι δύσκολη. Στη ζωή δεν είναι εύκολα τα πράγματα. Όποιος δεν κοπιάζει δεν καταφέρνει τίποτε και δεν τα βγάζει πέρα. Όσο περισσότερο κουράζεσαι, τόσο μεγαλύτερη επιτυχία θα έχεις. Η επιτυχία θέλει ιδρώτα.» Παλιά έλεγαν: «Των φρονίμων τα παιδιά πριν πεινάσουν μαγειρεύουν.» Αυτές τις σκέψεις των γονιών, των παππούδων και γιαγιάδων μας, αυτές τις γενικά αποδεκτές σκέψεις, αυτή τη συλλογική συνείδηση, ποτέ δεν τις αμφισβητήσαμε αλλά τις αφομοιώσαμε βαθιά. Μας έχουν κυριαρχήσει κυριολεκτικά. Τις βιώνουμε. Και επειδή συνεχίζουμε να τις πιστεύουμε-δίχως να μας έχουν γίνει ιδιαίτερα συνειδητές-, πρέπει η ζωή μας να κυλάει δύσκολα και κουραστικά και το σώμα μας πρέπει επίσης να το αισθανόμαστε βαρύ, φορτωμένο και πιεσμένο.

Κανείς δεν μας είπε, πως η ζωή δεν πρέπει να είναι έτσι, πως θα μπορούσαμε να ζήσουμε με μια τελείως διαφορετική πεποίθηση, με μια νέα αντίληψη και με ένα άλλο συναίσθημα ζωής, πως θα μπορούσε να είναι εύκολη σαν παιχνίδι. Είσαι πρόθυμος να ετοιμάσεις τον εαυτό σου για τη δυνατότητα αυτή; Είσαι έτοιμος να δεχθείς την ελαφρότητα στη ζωή σου; Εσύ ο ίδιος θα φροντίσεις γι᾽ αυτό. Το βιβλίο αυτό έχει το σκοπό να σε οδηγήσει στο να διαμορφώσεις τη ζωή σου, ώστε να γίνεται όλο και ευκολότερη.

Ισχυρίζομαι πως η ζωή αυτή έχει προβλεφθεί από τη φύση της, από το δημιουργό της ως μια ανάλαφρη, εύκολη ζωή.Το βαρύ και το δύσκολο δεν έχει καμιά σχέση με τη φύση. Ή μήπως έχεις ανακαλύψει ποτέ στη φύση κάτι που έχει δυσκολίες, που κοπιάζει; Είδες ποτέ κάποιο ποτάμι να δυσκολεύεται και να λέει σήμερα πρέπει να κοπιάσω; Μπορείς να φανταστείς ένα δέντρο να ξυπνάει το πρωί και να σκέφτεται: «Ωχ, σήμερα πρέπει και πάλι να μεγαλώσω κατά δύο χιλιοστά, θα είναι μια σκληρή μέρα.»; Είδες ποτέ ένα πουλάκι να δυσκολεύεται, ή κάποιο ζώο, κάποιο φυτό ή κάτι άλλο στη φύση; Η φύση βαδίζει το δρόμο της ελάχιστης αντίστασης, έτσι, όπως κάθε ποτάμι βρίσκει την κοίτη του, μην κοπιάζοντας. Μόνο εμείς οι άνθρωποι φαίνεται να ενθουσιαζόμαστε με το δύσκολο, το βαρύ. Όλη η βαρύτητα στη ζωή μας βασίζεται στην κοινή πίστη στη βαρύτητα. Έτσι λοιπόν προσεύχονται εκατομμύρια άνθρωποι κάθε πρωί: *«Πάτερ ημών ο εν τοις ουρανοίς, τη βαρύτητα ημών την επιούσια δος ημίν σήμερον, δηλ.: Δώσε μας σήμερα την απαραίτητη για τη ζωή μας βαρύτητα.»* Και όντως την παίρνουν. Φυσικά η βαρύτητα αυτή υπήρξε ο καθημερινός επισκέπτης και σε αμέτρητες προηγούμενες γενιές. Η ιστορία της ανθρωπότητας είναι γεμάτη από στερήσεις, πείνα, εκδιώξεις, καταπίεση και πόλεμο. Εδώ και χιλιάδες χρόνια η ζωή των ανθρώπων διέπεται από τον αγώνα για την επιβίωση. Αυτό έχει θεμελιωθεί στη ζωή μας και μας χαρακτηρίζει. Σήμερα στο δυτικό και τον βόρειο κόσμο, όπου δεν υπάρχει πια το πρόβλημα της επιβίωσης, η βαρύτητα από το παλιό σκεπτικό και την παλιά συνείδηση δημιουργείται εκ νέου και διαμορφώνεται όλο και περισσότερο από την καθημερινή ζωή. Και χρειάζεται θάρρος και αποφασιστικότητα για να απελευθερωθεί κανείς από αυτήν τη συλλογική μανία της βαρύτητας.

Πώς θα βρεις όμως το δρόμο προς την ελαφρότητα; Στην αρχή πρέπει να δημιουργηθεί χώρος για μια νέα παράσταση της ζωής, ένα όραμα πως η ζωή σου μπορεί να αλλάξει ριζικά προς την κατεύθυνση της ελαφρότητας. Γιατί μόνο αυτό που μπορώ να φανταστώ, μπορώ και να το δημιουργήσω. Γι' αυτό εκκρεμεί απλά μια απόφαση, εάν θέλεις πράγματι να ζήσεις μια ανάλαφρη ζωή, εύκολη σαν παιχνίδι. Μην πάρεις την παρακάτω απόφαση με μισή καρδιά αλλά με όλη σου την καρδιά. Πες στον εαυτό σου και στο σύμπαν: *«Παίρνω την απόφαση να ζήσω μια ζωή σε ελαφρότητα. Προσκαλώ την ελαφρότητα (ή τον άγγελο της ελαφρότητας) στη ζωή μου. Αφομοιώνω τη σκέψη πως η ζωή μου αύριο μπορεί να είναι εντελώς αλλιώτικη, δηλαδή ανάλαφρη, παιχνιδιάρικη, χαρούμενη.»*

Μπορούμε και εμείς οι άνθρωποι να επιλέξουμε το δρόμο της ελάχιστης αντίστασης; Μήπως διαμαρτύρεται κάτι στις σκέψεις σου εναντίον αυτού; Βαδίζουμε το δρόμο της ελάχιστης αντίστασης, όταν εγκαταλείψουμε εκείνο το Όχι το οποίο συναντάμε διαρκώς στο δρόμο μας. Πώς αισθάνεσαι με τη σκέψη: «Αποφασίζω στο μέλλον να βαδίσω το δρόμο της ελάχιστης αντίστασης.»; Το πώς θα μπορέσεις να γυρίσεις το διακόπτη της ζωής σου από τη «βαρύτητα» στην «ελαφρότητα», θα το μάθεις στα επόμενα κεφάλαια.

▣ Παλιό παπούτσι: Παίζω το θύμα.

Πολλοί άνθρωποι αισθάνονται σαν θύματα κάποιου ανθρώπου ή κάποιου γεγονότος. Και ιδιαίτερα ένας μεγάλος αριθμός ανθρώπων θεωρεί τον εαυτό του θύμα των γονέων του. Επειδή οι γονείς τους έκαναν πολλά λάθη - είναι πεπεισμένοι γι' αυτό -υπέμεναν πολλά μειονεκτήματα. Εάν οι γονείς τους ήταν διαφορετικοί ή καλύτεροι ή εάν είχαν άλλους γονείς, τότε θα ήταν σήμερα πολύ καλύτερα, σκέφτεται «κάτι» μέσα τους. Άλλοι πάλι αισθάνονται πως είναι θύματα δύστροπων δασκάλων, θύματα αυταρχικών, άδικων αφεντικών ή θύματα των συντρόφων τους. Εάν αυτός ο σύντροφος ή αυτή η σύντροφος δεν ήταν έτσι, τότε, ναι τότε θα ήταν αυτοί καλύτερα. Όχι λίγοι γονείς μάλιστα αισθάνονται θύματα των δύσκολων και κουραστικών τους παιδιών.

Οι άνθρωποι δίνουν ως επί το πλείστον σε κάποιον την ενοχή για τη δική τους δυσαρέσκεια. Και εάν δε βρουν εδώ τον ένοχο, τότε πρέπει η ίδια η ζωή να πληρώσει τη νύφη. Τότε αναδύονται σκέψεις όπως: «Η ζωή είναι άδικη.» Το (αμφίβολο) πλεονέκτημα αυτής της συμπεριφοράς: Δεν χρειάζεται να σκεφτώ για να βρω τη λύση. Δεν υπάρχει λόγος να κινηθώ, ούτε εσωτερικά αλλά ούτε εξωτερικά. Αποφασίζω να συνεχίσω να υποφέρω, επειδή βέβαια οι άλλοι φταίνε. Μπορώ να συνεχίσω να πράττω ακριβώς όπως μέχρι τώρα, γιατί δεν μπορώ βέβαια εγώ ο ίδιος να αλλάξω τίποτε στην κατάστασή μου. Το μειονέκτημα της συμπεριφοράς αυτής: Δεν μπορώ όντως να αλλάξω τίποτε στη ζωή μου, εάν συνεχίσω να συμφωνώ με αυτές τις σκέψεις. *Έτσι εκχωρώ τη δύναμή μου, και ως θύμα με τέτοιες σκέψεις κάνω την εξής επιλογή: Επιλέγω την αδυναμία.* Επιλέγω να συνεχίσω να παραδίδομαι σε άλλες δυνάμεις, σε ανθρώπους και στο πεπρωμένο. Γιατί εάν άλλοι φταίνε για το πεπρωμένο μου, τότε αυτοί κατέχουν και τη δύναμη υπέρ εμού.

Ας διασαφηνίσουμε αυτή την αλυσίδα των σκέψεων για ακόμη μια φορά. Λέω λοιπόν: «Εσύ φταις που εγώ δεν είμαι ευτυχισμένος, που δεν είμαι καλά.» Έτσι δηλώνω τον εαυτό μου θύμα αυτού του άλλου. Με τον τρόπο αυτό παραχωρώ σε αυτόν τον άλλο την εξουσία του εαυτού μου και του πεπρωμένου μου. Έτσι επιλέγω εγώ ο ίδιος το να αισθάνομαι και στο μέλλον ανήμπορος και ανίσχυρος. Επομένως, δεν μπορώ να αλλάξω τίποτε στη ζωή μου κι όλα παραμένουν όπως είναι.

Αναρωτήσου: Ποιόν θεωρώ φταίχτη για την κατάσταση της ζωής μου, για τη δυσαρέσκειά μου, τις απογοητεύσεις μου κλπ.; Διατύπωσε αυτές τις μέχρι τώρα σκέψεις και πες τις δυνατά ή γράψε τις: «Η μητέρα μου φταίει, γιατί εγώ ... Ο πρώην σύντροφός μου φταίει, γιατί εγώ ... Ο σύντροφός μου φταίει, γιατί εγώ ... Το παιδί μου φταίει, γιατί εγώ ... Αισθάνομαι θύμα των γονέων μου, του πρώην συντρόφου μου, του τωρινού συντρόφου μου, του παιδιού μου, της άδικης αυτής ζωής ...» *Και ρώτησε επιτέλους τον εαυτό σου: Πόσο ακόμα θέλω να παίζω αυτό το παιχνίδι; Είμαι πρόθυμος να τελειώσω αυτό το παιχνίδι;*
Αυτός ο ειρμός των σκέψεων περί ενοχής και θύματος στους περισσότερους από εμάς δεν είναι καν συνειδητός. Συνάντησα ανθρώπους που έλεγαν: «Αυτός εκεί είναι ηλίθιος.» Κι εγώ τους ρωτούσα: «Αντιλαμβάνεσαι πως αποδοκιμάζεις αυτόν τον άνθρωπο, καθιστώντας τον εαυτό σου θύμα του;» Κι εκείνοι απαντούσαν: «Όχι, δεν τον απο-

49

δοκιμάζω καθόλου αλλά είναι παρόλ' αυτά ηλίθιος. Και δεν είμαι καθόλου θύμα του.»

Γι' αυτό ας διασαφηνίσουμε αυτό το παιχνίδι θυματοποίησης με άλλα παραδείγματα. Μια παντρεμένη γυναίκα παραπονιέται στο σεμινάριο: «Δεν αντέχω πια το ότι ο σύζυγός μου είναι πάντα κυκλοθυμικός.» Και σκέφτεται: «Εάν ο σύζυγός μου δεν ήταν τόσο κυκλοθυμικός, θα ένιωθα καλύτερα.» Παρόμοια επιχειρήματα προβάλλουν και άλλες γυναίκες: «Εάν η κόρη μου ήταν πιο τακτική, θα ένιωθα καλύτερα. Εάν ο γιος μου δεν έπαιρνε ναρκωτικά, θα ήμουν καλύτερα.» Και οι άντρες σκέφτονται για παράδειγμα: «Εάν το αφεντικό μου έβλεπε πόσα πραγματικά αποδίδω, θα ήμουν καλύτερα. Εάν η σύζυγός μου δε γκρίνιαζε με μένα, θα αισθανόμουν καλύτερα.» Η λογική αυτών των γυναικών και των αντρών κατακρίνει λοιπόν επιπόλαια τους άλλους λόγω της συμπεριφοράς τους και λέει: «Τέλος πάντων θα έπρεπε να συμπεριφέρονται διαφορετικά. Δεν θέλω να είναι έτσι.» Λένε λοιπόν Όχι σε κάτι που ήδη υφίσταται. Ταυτόχρονα όμως κατακρίνει ο καθένας από αυτούς με τις σκέψεις του και τον εαυτό του και γίνεται θύμα της γυναίκας, του άντρα, του αφεντικού ή των παιδιών του. Εάν εξετάσεις λεπτομερέστερα αυτή τη σκέψη «Υποφέρω, γιατί αυτός είναι έτσι κι έτσι», πρέπει ο σκεφτόμενος αναγκαστικά να αισθάνεται συνεχώς άσχημα. Ναι, πρέπει να ανακαλύπτει συνέχεια περαιτέρω δράστες στο περιβάλλον του οι οποίοι περιορίζουν την ποιότητα της ζωής του και τον εμποδίζουν να είναι καλά και να ζει ευτυχισμένα. Με τη λογική της κατάκρισης γινόμαστε θύματα άπειρων ανθρώπων: Των βιαστικών στις εθνικές οδούς, των απεργούντων μηχανοδηγών, των συνωστιζόμενων αλλοδαπών από την ανατολική Ευρώπη στη γερμανική αγορά και των υπερπληρωμένων μάνατζερ. Αισθανόμαστε θύματα των καπνιστών, των άπιστων συζύγων, των τεμπέλικων παιδιών, των δίχως κατανόηση δασκάλων, των αστυνομικών κλπ.

Παρακαλώ, γράψε σε κάποια ήσυχη στιγμή σε μια λίστα τους ανθρώπους ή τις καταστάσεις, που πότε-πότε ή συχνά σε νευριάζουν. Και συνειδητοποίησε με κάθε παράδειγμα πως στη ζωή σου καθιστάς πάντα τον άλλο άνθρωπο ή ένα γεγονός θύτη και τον εαυτό σου θύμα. Όποιος βαδίζει στη ζωή με μια τέτοια συνείδηση θύματος, δεν μπορεί να είναι ευτυχισμένος. Γιατί δημιουργεί στο σώμα του πίεση, ένταση, αίσθηση έλλειψης χώρου και βαρύτητα ή αρνητικά συναισθήματα, όπως θυμό, οργή, αδυναμία, αμηχανία, λύπη και κατάθλιψη.

▦ Παλιό παπούτσι: Ανησυχώ.

Το να ανησυχείς συγκαταλέγεται μήπως και στα δικά σου πνευματικά χόμπυ; Εστίασε την προσοχή σου στα πράγματα για τα οποία ανησυχείς. Εδώ πρόκειται για τη συνήθεια να ανησυχείς συνέχεια για οτιδήποτε. Ο κόσμος των σκέψεων πολλών ανθρώπων είναι μολυσμένος από τις ανησυχίες τους. Ανησυχούν για το εάν αύριο βρέξει και για το τι καιρό θα έχει αυτό το καλοκαίρι. Ανησυχούν για το εάν σήμερα λειτουργήσει και πάλι το πεπτικό τους σύστημα, εάν επιζήσουν μέχρι τη συνταξιοδότησή τους, εάν το παιδί τους πάρει καλούς βαθμούς στο σχολείο, εάν η επόμενη αύξηση του μισθού τους είναι αρκετά υψηλή, εάν κερδίσουν κάποτε στο Λόττο, εάν ο σύντροφός τους τούς απατήσει …. Δεν υπάρχει σχεδόν τίποτε που να εξαιρείται από τις ανησυχίες, είτε αυτό είναι κάτι σοβαρό είτε κάτι κοινό.

Και αυτή είναι μια από τις πλέον ανθυγιεινές συνήθειες. Το να ανησυχείς συνεχώς σε αρρωσταίνει, γιατί έτσι διανέμονται τοξικές ουσίες στο σώμα μας. Τέτοιους ανθρώπους τους αναγνωρίζουμε συχνά από την πικραμένη έκφραση του προσώπου τους και την ανήσυχη, φοβισμένη ή παραπονιάρικη φωνή τους. Μπορεί να έχει ωραία λιακάδα, τέτοιοι άνθρωποι τα καταφέρνουν να ανησυχούν για το πότε θα εμφανιστούν τα πρώτα σύννεφα, ή πότε θα προσβληθούν από καρκίνο του δέρματος λόγω των υπεριωδών ακτίνων. Ακόμη και εάν εσύ δεν ανήκεις σε αυτούς τους ιδιαίτερα φοβιτσιάρηδες, συνειδητοποίησε σε ποιες καταστάσεις παίζεις κι εσύ αυτό το παιχνίδι των ανησυχιών, πότε αφήνεις να σε παρασύρουν κι εσένα οι άλλοι παίκτες. Οι ανησυχίες δε δηλητηριάζουν μόνο τον κόσμο των σκέψεών μας, μολύνουν επίσης το φυσικό σου σώμα, όπως και τα μικρομερή σωματίδια. Το να ανησυχείς συχνά έχει – όπως όλες οι συνήθειες σε πνευματικό επίπεδο- σωματικές συνέπειες. Μόνο το μίσος είναι επιβλαβές. Πολλοί από αυτούς τους δημιουργούς ανησυχιών πιστεύουν πως φροντίζουν σωστά τον εαυτό τους. Όμως το να ανησυχείς δεν επιφέρει τίποτε θετικό ή υγιεινό. Γιατί σε αυτόν που ανησυχεί κρύβεται ένα μεγάλο ΟΧΙ για τη ζωή. Τα θεμέλιά του ονομάζονται δυσπιστία και φόβος. «Δεν εμπιστεύομαι τη ζωή. Στη ζωή πρέπει κανείς να είναι ιδιαίτερα προσεκτικός, να έχει τα μάτια του δεκατέσσερα. Η εμπιστοσύνη είναι μεν καλή, ο έλεγχος όμως ακόμη καλύτερος», του λέει η εσωτερική του φωνή.

Συνειδητοποίησε όλο και περισσότερο σε ποιες από τις σκέψεις σου εκδηλώνονται ανησυχίες, σε ποια σημεία έχεις λίγη ή καθόλου εμπιστοσύνη στη ζωή πού αναρωτιέσαι: «Θα πάει άραγε καλά; Θα το κατορθώσω κάποτε;» Η αποκάλυψη των κατά συνήθεια ανησυχιών σου είναι το πρώτο βήμα. Το δεύτερο βήμα είναι: «Αποφασίζω εκ νέου. Απορρίπτω το να έχω έγνοιες. Αποφασίζω για την εμπιστοσύνη, την εμπιστοσύνη στις δυνάμεις που μου χαρίζει η ζωή. Εμπιστεύομαι στο ότι καθοδηγούμαι σωστά.»
Όποιος θέλει να βαδίζει γεμάτος εμπιστοσύνη στη ζωή, όποιος θέλει να αισθάνεται ασφαλής στη ζωή του, μπορεί να διαλέξει κατ᾽ αρχήν την σκέψη της εμπιστοσύνης, ακόμη και εάν δεν το αισθάνεται ακόμη. Οι σκέψεις δημιουργούν συναισθήματα. ΄Ετσι, όπως οι κατά συνήθεια έγνοιες κάνουν τον άνθρωπο άρρωστο και δυστυχισμένο, η κατά συνήθεια εμπιστοσύνη σου σε κάνει υγιή, δυνατό και ευτυχισμένο. Εάν πιάσεις τον εαυτό σου πάλι κάποια φορά με μια σκέψη ανησυχίας, πες του αμέσως: «Στοπ! Θα σκεφτώ εκ νέου. Εμπιστεύομαι τη ζωή!» Μια από τις ωραι-

ότερες προτάσεις που εκπέμπει σε μεγάλο βαθμό εμπιστοσύνη είναι: *«Αγαπώ τη ζωή και η ζωή με αγαπάει!»* Ίσως θελήσεις να κάνεις αυτήν την πρόταση δική σου. Μπορεί αυτό με την πρώτη ματιά να θυμίζει «θετικές σκέψεις.» Το βήμα όμως προς την εμπιστοσύνη είναι πολύ περισσότερο. Είναι μια απόφαση που μπορείς να πάρεις. Όποιος ανησυχεί μπορεί να αναγνωρίσει τη συμπεριφορά του ως μια συνήθεια, ως ένα «παλιό παπούτσι» το οποίο προφανώς το έχουν ήδη φορέσει η μαμά και ο μπαμπάς. Το να ανησυχείς μεταδίδεται με ευχαρίστηση ως οικογενειακό κειμήλιο από γενιά σε γενιά. Ποιος από την οικογένειά σου ανησυχούσε περισσότερο; Η μητέρα, ο πατέρας, η γιαγιά ή ο παππούς;

Το να ανησυχεί κανείς φαίνεται να είναι κυρίως τομέας των μητέρων οι οποίες βέβαια το υιοθέτησαν από τις δικές τους μητέρες. Οι μητέρες συχνά πιστεύουν πως αυτό έχει σχέση με τη μητρική αγάπη. Όχι! Αυτό δεν έχει καμία σχέση με αγάπη ούτε κατά το ελάχιστο, το αντίθετο μάλιστα: Το να ανησυχεί κανείς είναι ένα είδος «μόλυνσης του πνευματικού περιβάλλοντος» η οποία επιβαρύνει όλους τους συμμετέχοντες.

Σου είναι γνωστές φράσεις όπως: «Πάρε τηλέφωνο, όταν φτάσεις!», «Τρως αρκετά;», «Είσαι όντως καλά;», «Θα πάει άραγε καλά;», «Πρόσεχε τον εαυτό σου!»

Αυτές οι φράσεις σίγουρα είναι καλοπροαίρετες, όμως δεν επιφέρουν κάτι καλό. Οδηγούν μάλιστα στο να επισκέπτονται τα «παιδιά» όλο και πιο σπάνια τους γονείς τους οι οποίοι είναι τελικά υπερευτυχείς να τα βλέπουν τουλάχιστον τα Χριστούγεννα.

Οι ανησυχίες δεν είναι τίποτε άλλο παρά φόβοι. Απωθούμενοι (φόβοι) από τις μητέρες και παρερμηνευμένοι ως έγνοιες, προβάλλονται στα παιδιά ή στους άντρες και επιβαρύνουν την ατμόσφαιρα, το πνευματικό και ψυχικό περιβάλλον της οικογένειας. Αυτό το « ανησυχείν» τρέφει τους δικούς μας φόβους, γι' αυτό θέλω να φωνάξω σε όλες τις μητέρες: Πάψτε πια με αυτό και φροντίστε αντ' αυτού στοργικά τους δικούς σας φόβους (περισσότερα σχετικά με αυτό στο 3ο κεφάλαιο).

Δυστυχώς δεν υπάρχει στα γερμανικά μια καλή διαφοροποίηση όπως στα αγγλικά μεταξύ του αρνητικού „I worry" (με την έννοια του «ανησυχώ») και του „I take care of" («νοιάζομαι, φροντίζω»). Η τελευταία έννοια έχει σχέση με τη φροντίδα και την περίθαλψη, δηλαδή στα γερμανικά: «Φροντίζω για το σώμα μου, φροντίζω, ώστε τα παιδιά μου να έχουν κάτι να φάνε, φροντίζω για ένα άνετο σπιτικό, τη θαλπωρή του σπιτιού μου.» Αυτό το «φροντίζω» δεν έχει καμία σχέση με έγνοια ή ανησυχία, αλλά με αγάπη και δεν επιβαρύνει κανέναν.

▦　**Παλιό παπούτσι: Απομακρύνω ό,τι ενοχλεί.**

Εδώ και εκατοντάδες, προφανώς ίσως και χιλιάδες χρόνια, απορρίπτουμε εμείς οι άνθρωποι ό,τι μας ενοχλεί, μας νευριάζει, μας πονάει και μας είναι δυσάρεστο. Το καταπολεμάμε και θέλουμε να το απομακρύνουμε, να το εξοντώσουμε. Όταν αρρωστήσουμε, πρέπει ο γιατρός να μας πάρει την αρρώστια, εάν κάποιο άρρωστο όργανο μας ενοχλεί, το βγάζουμε. (Με εκπλήττει κάθε φορά τι μπορεί κανείς να αφαιρέσει από το σώμα μας με το νυστέρι κι όμως συνεχίζουμε να ζούμε). Όταν το παιδί μας κάνει κακή εντύπωση, προσπαθούμε να του «ξεσυνηθίσουμε» τη συμπεριφορά του αυτή.Στην ανάγκη το στέλνουμε στον ψυχοθεραπευτή για να το «διορθώσει.»

Εάν μας τυραννούν δυσάρεστα συναισθήματα, τότε δεν τα αντιμετωπίζουμε με περιέργεια αναρωτούμενοι: «Ενδιαφέρον, από πού προέρχεται τώρα αυτό;», αλλά απασχολούμαστε με όλες τις δυνατές δραστηριότητες. Συναισθήματα, όπως ο φόβος, η οργή, η λύπη, η ενοχή και η ντροπή μας ενοχλούν, πρέπει να φύγουν. Εάν είμαστε υπέρβαροι, πρέπει να χάσουμε τα περιττά κιλά. Από αυτό ζει μια βιομηχανία δισεκατομμυρίων. Εάν δεν μπορούμε να κοιμηθούμε ή κοιμόμαστε ανήσυχα, θέλουμε να εξαλείψουμε την αϋπνία όπως και τους πονοκεφάλους μας. Το γεγονός αυτό χαροποιεί ιδιαίτερα τη φαρμακευτική βιομηχανία και τους μετόχους της. Εάν έχουμε την αίσθηση πως ο σύντροφός μας δεν μας αγαπάει πια, τότε θέλουμε να τον απομακρύνουμε. Χωρίζουμε και ψάχνουμε έναν νέο σύντροφο, ακόμη και εάν μας έχει ήδη συμβεί κάτι παρόμοιο προηγουμένως με δύο άλλους συντρόφους. Εάν δε γουστάρουμε το αφεντικό μας, αλλάζουμε δουλειά και δεν αναρωτιόμαστε καν, γιατί ο συνάδελφός μας τα πάει καλά με αυτό. Ερεύνησε μια φορά στη ζωή σου τι απορρίπτεις και καταπολεμάς, τι δηλαδή θα ήθελες πολύ να απομακρύνεις. Όχι λίγοι άνθρωποι θα ήθελαν να εξαλείψουν όλο τον κόσμο στον οποίο ζουν, γιατί τον αισθάνονται ως μη όμορφο, άδικο, κρύο ή κακό. Το τι προξενούν με αυτή τη στρατηγική της εξάλειψης, δεν τους είναι σαφές. Υποθάλπουν τον πόλεμο κατά του κόσμου, όπως και κατά του ίδιου του εαυτού τους, δημιουργώντας μια δυστυχισμένη και δύσκολη ζωή.

Από την παιδική μας ήδη ηλικία προπονούμαστε στις σκέψεις διάκρισης. Διακρίνουμε μεταξύ του καλού και του κακού, του σωστού και του εσφαλμένου, του κανονικού και του παράτυπου και αποφασίζουμε να απορρίψουμε το κακό, το εσφαλμένο και το παράτυπο. Διακρίνουμε μεταξύ του δρόμου Α και του δρόμου Β και αποφασίζουμε για το δρόμο Α. Ταυτόχρονα αποφασίζουμε περιέργως να απορρίψουμε και να καταπολεμήσουμε τον δρόμο Β και μαζί με αυτόν και όλους εκείνους που επιλέγουν αυτό το δρόμο, που αποφασίζουν για κάτι άλλο από ότι εμείς. Αυτοί οι άνθρωποι είναι τότε «κουτοί», «λένε βλακείες», «είναι τρελοί», «είναι ντιπ για ντιπ.»

Η παραδοσιακή μας σκέψη είναι μια σκέψη μεταξύ του «ή έτσι ή αλλιώς, δηλ. ή …. ή.» Ή εγώ ή εσύ έχεις δίκιο.Σε περίπτωση αμφιβολίας, φυσικά εγώ. Εκείνος που σκέφτεται διαφορετικά γίνεται γρήγορα εχθρός μας που πρέπει να τον πολεμήσουμε ή να τον αποκλείσουμε. Αυτό οδηγεί ταυτόχρονα σε πόλεμο μέσα μας, γιατί και σ' εμάς υπάρχει αντίφαση και απροθυμία. Δεν μας έρχεται η σκέψη πως το «και …. και» θα αντιστοιχούσε περισσότερο στην πραγματικότητα και θα μπορούσε να οδηγήσει σε έναν ειρηνικό δρόμο.

«Κι εγώ έχω δίκιο, αλλά κι εσύ έχεις δίκιο», θα μπορούσαμε να πούμε. Για τη λογική μας ακούγεται αυτό παράλογο, γιατί αυτή έχει συνηθίσει στο «ή….ή.» Πάντα έχουν και οι δύο δίκιο. Γιατί; Γιατί ο καθένας πηγάζει από τον κόσμο του, από τον κόσμο των εμπειριών του. Δεν υπάρχει αντικειμενικό «σωστό» ή «λάθος.» Ας σταματήσουμε λοιπόν επιτέλους με το να θέλουμε «να παίρνουμε και να έχουμε δίκιο» και με τις σκέψεις «ή….ή.»

Θέλω να είμαι τακτικός και απορρίπτω την ακαταστασία μέσα μου. Η αλήθεια, όμως, είναι πως είμαι τακτικός, είμαι όμως και ακατάστατος. Και λέγοντας στον εαυτό μου: «Επιτρέπεται να είμαι και ακατάστατος», ανοίγει αυτό στη ζωή μου το δρόμο για την τάξη. Ακούγεται ίσως παράδοξο, αλλά έτσι λειτουργεί η ζωή. Είμαι ειλικρινής και δε θέλω να είμαι ανειλικρινής, αλλά καθένας μας είναι και ανειλικρινής. Δείξτε μου έναν άνθρωπο που λέει πάντα την αλήθεια, που πάντα ακολουθεί την εσωτερική του αλήθεια και που πάντα λέει αυτό που του φαίνεται αληθές. Τέτοιος άνθρωπος δεν υπάρχει. Εκείνος που θέλει να είναι πάντα ειλικρινής και ποτέ ανειλικρινής δημιουργεί πολλά συναισθήματα ενοχής και ντροπής. Γιατί κάποιος μέσα μας γνωρίζει πολύ καλά πως δε δείχνουμε και δε βιώνουμε πάντα τον αληθινό μας εαυτό.

Είμαστε θαρραλέα όντα, έχουμε όμως και φόβους. Όποιος θέλει να είναι μόνο θαρραλέος και απαρνείται τους φόβους του, όποιος θέλει να τους εξαλείψει και να τους καταπνίξει, δεν μπορεί να είναι πραγματικά θαρραλέος, ενισχύει την εσωτερική του ανασφάλεια και αποδυναμώνει τον εαυτό του. Εάν κάποιος λέει: «Επιτρέπεται και να φοβάμαι» και του είναι αυτοί οι φόβοι συνειδητοί και τους αποδέχεται επιδοκιμαστικά, αυτός είναι όντως ο θαρραλέος και θα βαδίσει με επιτυχία το δρόμο του.

Είμαστε ειρηνικά όντα και δεν είμαστε. Όποιος απαρνείται και απορρίπτει την εσωτερική του διχόνοια, την οργή του, την επιθετικότητά του, αυτός θα έχει προβλήματα με τη ζωή, γιατί αυτό σημαίνει: «Μέσα σου βρίσκονται και τα δύο, η αρμονία και η επιθετικότητα.» Όταν όμως απορρίπτω την τελευταία, τότε αυτή πρέπει στη ζωή μου να εμφανιστεί με άλλο τρόπο, είτε στα επιθετικά μου παιδιά και στον επιθετικό μου σύντροφο είτε στο γείτονα ή στο συνάδελφο και ενδεχομένως σε έναν σκύλο που δαγκώνει. Κάποιος άλλος πρέπει να βιώσει και να επιδείξει την επιθετικότητά μου. Από εκεί προέρχεται και η αυξανόμενη βία μεταξύ των νεαρών. Το να αποδεχθώ την επιθετικότητά μου δε σημαίνει πως θα «ρίξω μια σφαλιάρα» σε κάποιον, όταν τσαντιστώ, αλλά πως θα αντιληφθώ πρώτα-πρώτα το πόση οργή, θυμός, δυσθυμία κρύβονται μέσα μου και θέλουν να γίνουν αποδεκτοί. Τώρα, για το πώς θα μπορέσουμε να το κάνουμε αυτό συγκεκριμένα, περί αυτού θα μιλήσω στο κεφάλαιο «Πέντε βήματα προς μια νέα ζωή!.»

Είμαστε και ισχυροί και ανίσχυροι. Εκείνος όμως που απαρνείται την αδυναμία του – σε όποια μορφή και να είναι αυτό -, έρχεται σε σύγκρουση με τη ζωή. Όποιος μια ζωή ολόκληρη παίζει μόνο τον δυνατό, ποτέ δεν θέλει να χάσει τον έλεγχο, εκείνος που ποτέ δεν θα ομολογήσει σε κάποιον την εσωτερική του αδυναμία, τα τρωτά του σημεία, την ευαισθησία και τις ανεκπλήρωτες επιθυμίες του, τότε αυτόν πρέπει να τον αναγκάσει η ζωή να βιώσει τις αδυναμίες του. Τέτοιοι άνθρωποι περνάνε ως επί το πλείστον τα τελευταία χρόνια της ζωής τους ως άτομα που χρειάζονται μόνιμη περίθαλψη, κατάκοιτα και πλήρως εξαρτημένα από άλλους. Είναι πολύ ταπεινωτικό να πρέπει να σου καθαρίζει κάποιος τον πισινό, αφού για τόσο πολλά χρόνια ήσουν τόσο δυνατός, προσπάθησες και συγκρατήθηκες τόσο πολύ. Αυτό δεν είναι όμως τότε η τιμωρία της ζωής, αλλά μόνο η εφαρμογή ενός νόμου, του νόμου του «και ... και.»

⊞ **Παλιό παπούτσι: Κατακρίνω τον εαυτό μου και τους άλλους.**

Η αποδοκιμασία είναι το άθλημα νούμερο ένα, όχι μόνο στην κοινωνία μας, αλλά και σε όλο τον κόσμο. Στην κατάκριση κρύβεται η λέξη κρίση, το κρίνω, διακρίνω σε σωστό και λάθος, σε καλό και κακό. Και αυτή είναι μια συνήθεια της σκέψης η οποία είναι ευρύτατα διαδεδομένη σε αυτή τη γη εδώ και πολλές χιλιάδες χρόνια. Από την κατάκριση προκύπτει διχόνοια, φιλονικία και κάθε σύγκρουση, ή με μένα τον ίδιο ή μεταξύ εμού και του συνανθρώπου μου ή μεταξύ των λαών αυτού του κόσμου. Η αποδοκιμασία ή η κατάκριση είναι η μητέρα όλων των πολέμων. Μας έχει μεταδοθεί τόσο αυτονόητα, ώστε οι πιο πολλοί δεν μπορούμε αλλά ούτε θέλουμε καν να φανταστούμε πως εδώ υπάρχει κάποια εναλλακτική λύση, κάποια άλλη επιλογή.

Εάν κάποια φορά περάσεις τη μέρα σου συνειδητά (ή συνηθίσεις σιγά-σιγά να το κάνεις όλο και πιο συνειδητά), τότε θα εξακριβώσεις ποιον και τι κατακρίνεις με τις σκέψεις σου, αλλά συχνά και με τα λόγια σου. Η κατάκριση σημαίνει: «Έτσι όπως είσαι, όπως συμπεριφέρεσαι, δεν είναι εντάξει, είναι άσχημα, είναι λάθος.» Ή για μένα τον ίδιο μπορεί να σημαίνει: «Αυτό που εδώ εγώ τώρα αισθάνομαι μέσα μου, π.χ. αυτή την οργή, αυτό το μίσος, είναι άσχημο, δεν επιτρέπεται να είναι έτσι.» Στην κατάκριση κρύβεται η κρίση που καθορίζει: «Δεν επιτρέπεται να είσαι έτσι.» Ή: «Δεν επιτρέπεται να είσαι εδώ! Σου στερώ το δικαίωμα ύπαρξης!» Λέμε λοιπόν Όχι σε κάτι, που ήδη υφίσταται.

Αυτό που μας διαφεύγει και δε σκεφτόμαστε είναι πως η κατάκριση έχει μεγάλες, δυσάρεστες συνέπειες που μας αρρωσταίνουν και μας κάνουν δυστυχισμένους. Και που μάλιστα είναι συνέπειες για εμάς τους ίδιους και λιγότερο για τους κατακρινόμενους. Ακόμη και εάν το μυαλό σου αντιδρά στη σκέψη αυτή, η μέγιστη αλήθεια, όταν πρόκειται για την κατάκριση, είναι: *Όποιον και ό,τι και να κατακρίνεις, κατακρίνεις πάντα μόνο τον ίδιο σου τον εαυτό!*

Παράδειγμα: Είσαι θυμωμένη με τον άντρα σου, γιατί εδώ και καιρό έχει πάψει να είναι τρυφερός μαζί σου. Είναι μάλλον απωθητικός και εσωστρεφής και σου δίνει την αίσθηση πως σήμερα προφανώς δεν θα σε ξαναπαντρευόταν. Ποιες σκέψεις σου κρύβονται πίσω από το θυμό σου; Θα ανακαλύψεις για παράδειγμα μομφές που του αποδίδεις στις σκέψεις σου ή του τις λες ακόμη και κατάμουτρα. Κατηγορείς, κατακρίνεις. Λες ή σκέφτεσαι: «Δεν είσαι καλός σύζυγος. Τέτοιο σύζυγο δε θέλω. Απεχθάνομαι την ψυχρότητά σου, την εσωστρέφειά σου, την άξεστη συμπεριφορά σου. Βρες άλλη γυναίκα να σου πλένει τα εσώρουχά σου.»

Με τις σκέψεις αυτές τον τοποθετείς στην άλλη όχθη, απέναντί σου. Αυτός είναι ο δράστης κι εσύ είσαι το θύμα. Εκείνος δεν είναι εντάξει, εσύ είσαι η σωστή. Αυτός φταίει, εσύ είσαι αθώα.

Με τη στάση αυτή μπορείς, λοιπόν, για χρόνια να επιτίθεσαι στον άνδρα αυτόν, με αποτέλεσμα η σχέση σας να γίνεται όλο και πιο ψυχρή κι εσύ να αισθάνεσαι πικραμένη όλο συχνότερα και βαθύτερα. Οι σκέψεις κατάκρισής σου είναι εκείνες τις οποίες ο άνδρας σου αισθάνεται ή ακούει και συμπεριφέρεται ανάλογα: Ψυχρά, απωθητικά, κακόκεφα.

Εσύ δημιουργείς και παρατείνεις την κατάσταση δυστυχίας σου με τις κατηγορίες σου. Και ακριβώς έτσι πράττουμε όλη την ημέρα. Είτε πρόκειται για τη μη φιλική ταμία του σούπερ μάρκετ την οποία κι εμείς την αντιμετωπίζουμε μη φιλικά είτε είναι το αφεντικό μας, η δύσκολη γκρινιάρα συνάδελφος, οι θορυβώδεις γείτονες, οι γονείς κλπ...Η σκέψη πίσω από αυτές τις εσωτερικές μας αντιδράσεις είναι: «Δεν είσαι εντάξει, έτσι όπως είσαι. Έτσι, δε σε αποδέχομαι.»

Πόσο βαθιά είναι αγκυλωμένο το «κατακρίνειν» στην καθημερινή μας σκέψη και συμπεριφορά δεν μας είναι συνειδητό. Ίσως να φοβηθείς, όταν το ανακαλύψεις στον εαυτό σου. Οι κατηγορίες έχουν πολλές διαφορετικές αμφιέσεις: Η μη λεπτή, πολύ σαφώς διατυπωμένη κατηγορία δεν είναι η συχνότερη. Πολύ πιο συχνά εμφανίζονται οι κατηγορίες εκλεπτυσμένες, μη εμφανείς, κρυμμένες σε προτάσεις όπως: «Πάλι φόρεσες αυτό το φόρεμα (μαγείρεψες φασόλια, δεν έσβησες το φως, δεν έκανες τα μαθήματά σου);» Ή τέτοιες ωραίες προτάσεις όπως: «Τι μοιάζεις πάλι σήμερα;», «Είσαι στα καλά σου;», «Πού ακούστηκε τέτοιο πράγμα;», «Κάτι τέτοιο δεν έχω ξαναδεί ποτέ μέχρι σήμερα.» Τις περισσότερες κατηγορίες ούτε καν τις διατυπώνουμε.Σκεφτόμαστε κατηγορώντας απλά τους άλλους. Βαδίζουμε στον κόσμο με δύο αόρατα καλάθια. Το ένα καλάθι είναι πολύ μεγάλο, το άλλο πολύ μικρό. Στο μεγάλο καλάθι μπαίνουν όλοι και όλα που δεν είναι σαν εμένα: Όλοι εκείνοι που είναι βλάκες, κακοί, ηλίθιοι, όχι εντάξει, μη κανονικοί, τρελοί, εκείνοι που έχουν άσχημο χαρακτήρα, που δε μου ταιριάζουν, που μου δυσκολεύουν τη ζωή, εκείνοι που με νευριάζουν. Και στο μικρό καλάθι ρίχνουμε αυτούς που μας αρέσουν, που αγαπάμε, που θεωρούμε καλούς, ευχάριστους και αξιαγάπητους. Είμαστε συνεχώς σε κατάσταση ταξινόμησης και διάκρισης. Κοίταξε λίγο ποιος και τι βρίσκεται στο μεγάλο σου καλάθι.

Ίσως πεις: «Ναι, αλλά πρέπει να έχω τη δυνατότητα αξιολόγησης. Συχνά πρέπει να αποφασίζω για το ένα ή το άλλο.» Η σκέψη αυτή είναι σωστή. Πρέπει να επιλέγουμε, πρέπει να αποφασίζουμε για κάτι. Βέβαια, αποφασίζουμε κάθε μέρα, πολλές φορές υπέρ του ενός και κατά του άλλου. Όμως, στο σημείο αυτό, προχωρούμε ένα αποφασιστικό βήμα παραπέρα. Δεν κάνουμε μόνο μια επιλογή, αλλά αποφασίζουμε ταυτόχρονα να κατακρίνουμε αυτό που δεν επιλέξαμε.

Παράδειγμα: Αποφασίζουμε να πιστεύουμε στο Θεό. Συχνά όμως δεν μας επαρκεί αυτό. Γιατί πολλοί αποφασίζουν να καταπολεμήσουν και να κατηγορήσουν εκείνους που δεν πιστεύουν στο Θεό ή πιστεύουν σε άλλο θεό. Αυτοί έχουν άδικο και βρίσκονται σε λάθος δρόμο, σκέφτονται πολλοί από εμάς.

Παράδειγμα: Αποφασίζουμε να πιστεύουμε στην επιστήμη, να πιστεύουμε μόνο αυτό που μπορεί αντικειμενικά να αποδειχθεί με ένα πείραμα. Και ταυτόχρονα αποφασίζουμε να υποβιβάσουμε, όλα τα άλλα, για παράδειγμα κάθε τι μη αποδείξιμο, όπως τους αγγέλους, την μετενσάρκωση, τη μετεμψύχωση, καθώς και μηνύματα από τον πνευματικό κόσμο, χαρακτηρίζοντάς τα τρέλες και ανοησίες. Επιλέγουμε μεταξύ του Α και του Β και λέμε: «Το Α είναι καλό και το Β είναι κακό» και θέλουμε μάλιστα να καταπολεμήσουμε το Β. Δε λέμε: «Επιλέγω το Α κι εκείνος που θα επιλέξει το Β, ας επιλέξει το Β.»

Επειδή κατηγορούμε και καταπολεμάμε εκείνον που επιλέγει το Β, προκύπτει ο πόλεμος μεταξύ των ανθρώπων. Όποιος κατηγορεί κατά συνήθεια, δημιουργεί στον εαυτό του και στο σύμπαν διακρίσεις, συγκρούσεις, αντιπαλότητες, δυσαρμονίες, αρρώστιες και πόλεμο.

Κάθε κατηγορία των άλλων καλύπτει μόνο μια - ως επί το πλείστον μη συνειδητή - κατηγορία του εαυτού μας. Κατηγορούμε τις πιο πολλές φορές στους άλλους εκείνο που συχνά εμείς θέλουμε να το αποκλείσουμε από τον εαυτό μας στη δική μας ζωή, εκείνο που δε θέλουμε να είμαστε: για παράδειγμα την ακαταστασία, τον εγωισμό, την απληστία, την τάση για πολυτέλεια, την αλαζονία, την επιθετική συμπεριφορά. Ο άλλος στον οποίο κάτι με ενοχλεί, μου δείχνει τι εγώ απορρίπτω. Μου το παρουσιάζει έτσι, ώστε να βρω την ειρήνη μου και να πω: «Είμαι κι εγώ εγωιστής, άπληστος, αλαζονικός, επιθετικός, μη πνευματικός άνθρωπος - και επιτρέπεται να είμαι έτσι, όπως είμαι.» Γιατί στην πραγματικότητα είμαστε και τα δύο.

Η κατάκριση δεν είναι κάτι κακό και εγώ δεν κατηγορώ το «κατακρίνειν.» Όποιος όμως θέλει να είναι μόνο «καλός», κατακρίνει πολύ γρήγορα και μπαίνει στον κύκλο της αυτοκατάκρισης. Σαν άνθρωποι είμαστε όντα κατακρίνοντα. Με τον καιρό, όμως, μπορούμε να συνειδητοποιήσουμε αυτή την κατάκριση όλο και πιο πολύ και να αποσύρουμε αυτό το σκεπτικό της διάζευξης. Η κατάκριση συνεπάγεται συγχώρεση. Και η συγχώρεση είναι το κλειδί για την ειρήνη στη ζωή μας και σε αυτό τον κόσμο. Συγχώρεση όμως δε σημαίνει: «Θέλω να σε συγχωρήσω για ακόμη μια φορά. Την άλλη φορά όμως όχι πλέον...» Η συγχώρεση είναι η διόρθωση των σφαλμάτων, η απόσυρση αναληθών σκέψεων για μένα, τους άλλους και για τη ζωή.

Πρόσεξε όμως και μην αρχίζεις τώρα να λες στον εαυτό σου: «Δεν θέλω από δω και πέρα ποτέ πια να κατηγορώ.» Τότε εισέρχεσαι πολύ γρήγορα σε φαύλο κύκλο. Μην κατηγορείς το γεγονός ότι κατακρίνεις. Ένας από τους δασκάλους μου είπε κάποτε σχετικά με αυτό: «Ξέρετε, αγαπητοί μου, τι συμβαίνει στους ανθρώπους που κυνηγούν τη φώτιση; Ξέρουν πως δεν είναι σωστό να κατακρίνεις, το να κατακρίνεις είναι λάθος, κι έτσι κατακρίνουν το «κατακρίνειν».» Δεν μπορεί κανείς να κατακρίνει το «κατακρίνειν» ως μη σωστό, αυτό δεν είναι φώτιση... Το «κατακρίνειν» έχει την ισχύ του, γιατί υφίσταται. Το «κατακρίνειν» είναι μια θεϊκή πτυχή της φύσης μας. Και ο μοναδικός δρόμος που οδηγεί σε μια αλλαγή πρέπει να δεχθεί πως είστε όντα κατακρίνοντα. Εάν επιθυμείτε μια αλλαγή και εάν μπορέσετε να αποδεχθείτε το ότι είστε όντα κατακρίνοντα, τότε θα καταφέρετε αυτή την αλλαγή. Εκείνο όμως που απορρίπτετε, είναι εκείνο που θα προσελκύσετε.» (Ρ΄ΤΑΑΗ)

Το θέμα είναι, λοιπόν, να συνειδητοποιούμε όλο και περισσότερο, πού και πώς κατακρίνουμε,ό,τι κιαν κατακρίνουμε σε εμάς τους ίδιους, σε άλλους και στην ίδια τη ζωή. Τότε μόνο θα μπορέσουμε σιγά-σιγά να αποσύρουμε αυτές τις κατηγορίες.

⊞ **Παλιό παπούτσι: Θυμώνω και καταπίνω το θυμό μου.**

Μπορεί εσύ να μην ανήκεις σε αυτούς τους ανθρώπους, σίγουρα όμως γνωρίζεις μερικούς που συχνά ή ακόμη και διαρκώς νευριάζουν για το ένα ή το άλλο, εξοργίζονται, μαλώνουν, βρίζουν, κλαίγονται, γκρινιάζουν ή εξάπτονται εύκολα. Εάν ρωτήσει κανείς τέτοιους ανθρώπους γιατί συμπεριφέρονται έτσι, τότε θα μάθει πως αυτοί δεν μπορούν να φανταστούν τη ζωή τους χωρίς θυμό, χωρίς προβλήματα. Γι' αυτούς ο κόσμος, οι άλλοι άνθρωποι είναι έτσι, ώστε αναγκαστικά να νευριάζεις μαζί τους. Το νιώθουν κάπως σαν καταναγκασμό το να νευριάζουν.

Αλλά και το να νευριάζεις, το να θυμώνεις δεν είναι τίποτε άλλο από μια συνήθεια. Συνήθως ήταν η μητέρα ή ο πατέρας πρωταθλητές στο να νευριάζουν.Πρέπει, λοιπόν, απλώς να συνεχιστεί η παράδοση. Δεν εκνευρίζεται κανείς μόνο για μεγαλύτερες υποθέσεις, αλλά κυρίως για μικροπράγματα που μας συμβαίνουν διαρκώς: ο λεκές στο πουκάμισό μας, το τρένο που καθυστερεί, η βροχή, το μποτιλιάρισμα στους δρόμους, η πίεση χρόνου και χίλια δυο άλλα πράγματα. Η φύση της λέξης αντικατοπτρίζει την πραγματικότητα, γιατί λέμε: «Εκνευρίζομαι.» Δεν νευριάζουμε κάποιον άλλον, αλλά τον εαυτό μας, στον εαυτό μας επιφέρουμε πόνο. Μερικές φορές λέμε βέβαια: «Αυτός ή εκείνο με νευριάζει», αλλά η αλήθεια είναι: *Εκνευρίζομαι πάντα εγώ ο ίδιος.* Και τότε προστίθεται και ένα Όχι μαζί με το θυμό που αναδύεται μέσα μας. Εκνευριζόμαστε για το ότι εκνευριζόμαστε.

Ο εκνευρισμός είναι μια απόφαση την οποία εγώ ο ίδιος έχω πάρει. «Θέλω να εξοργιστώ, θέλω να θυμώσω γι' αυτό και για εκείνο, ακόμη και εάν αυτό με καθιστά ανήσυχο, με αποκεντρώνει, ανεβάζει την πίεσή μου και με τον καιρό με αρρωσταίνει.» Θέλουμε να εκνευριζόμαστε. Και μην τυχόν και μας τον πάρει κανείς το θυμό μας.

Ποιος μπορεί να είναι ο λόγος για τον οποίο κρεμόμαστε κυριολεκτικά από το θυμό; Τι μας δίνει αλήθεια αυτός; Το πλεονέκτημα του θυμού είναι η ψυχαγωγική του αξία, και μάλιστα η διασκεδαστική του αξία, το ότι δηλαδή αποσπά την προσοχή μας. Όποιος εκνευρίζεται είναι απασχολημένος και εστιάζει την προσοχή του σε εκείνο που τον εκνευρίζει. Ο θυμός αποσπά την προσοχή μου από τον εσωτερικό μου κόσμο, από αυτό που περιμένει μέσα μου να του προσηλωθώ: από το εσωτερικό μου κενό, την ανία μου, το συναίσθημα της ματαιότητας, της μοναξιάς μου, της δικής μου αδυναμίας και ανημποριάς. Με αυτά δεν θέλουμε να έχουμε σχέσεις. Γιατί όλα αυτά τα έχει ο καθένας μας. Ανήκουν στην ανθρώπινη ύπαρξη.

Έχουμε την επιλογή: Κι εσύ μπορείς να αποφασίσεις πόσο συχνά θα συνεχίσεις να εκνευρίζεσαι ο ίδιος ή θα αφήσεις να σε εκνευρίζουν οι άλλοι. Εσύ θα ορίσεις πώς θα αντιδράσεις εσωτερικά σε κάτι από τον εξωτερικό κόσμο. Μην πιστεύεις σε παρακαλώ πως εδώ εσύ είσαι ανίσχυρος. Εσύ κατέχεις αυτή τη δύναμη. Πριν από κάθε αντίδραση θυμού εσύ παίρνεις μη συνειδητά την απόφαση: «Τώρα θέλω να εκνευριστώ πάλι. Αυτή την ευκαιρία δεν την αφήνω να μου φύγει. Διαισθάνομαι ήδη πως βράζω μέσα μου. Κρατάω την αναπνοή μου, η πίεση ανεβαίνει και σε λίγο θα σκάσω…»

Όλες αυτές οι σκέψεις διαρκούν λιγότερο από ένα και μοναδικό δευτερόλεπτο. Όταν εκνευριστείς τις επόμενες φορές, τότε σταμάτα για λίγο, μόλις δεις πως ο θυμός σου ξεσπάει, πες «Στοπ!» στον εαυτό σου, πάρε μια βαθιά αναπνοή και παρατήρησε τι συμβαίνει μέσα σου, πού έχεις ένα στενό σημείο, πού βράζεις και πώς αισθάνεσαι σωματικά και ψυχικά. Πάρε μερικές βαθιές και ήρεμες αναπνοές μόνο για ένα λεπτό. Και νιώσε πόσος θυμός σου έχει απομείνει ακόμη. Στις περισσότερες περιπτώσεις εξαφανίζεται ο θυμός σου ήδη μετά από ένα λεπτό, είτε εντελώς είτε σχεδόν εντελώς. Δοκίμασέ το! Πάρε μια νέα απόφαση!

Εάν παρατηρήσεις τον εαυτό σου προσεκτικά, περνώντας τη μέρα σου, θα ανακαλύπτεις συνεχώς μικρές στιγμές στις οποίες θα εκνευρίζεσαι ή θα θυμώνεις «λιγάκι.»

Παραδείγματα: Ο σύντροφός σου ή τα παιδιά σου πάλι δεν βίδωσαν το σωληνάριο της οδοντόπαστας, δεν έκλεισαν το καπάκι της τουαλέτας ή δεν έβγαλαν τα πιάτα από το πλυντήριο, όπως περίμενες εσύ να το κάνουν ή τους το είχες ζητήσει. Το αυτοκίνητό σου δεν μπορείς να το βγάλεις από τον τόπο στάθμευσης, γιατί άλλα αυτοκίνητα είναι κολλημένα σε αυτό και είσαι αναγκασμένος να προσπαθήσεις κάμποση ώρα να το κατορθώσεις. Ο άντρας σου άφησε το αυτοκίνητο ακατάστατο ή δε δήλωσε στην ασφαλιστική εταιρεία την αλλαγή διεύθυνσής σας, όπως είχατε συμφωνήσει να το κάνει. Στο φούρνο σού παίρνει κάποιος άλλος τη σειρά, ο συνάδελφός σου αρρώστησε απρόσμενα και σου αφήνει επιπρόσθετη εργασία, για το Σαββατοκύριακο προβλέπει η πρόγνωση καιρού βροχοπτώσεις. Μερικά ασήμαντα πράγματα που συμβαίνουν καθημερινά σε εκατομμύρια ανθρώπους. Πάνω από δέκα φορές τη μέρα βιώνουν πολλοί άνθρωποι τέτοια μικρά ή μεσαία «προβλήματα.» Ερώτηση: Πώς αντιδρούμε σε τέτοιες περιστάσεις; Τη στιγμή του θυμού μάς κυριαρχεί μια ανησυχία και μια δυσθυμία. Το στομάχι μας σφίγγεται για λίγο, η ροή της αναπνοής διακόπτεται για μικρό διάστημα. Και μετά από λίγο το ξεχνάμε ή εξαφανίζεται από το οπτικό μας πεδίο. Ελάχιστοι άνθρωποι ηρεμούν και συνειδητοποιούν τι κάνουν εκείνη τη στιγμή, τι τους συμβαίνει. Εκνευρίζονται γι' αυτό ή για εκείνο, καταπίνουν γρήγορα το θυμό τους κι επιστρέφουν στην ημερήσια διάταξη. Αυτή η κατάποση και η εκτόπιση των πολλών μικρών βιωμάτων θυμού δεν παραμένει όμως δίχως συνέπειες για εμάς. Η ενέργεια του μικρού θυμού συσσωρεύεται με το χρόνο μέσα μας και ολοένα σβολιάζει. Αυτό οδηγεί σε χρόνιο θυμό ή δυσαρέσκεια (που σημαίνει: δε ζω ειρηνικά). Η ενέργεια του θυμού γίνεται με τον καιρό ενέργεια οργής. Επειδή, όμως, δεν έχουμε μάθει να χειριζόμαστε την οργή με τρόπο που να μη βλάπτει την υγεία μας, δηλαδή δε μάθαμε να την ελέγχουμε, γι' αυτό διασχίζουμε σαν βράζοντες, οξύθυμοι λέβητες ή σαν υπερφορτωμένοι, καταθλιπτικοί χαμάληδες τη ζωή μας. Υποφέρουμε από το θυμό που απωθούμε και συνεπεία αυτού και από την οργή που προκύπτει εξ αυτού. Και επειδή κανένας δεν μας έχει δείξει πως να χειριζόμαστε την οργή μας, κι αφού εμείς οφείλαμε από την παιδική μας ηλικία να είμαστε ένα αξιαγάπητο κοριτσάκι ή ένα φρόνιμο αγοράκι, συχνά αισθανόμαστε εκτεθειμένοι στην ενέργεια της οργής που οι ίδιοι έχουμε δημιουργήσει. Γι' αυτό η οργή συνοδεύεται συνήθως από το συναίσθημα της αδυναμίας και της ανημποριάς.

Λόγω του θυμού σου σε προσκαλώ να παρατηρείς όλο και περισσότερο τι κάνεις καθημερινά και πώς το κάνεις αυτό. Παρατήρησε όλο και πιο συχνά πότε εκνευρίζεσαι και γιατί και πώς χειρίζεσαι την ενέργεια θυμού που εσύ έχεις δημιουργήσει. Εάν κρατάς ημερολόγιο, θυμήσου το βράδυ τις καταστάσεις αυτές και κράτησε για μερικές εβδομάδες σημειώσεις.

⊞ **Παλιό παπούτσι: Εστιάζω την προσοχή μου σε αρνητικά σημεία.**

Σε τι εστιάζεις τη σκέψη σου; Πού ρίχνεις το βλέμμα σου στον εαυτό σου και στους άλλους; Σε ό,τι είναι καλό ή σε ό,τι θα χαρακτήριζες άσχημο; Σε εκείνο με το οποίο είσαι ευχαριστημένος ή μήπως στο αντίθετο; Στο θετικό ή στο αρνητικό, στην έλλειψη ή στην αφθονία; Είσαι περισσότερο απαισιόδοξος ή μάλλον αισιόδοξος; Είσαι πιο πολύ κάποιος που επαινεί πολύ ή κάποιος που κριτικάρει συχνά - αδιάφορο, εάν πρόκειται για τον εαυτό σου ή για άλλους; Εάν δεν ξέρεις με απόλυτη βεβαιότητα σε ποια κατηγορία ανήκεις, τότε καιρός είναι να παρατηρήσεις καλά τον εαυτό σου. Γιατί εσύ προφανώς ανήκεις στους αρνητικούς ανθρώπους στους οποίους ανήκουν οι περισσότεροι από εμάς. Μας έχουν μεγαλώσει κριτικάροντάς μας συνεχώς. Μικρά κοριτσάκια και αγοράκια ακούνε προπαντός τι δεν είναι καλό στη συμπεριφορά τους, τι είναι κακό, τι θα έπρεπε να αποφεύγουν, να αποβάλουν και να ξεσυνηθίσουν. Με τη λέξη ανατροφή εννοούμε σε πρώτη γραμμή την κριτική και λιγότερο τον έπαινο και την ενθάρρυνση. Στην πραγματικότητα πρόκειται για προπόνηση στην αρνητική σκέψη. Είμαστε συγκεντρωμένοι σε τέτοιο βαθμό στην αρνητικότητα, ώστε στα εκατό ωραία, αρμονικά πράγματα πέφτει στην αντίληψή μας πρώτα - πρώτα το ένα μη αρμονικό και μας ενοχλεί, ενώ στα ενενήντα εννέα ωραία πράγματα ούτε καν δίνουμε σημασία. Διαλέγουμε από όλα εκείνα, αυτά για τα οποία μπορούμε να εκνευριζόμαστε, να ανησυχούμε, κάτι που κατά τη γνώμη μας είναι άσχημο.

Το μισογεμάτο ποτήρι είναι για εμάς μισοάδειο. Όταν φτάσουμε στο πεντηκοστό έτος της ηλικίας μας, τότε τα πιο όμορφα χρόνια μας έχουν περάσει. Εάν είμαι δέκα χρόνια μαζί με το σύντροφό μου, μου είναι πιο συνειδητές οι παραξενιές, οι αδυναμίες του όπως και τα προβλήματά μου μαζί του παρά οι θησαυροί του, η ομορφιά του και το δώρο της παρουσίας του. Εάν χωρίσουμε μετά από είκοσι χρόνια γάμου, τότε δηλώνουμε πως ο γάμος ήταν αποτυχημένος αντί να ευχαριστήσουμε τον άλλον και τον εαυτό μας για τα δώρα και τα όμορφα πράγματα που απολαύσαμε όλα αυτά τα χρόνια και να τα εκτιμήσουμε.

Είμαστε προγραμματισμένοι στην αρνητικότητα, και μάλιστα σε τέτοιο βαθμό, ώστε να ξοδεύουμε πολλά χρήματα για να καλύπτουμε καθημερινά τις ανάγκες μας σε αρνητικότητα. Αυτά που μας παρουσιάζουν οι εφημερίδες και οι ειδήσεις στο ραδιόφωνο και την τηλεόραση είναι μια αυθαίρετη επιλογή και παράθεση συγκεντρωμένης αρνητικότητας. Ο αναγνώστης θέλει να διαβάζει άσχημες ειδήσεις διαφορετικά θα πάψει να αγοράζει τη συγκεκριμένη εφημερίδα. Πειράματα με εφημερίδες και περιοδικά που τόνιζαν μόνο τις θετικές πλευρές απέτυχαν σε πολύ μικρό χρονικό διάστημα. Ο κοινός δημοσιογράφος είναι κάποιος που έχει το θράσος να κριτικάρει τον κόσμο, τη ζωή, τους άλλους και γι' αυτό πληρώνεται από τον εκδότη. Γιατί ο αναγνώστης ικανοποιείται πραγματικά με το να πληροφορείται πού έγιναν απάτες και απιστίες, ποιος απέτυχε, ποιος είχε απώλειες, πού σκότωσαν ποιον και πού πέθανε ποιος, πού έγιναν καταστροφές και γκρεμίστηκαν κτίρια. Η δυστυχία και η κριτική καταλαμβάνουν για τον αναγνώστη την ύψιστη «ψυχαγωγική αξία», προξενούν στον αναγνώστη, τον ακροατή ή τον τηλεθεατή συναισθήματα φόβου, τρόμου, ανατριχίλας, αηδίας, απέχθειας, χαιρεκακίας, περιφρόνησης που συναισθηματικά αναστατώνουν ή τουλάχιστον διεγείρουν.

Οι περισσότεροι άνθρωποι είναι μανιακοί με το να ασκούν κριτική και να βρίσκουν πάντα κάτι το αρνητικό στον εαυτό τους αλλά και στους άλλους. Ακόμη και στο σχολείο μαθαίνουμε πρώτα απ' όλα να κριτικάρουμε. «Ασκούμε εποικοδομητική κριτική» το ονομάζουν εκεί, αλλά το αντίθετο δεν το μαθαίνουμε. Δεν μαθαίνουν στα παιδιά και στους νέους πώς να επαινούν τον εαυτό τους και τους άλλους, πώς να ενθαρρύνουν, να ενισχύουν, να γίνουν πιο σίγουροι για τον εαυτό τους. Επίσης πολλοί δάσκαλοι είναι, όπως οι δημοσιογράφοι, εξίσου εξασκημένοι στην κριτική, την κατηγορία και την αρνητικότητα. Όμως ένα μέρος από αυτούς υποφέρει με το να πρέπει να κρίνει παιδιά και να αποφασίζει γι αυτά. Αυτοί λοιπόν πληρώνονται για την κρίση και το κοσκίνισμα. Εάν αφαιρούσαμε από τους δασκάλους τη δυνατότητα να μοιράζουν βαθμούς ή να τιμωρούν μαθητές, τι θα μπορούσαν τότε να προβάλουν ως «κύρος», τι θα τους απέμενε τότε για να κερδίσουν το σεβασμό και την προσοχή των μαθητών τους;

Η κριτική δεν είναι εποικοδομητική, αδιάφορο με ποιο τρόπο ασκείται. Με την κριτική δεν έχουμε αλλάξει μέχρι τώρα κανέναν άνθρωπο, όμως αμέτρητοι έχουν ταπεινωθεί και αποθαρρυνθεί από αυτήν. Η κριτική είναι μια συμπεριφορά η οποία αποκαλύπτει λίγα πράγματα για τον κρινόμενο αλλά πολλά για τον κρίνοντα. Ο μανιακά κρίνων άνθρωπος έχει πρόβλημα, όχι ο κρινόμενος. Ο κρίνων αισθάνεται θυμό, διαφωνία, δυσαρμονία, ανησυχία, οργή ή ό,τι άλλο μέσα του. Μόνο που δεν αναλαμβάνει την ευθύνη γι' αυτό, αλλά την αποδίδει στους άλλους. Συμπεριφέρεται σαν να μην έχει ο ίδιος κανένα πρόβλημα.
Όλα αυτά δεν έχουν καμία σχέση με την αγάπη. Γιατί είναι ένα μήνυμα του Όχι. Το να κατακρίνεις ικανοποιεί τις ανάγκες του κρίνοντα και οφελεί τον κρινόμενο. Ίσως πεις τώρα: «Όμως πρέπει κανείς να μπορεί να εκφράσει τη γνώμη του. Πρέπει να μπορώ να πω στη γυναίκα μου ή στον άντρα μου τι δε μου αρέσει, όπως και στα παιδιά μου. Πώς θα γίνει αυτό δίχως ίχνος κριτικής;»

Εάν θέλεις να κάνεις κάτι καλό στο σύντροφό σου, στα παιδιά σου ή και στους συνεργάτες και συναδέλφους σου, εάν επιθυμείς περισσότερη ειρήνη, αρμονία και αγάπη στη ζωή σου, τότε πάρε μια νέα απόφαση. Όταν συγκεντρώνεις την προσοχή σου στα λάθη των άλλων, τότε δίνεις ενέργεια σε αυτά τα λάθη, σε αυτές τις αδυναμίες του. Γιατί η προσοχή που δίνεις δεν σημαίνει τίποτε άλλο από ενέργεια. Όποιος θέλει να κριτικάρει, θέλει να βρει λάθη. Το μοιραίο εδώ είναι: θα βρίσκεις πάντα λάθη κι έτσι, όλο και πιο πολλές αφορμές, για να ασκείς κριτική. Αποφάσισε εκ νέου και άλλαξε την κατεύθυνση της προσοχής σου με στροφή κατά 180 μοίρες.

Αποφάσισε για σένα τον ίδιο, το σύντροφό σου, τα παιδιά σου, για όλους τους ανθρώπους τριγύρω σου να αρχίσεις με την αναζήτηση για το ωραίο, το θετικό, το θαυμάσιο και για τα δυνατά σημεία. Ακόμη και στον μεγαλύτερο αντίπαλό σου μπορείς να βρεις κάτι. Η προθυμία σου να τα βρεις είναι εδώ σημαντική. Άρχισε να τονίζεις τα δυνατά σημεία στους άλλους. Εάν κάποιος είναι αδύναμος, ενθάρρυνέ τον. Όταν κάποιος κάνει λάθη, δείξε του πώς πράττεις εσύ. Να είσαι πρότυπο και να συμπεριφέρεσαι έτσι, όπως θα ήθελες κι εσύ να σου συμπεριφέρονται οι άλλοι, αλλά μην περιμένεις να σε ακολουθήσουν. Όταν κάποιος υποβιβάζει ο ίδιος τον εαυτό του, εσύ ανέβασέ τον. Όταν κάποιος αποθαρρύνει τον εαυτό του, εσύ ενθάρρυνέ τον. Να σέβεσαι και να εκτιμάς το δρόμο, ακόμη και τον πιο σκληρό και τον πιο δύσκολο τον οποίο βαδίζει κάποιος άλλος και να δείχνεις το σεβασμό σου και τη συμπαράστασή σου. Αλλά ξέχασε τον οίκτο, γιατί με τον οίκτο σου αποδυναμώνεις τον άλλο και ανυψώνεις τον εαυτό σου υπέρ αυτού. Ο οίκτος στην πραγματικότητα είναι ένα είδος αλαζονίας και θράσους.

Τα «λάθη» ειναι μια εφεύρεση της λογικής μας, όπως και τα «προβλήματα.» *Όσο πιστεύουμε πως κάναμε λάθη, αισθανόμαστε αναγκαστικά ένοχοι και αποτυχημένοι. Εγώ ισχυρίζομαι: Στην πραγματικότητα δεν έχουμε κάνει λάθη, αλλά ήταν σημαντικές και ενδιαφέρουσες εμπειρίες. Και* αυτά που λέω δεν είναι υπεκφυγές ή «θετικές σκέψεις», αλλά ένας ριζικά διαφορετικός τρόπος παρατήρησης της ζωής και των δημιουργιών μας. Στο παρελθόν κάναμε πολλά που σήμερα δεν θα κάναμε πλέον ή θα τα κάναμε πιθανώς διαφορετικά. Γιατί σήμερα είμαστε άλλος άνθρωπος. Όχι όμως γιατί μάθαμε από τα λάθη μας, αλλά γιατί βλέπουμε τον εαυτό μας, τη ζωή και τους άλλους σήμερα με νέο τρόπο, δηλαδή διαφορετικά και μπορούμε να βασιστούμε στα διδάγματα και τις εμπειρίες του παρελθόντος. Παράδειγμα: Ένας υπάλληλος δέχεται αβάσιμη κριτική από τον προϊστάμενό του, θυμώνει γι' αυτό και καταπίνει το θυμό του. Αυτό το κάνει τόσον καιρό, μέχρι που περνάει άυπνες νύχτες και στο τέλος παραιτείται από τη θέση του. Σήμερα, δέκα χρόνια αργότερα, ίσως θα συμπεριφερόταν διαφορετικά, γιατί έχει στο μεταξύ αλλάξει ως άνθρωπος. Έχει γίνει πιο θαρραλέος, έχει μεγαλύτερη αυτοπεποίθηση. Σήμερα θα πήγαινε στον προϊστάμενό του και θα του μιλούσε ευγενικά αλλά αποφασιστικά για την άδικη κριτική του και θα διατύπωνε τις προσδοκίες του να του συμπεριφέρονται με σεβασμό κάπως έτσι: «Επιθυμώ να βλέπετε τι αποδίδω για την εταιρεία αυτή και να είστε σε θέση να αναγνωρίζετε την προσφορά μου.» Ήταν λάθος που τότε παραιτήθηκε από τη θέση του; Όχι, πριν απο δέκα χρόνια δεν μπορούσε να κάνει διαφορετικά και έπρεπε προφανώς να βιώσει αυτήν την εμπειρία.

Το ίδιο ισχύει για πολλά άλλα παραδείγματα. Ας πάρουμε ένα που οι περισσότεροι θα το χαρακτήριζαν σαφές και κραυγαλέο λάθος. Ένας άντρας χτυπάει τη γυναίκα του, συνήθως όταν είναι μεθυσμένος. Όλος ο κόσμος θα το έβλεπε αυτό ως σφάλμα του άντρα και θα απαιτούσε από αυτόν να αλλάξει τη συμπεριφορά του. Ερώτηση: Είναι αυτό αλήθεια; Μπορεί αυτός ο άντρας να αλλάξει έτσι εύκολα τη συμπεριφορά του; Μπορείς να αλλάξεις όλους τους τρόπους σου που δεν σου αρέσουν; Όποιος χτυπάει τη γυναίκα του ή το παιδί του δεν μπορεί τη στιγμή εκείνη που το κάνει να πράξει διαφορετικά. Αλλιώς δε θα το έκανε. Ίσως κάποια μέρα να έρθει στα λογικά του και να

70

μπορέσει να αλλάξει την συμπεριφορά του, γιατί ίσως κατανοήσει πόσο μη ειρηνικά ζει με τον εαυτό του και με τον κόσμο.

Εκείνος που στο παρελθόν συμπεριφέρθηκε σε άλλους ανθρώπους δίχως αγάπη - και ο καθένας μας το έκανε αυτό με τον ένα ή άλλο τρόπο-, πρέπει κάποτε να το συγχωρήσει στον εαυτό του. Να βαδίζεις στη ζωή με τη συνείδηση: «Έχω κάνει πολλά λάθη», δε μας κάνει καλύτερους ανθρώπους, αλλά ανθρώπους με τύψεις, συναισθήματα ενοχής και ντροπής. Τέτοιοι άνθρωποι δεν είναι σε θέση να χτίσουν έναν ειρηνικό κόσμο, όπου κυριαρχούν ο αλληλοσεβασμός και η αγάπη.

Αποφάσισε, παρακαλώ, εκ νέου να επαινείς όλο και περισσότερο άλλους ανθρώπους - το σύντροφό σου, τα παιδιά σου, τους γονείς σου, τους συναδέλφους σου, τον προϊστάμενό σου κλπ.-, να τους παραδέχεσαι, να τους εκτιμάς, να τους υποστηρίζεις, να τους ακούς, να είσαι παρών γι' αυτούς, να τους αγγίζεις, να χαμογελάς και να κατανοείς, γιατί ο άλλος συμπεριφέρεται μερικές φορές έτσι και σε πληγώνει. Και εάν κάτι σε πληγώσει, φρόντισε την παλιά σου πληγή που σου προξένησε ο άλλος. Αποφάσισε στο μέλλον να τονίζεις και να αναφέρεις για το σύντροφό σου και τους άλλους μόνο εκείνο που βρίσκεις όμορφο, ελκυστικό και αξιοθαύμαστο σε αυτούς. Παρατήρησε πιο προσεκτικά και δες πως καθένας μας έχει και αυτές τις πλευρές. Μην απορρίπτεις αυτή τη σκέψη ως αφελή ή μη δυνατή. Αποφάσισε για τη συμπεριφορά: «Επιτρέπεται να είσαι ακριβώς, όπως είσαι. Κι εγώ επιτρέπεται να είμαι, όπως είμαι.» Μπορείς να ακολουθήσεις αυτόν το δρόμο, εάν επιθυμείς πραγματικά την ειρήνη. Είναι ένας ριζικά νέος δρόμος στη σχέση με σένα τον ίδιο και με τους άλλους. Έχε το θάρρος και πάρε τέτοιες ριζικές αποφάσεις και ανακάλυψε ποια θαύματα προκαλείς με τον τρόπο αυτό - στον εαυτό σου και στους άλλους.

⊞ Παλιό παπούτσι: Το να θέλεις να είσαι τέλειος.

Μήπως θα ήθελες πολύ να είσαι τέλειος; Σου έρχεται πότε-πότε αυτή η επιθυμία; Θα ήταν μάλιστα το όνειρό σου να είσαι τέλειος και να μην κάνεις πλέον λάθη; Πώς συμπεριφέρεσαι στον εαυτό σου, εάν αποτύχεις σε κάτι; Από την αντίδρασή σου σε τέτοιες αναποδιές μπορείς να δεις πόσο βαθιά είναι η επιθυμία σου να θέλεις να είσαι τέλειος. Πολλοί άνθρωποι δεν συνειδητοποιούν πως προσπαθούν και κοπιάζουν συνέχεια για να είναι τέλειοι.

Όλοι μας μαθαίνουμε από μικροί πως η αποκλίνουσα συμπεριφορά είναι ανεπιθύμητη και χαρακτηρίζεται ως «σφάλμα.» Σχεδόν όλοι οι γονείς δείχνουν στα παιδιά τους ποιους τρόπους συμπεριφοράς επιθυμούν και ποιοί τρόποι δεν τους είναι ευπρόσδεκτοι. Στέρηση αγάπης ή τιμωρία είναι οι συνέπειες ακόμη και στα πιο μικρά παιδάκια. Ήδη στη φωνή ή το βλέμμα της μαμάς και του μπαμπά παρατηρεί το παιδί πως κάτι εδώ είναι ανεπιθύμητο, πως δεν θάπρεπε να ξανακάνει αυτό ή εκείνο. Κι έτσι αποφασίζει από πολύ νωρίς για τη σκέψη: «Πρέπει να προσέχω, να προσαρμοστώ και να τα κάνω όλα σωστά!» Και παίρνει στη συνέχεια την απόφαση: «Δεν επιτρέπεται να κάνω λάθη, τα λάθη δεν είναι καλά. Όταν κάνω λάθη, αισθάνομαι άσχημα, δεν με αγαπάνε τότε.» Από νωρίς μαθαίνει πως στο σκεπτικό αυτού του κόσμου υπάρχει κάτι σαν σφάλμα ή λάθος και πως όλα διακρίνονται σε «εδώ σωστό» και «εκεί λάθος.» Την απόφαση «Δεν επιτρέπεται να κάνω λάθη!» την πήραν πολλοί από εμάς. Και όσο η απόφαση αυτή δεν ανακαλείται συνειδητά, αισθανόμαστε ακόμη και ως ενήλικες δέσμιοί της δίχως να μας είναι αυτό συνειδητό. Η απόφαση αυτή επιδρά ως όρκος.

Εξακρίβωσε, παρακαλώ, λοιπόν, σε εσένα, εάν κι εσύ είσαι κάποιος που θέλει κατ'ουσίαν να είναι τέλειος. *Το πρόγραμμα τελειότητας είναι ένα πρόγραμμα ενάντια στη ζωή και ενάντια στην αγάπη.* Δεν σε αφήνει να γίνεις ευτυχισμένος, γιατί δεν μπορείς να φτάσεις την τελειότητα σε αυτή τη γη – τουλάχιστον όπως είναι ο μέχρι σήμερα ορισμός της. Γιατί ό,τι δεν είναι τέλειο και ονομάζεται λάθος αποτελεί το συστατικό κάθε επιτυχίας. Και στην πραγματικότητα δεν πρόκειται για «λάθος.» Είναι απόπειρες, προσπάθειες και εμπειρίες. Κάθε μωρό πρέπει να κάνει χιλιάδες προσπάθειες, μέχρι να μπορέσει να περπατήσει. Κάθε μηχανικός χρειάζεται ένα πλήθος πειραμάτων, μέχρι να εξελιχθεί μια νέα μηχανή. Όλες αυτές οι προσπάθειες δεν είναι τίποτε άλλο από αυτά που μάθαμε να τα ονομάζουμε «λάθη.» Τα λάθη είναι οι εμπειρίες μας στο δρόμο της ζωής μας. Τα λάθη είναι λοιπόν κάτι θαυμάσιο, μας οδηγούν στο στόχο μας και στην επιτυχία. Μετά όμως προκύπτουν νέα λάθη σε ένα νέο δρόμο για κάποιον άλλο στόχο. *Εμείς όχι μόνο επιτρέπεται, αλλά και οφείλουμε να κάνουμε ένα πλήθος «λαθών.»* Ναι, όλη μας η ζωή δεν είναι τίποτε άλλο από μια αλυσίδα προσπαθειών, πειραμάτων, δηλαδή μια αλυσίδα εμπειριών. Αυτό σημαίνει πως αυτά τα λάθη και οι επιτυχίες συνδέονται άμεσα μεταξύ τους, δεν μπορεί κανείς να τα χωρίσει. Και παρατηρώντας τα από αυτήν την ολιστική οπτική γωνία, κάθε λάθος είναι ακριβώς τόσο τέλειο, όπως και κάθε επιτυχία.

Σταμάτα, σε παρακαλώ, να πιστεύεις πως θα έπρεπε να είσαι τέλειος. Στην πραγματικότητα είσαι τέλειος με όλες τις εμπειρίες που κάνεις σήμερα και που έχεις κάνει μέχρι τώρα. Αυτή η διαδικασία του πώς από τις εμπειρίες προχωράς σε νέες εμπειρίες, από τον περιορισμό διαβαίνεις στην επέκταση, από την ασάφεια στη διαύγεια, από το μη συνειδητό στο συνειδητό, είναι η απόλυτα τέλεια πορεία του ανθρώπου - και μάλιστα του μεμονωμένου ανθρώπου στη βιογραφία του, όπως και της ανθρωπότητας εις τους αιώνας των αιώνων.

Μπορείς, λοιπόν, τώρα να φανταστείς, γιατί τόσοι άνθρωποι θυμώνουν συνεχώς; Διότι ανακαλύπτουν διαρκώς πράγματα τα οποία κατά τη γνώμη τους δεν είναι τέλεια, τα οποία είναι δήθεν λανθασμένα.

Εάν βγάλεις αυτό το παλιό παπούτσι, θα προσελκύσεις μεγάλη ειρήνη και αρμονία στη ζωή σου. Πώς θα γίνει αυτό;

Πάρε μια νέα απόφαση: Κάνε μια μικρή τελετουργία. Κά-
θησε ήρεμα, άναψε ένα κερί και συνειδητοποίησε πως θέ-
λεις να πάρεις μια σημαντική απόφαση για την περαιτέρω
ζωή σου. Και μετά εκφώνησε δυνατά και αποφασιστικά τις
εξής προτάσεις: «Σήμερα θα πάρω μια νέα απόφαση για τη
ζωή μου. Θα πάψω να θέλω να είμαι τέλειος. Γιατί κατανοώ
πως αυτή είναι μια άστοργη συμπεριφορά απέναντι στον
εαυτό μου. Παραδέχομαι τον εαυτό μου και τη συμπερι-
φορά μου έτσι, όπως είναι τώρα. Ίσως αύριο να είναι όλα
διαφορετικά. Αλλά σήμερα είναι έτσι. Επιτρέπω στον εαυτό
μου να μπορώ να είμαι έτσι, όπως είμαι. Και αυτό το Είμαι-
Έτσι-Όπως-Είμαι είναι απολύτως τέλειο και εντάξει.»

*Ήταν κάποτε ένας άντρας που σε όλη του τη ζωή αναζητούσε
την τέλεια γυναίκα. Πλανιόταν σε πολλές χώρες και στο
τέλος της μακράς του αναζήτησης- κουρασμένος πια-ήθελε
να αποχαιρετήσει τη ζωή. Κάποιος που γνώριζε περί της μα-
κράς του αναζήτησης, τον ρώτησε ένα βράδυ: «Πες μου, σε
όλα σου τα ταξίδια σε τόσες χώρες, δεν βρήκες αλήθεια την
τέλεια γυναίκα;» Τότε ο γηραιός άνδρας είπε λυπημένος: «Κι
όμως γνώρισα κάποτε την τέλεια γυναίκα. Αλλά τι να
έκανα, αυτή έψαχνε τον τέλειο άντρα!»* (Ελεύθερη διασκευή
ενός διηγήματος του OSHO).

⊞ **Παλιό παπούτσι: Το να κερδίζεις την αγάπη,
τον έπαινο και την αναγνώριση.**

Κάθε παιδί θέλει να το αγαπάνε. Κάθε παιδί χρειάζεται
αφοσίωση, αγκαλιά και χάδια. Χαίρεται, όταν είναι ευ-
πρόσδεκτο και όταν του δίνουν σημασία. Λαχταρά έπαινο
κι επιβεβαίωση. Θέλει να το ακούνε, όταν μιλάει και να εν-
διαφέρονται γι' αυτό. Αυτή η μεγάλη πείνα του παιδιού για
την τροφή αυτή με το όνομα «προσήλωση, ευγένεια και
αγάπη» ικανοποιείται μόνο σπάνια σε εμάς εδώ στη δυτική
Ευρώπη. Μεγαλώνουμε με αυτήν την πείνα. Σε όλους μας

υπάρχει ένας πόθος που λαχταράει να εκπληρωθεί. Αισθανόμαστε εσωτερικά άδειοι, σαν να υπάρχει μια τρύπα μέσα μας. Γι' αυτό επιθυμούμε και ως ενήλικες να μας βλέπουν και να μας υπολογίζουν. Λαχταράμε την εκτίμηση και την επιβεβαίωση, όλοι μας λαχταράμε την αγάπη. *Αυτός είναι ο μεγαλύτερος πόθος για τον οποίο υποφέρουμε, ο βασικός πόθος όλων των πόθων: ο πόθος για αγάπη κι έπαινο, για εκτίμηση και επιβεβαίωση.* Πίσω από όλους τους πόθους ή τις εξαρτήσεις, είτε πρόκειται για το αλκοόλ, τα τσιγάρα, το φαγητό, τα γλυκά, τη δουλειά, το παιχνίδι είτε πρόκειται για το σεξ, τη θρησκεία ή τον αθλητισμό, κρύβεται η απεγνωσμένη προσπάθεια να μπαλώσεις αυτήν την εσωτερική τρύπα, να γεμίσεις το κενό – η αναζήτηση για εκπλήρωση. Σε αυτή τη βασική μας εξάρτηση εποικοδομείται ολόκληρος οικονομικός κλάδος, με αυτήν παίζει και η διαφήμιση. Δεν «είμαστε βλάκες» ή μήπως είμαστε; Όχι, είμαστε ενδεείς, πεινασμένοι και αισθανόμαστε μέσα μας κενοί. Οι ευτυχισμένοι άνθρωποι θα κατανάλωναν πολύ λιγότερα αγαθά, γιατί δεν χρειάζονται το εξωτερικό και υλιστικό για να είναι ευτυχισμένοι, αλλά μπορούν να απολαμβανουν συνειδητά.

Με την πείνα αυτή πορευόμαστε μέσα στον κόσμο κι ελπίζουμε πως κάποιος θα μας την πάρει, θα μπορέσει να εκπληρώσει τους πόθους μας. Κι εμείς κάνουμε (σχεδόν) τα πάντα γι αυτό. Ψάχνουμε ανθρώπους που μας βρίσκουν ευχάριστους, αξιαγάπητους, ελκυστικούς, συμπαθητικούς κι εξαιρετικούς και που μας το δείχνουν. Στη συνέχεια ψάχνουμε γυναίκες ή άντρες που μας λένε «Σ΄ αγαπώ!.» Κι όταν έχουμε βρει έναν τέτοιο άνθρωπο, τότε προσπαθούμε να τον δεσμεύσουμε όσο το δυνατόν περισσότερο, γιατί φοβόμαστε πως αύριο θα μπορούσε να φύγει. Για το λόγο αυτό συνάπτουμε συμβόλαια, ένα από τα οποία ονομάζεται συμβόλαιο γάμου. Ελπίζουμε πως κάποιος από έξω θα μπορούσε να χορτάσει την πείνα μας για αγάπη κι εκπλήρωση. Εκατομμύρια άνθρωποι πηγαίνουν κάθε μέρα στη δουλειά τους κι επιθυμούν πολύ περισσότερα από μια δίκαιη αμοιβή. Λαχταράνε αναγνώριση, έπαινο και επιβεβαίωση της αξίας τους και της επίδοσής τους από τον προϊστάμενο και την εταιρεία. Θέλουν να ακούσουν και να νιώσουν: «Είστε σπουδαίος! Σας χρειαζόμαστε! Εκτιμούμε εσάς και τη δουλειά σας! Πόσο θαυμάσιο είναι που είστε εδώ! Συνεχίστε με τον τρόπο αυτό!»

Σε προσκαλώ να νιώσεις τη δική σου δίψα για αγάπη κι αναγνώριση και να κοιτάξεις πώς μέχρι σήμερα προσπάθησες να σβήσεις αυτή τη δίψα σου. Και τι δεν κάνεις για να κερδίσεις ή να αγοράσεις την εύνοια των άλλων! *«Πρέπει να κερδίσω την αγάπη!»*, είναι ένα από τα βασικά πιστεύω των περισσότερων ανθρώπων.

Πώς όμως προσπαθούμε να κερδίσουμε την αγάπη; Πρώτα-πρώτα προσπαθούμε να πάρουμε την αγάπη με την δουλειά και τις επιδόσεις μας. Γιατί η δουλειά και οι πράξεις μας έχουν πολύ μεγαλύτερη αξία από το αντίθετο, δηλ.από το να μην πράττεις τίποτε και απλά να είσαι παρών. «Κάνε κάτι! Μην τεμπελιάζεις! Μην ονειρεύεσαι!» είναι οι αξέχαστες προτροπές επίδοσης της παιδικής μας ηλικίας. Για ένα «άριστα» ή «λίαν καλώς» στο ενδεικτικό μας επαινούν και μας αγαπούν, για ένα βαθμό όμως κάτω από τη βάση μας κατακρίνουν και ίσως και να μας τιμωρούν με στέρηση αγάπης. Τουλάχιστον τότε κατανοήσαμε πως: Εάν θέλω να έχω την αγάπη των άλλων, πρέπει να κουραστώ και να είμαι εργατικός, ώστε να έχω καλές επιδόσεις. *Αγάπη μέσω επιδόσεων είναι ο ένας συνήθης τύπος.*

Δεύτερον: επιδιώκουμε την αγάπη μέσω προσαρμογής. Στα παιδικά μας χρόνια προσαρμοζόμαστε όσο μπορούσαμε στις προσδοκίες των γονέων μας και αργότερα σε εκείνες άλλων σημαντικών για εμάς προσώπων. Πολύ γρήγορα μάθαμε πότε είναι καλύτερα να κλείνουμε το στόμα μας. Ξέραμε καλά τι ήθελαν να ακούσουν και να δουν ο πατέρας ή η μητέρα από εμάς. Προσπαθούσαμε να εκπληρώσουμε τις προσδοκίες και τις επιθυμίες τους. Κάθε μέρα της παιδικής μας ηλικίας ήταν γεμάτη με επιθυμίες, προσδοκίες, απαιτήσεις, εντολές και απαγορεύσεις εκ μέρους των γονέων. Ήταν όπως τα κοντάρια στο γιγαντιαίο σλάλομ τα οποία έπρεπε να τα ξεπεράσουμε με παράκαμψη. Το γιγαντιαίο σλάλομ της παιδικής μας ηλικίας το ξεπεράσαμε μεν, αλλά τα κοντάρια παρέμειναν στη θέση τους κι εμείς συνεχίζουμε να προχωράμε.

Σήμερα συνεχίζουμε να προσαρμοζόμαστε στις προσδοκίες των άλλων, γιατί αυτό το «άθλημα» μας έχει γίνει συνήθεια. Επειδή θέλουμε να μας αγαπάνε, λυγίζουμε και αποκηρύσσουμε τη δική μας αλήθεια. Οι γυναίκες κοιμούνται με τους άντρες τους, αν και δεν έχουν καμία όρεξη για τη βαρετή αυτή πράξη. Οι άντρες προσπαθούν να έχουν καλές επιδόσεις στο κρεβάτι, αν και εδώ και πολύ καιρό έχουν κουραστεί πια να εντυπωσιάζουν τις γυναίκες.

Είναι καιρός να συνειδητοποιήσουμε αυτήν την αυταπάτη και να της παραδοθούμε.
Όποιος προσαρμόζεται, γιατί το παιδί μέσα του λαχταράει αγάπη, στοργή, επιβεβαίωση και προστασία, πρέπει να το συνειδητοποιήσει αυτό. Το παιδί αυτό κατοικεί εδώ και καιρό στο σώμα ενός ενήλικα ο οποίος επιτρέπεται να αναλάβει την ευθύνη για τον εαυτό του και μπορεί να ξυπνήσει. Για το λόγο αυτό γράφτηκε αυτό το βιβλίο. Να είσαι ειλικρινής με τον εαυτό σου και να κοιτάξεις πού αγοράζεις την αγάπη με την προσαρμογή σου, πού εκπορνεύεσαι, είτε αυτό είναι στην εταιρεία σου είτε στη σχέση σου ή όπου αλλού. Εδώ δεν είναι ανάγκη να κατηγορείς τον εαυτό σου.Η συμπεριφορά αυτή ανήκει στο δρόμο μας. Όμως τώρα μπορείς να προχωρήσεις και να πάρεις νέες αποφάσεις. Τώρα μπορείς να δώσεις σε όλη σου τη ζωή μια νέα κατεύθυνση, με το να ανορθωθείς. Άρχισε να είσαι ειλικρινής με τον εαυτό σου και να παραδέχεσαι με ειλικρίνεια πού ζητάς την αγάπη και την αναγνώριση στον έξω κόσμο, είτε αυτό είναι με επίδοση είτε με προσαρμογή είτε και με τα δύο.
Και ανακάλυψε, επιτέλους, πως την αγάπη, την οποία λαχταράς, μπορείς να τη βρεις μόνο σε ένα μέρος: μόνο σε σένα τον ίδιο. Άρχισε να βαδίζεις το δρόμο της αγάπης προς εσένα τον ίδιο, γιατί κατέχεις από μόνος σου μια ατε-

λείωτη ικανότητα αγάπης. Στο δικό μας γιγαντιαίο σλάλομ από τις εξαρτήσεις των παιδικών και νεανικών μας χρόνων μάς διέφυγε κάτι: Αφαιρέσαμε από εμάς τους ίδιους την αγάπη και την αποκρύψαμε, γιατί νομίζαμε πως οι άλλοι, οι γονείς, νηπιαγωγοί, δάσκαλοι, τα μεγαλύτερα αδέλφια και άλλοι ενήλικες είχαν δίκιο για εμάς. Από τη συμπεριφορά τους συμπεράναμε: «Δεν είμαι εντάξει.» Γιατί ένα παιδί που, για παράδειγμα, το χτυπάνε, δεν πιστεύει πως ο πατέρας του είναι κακός. Πιο πολύ πιστεύει: «Κάτι δεν πάει καλά με μένα, γιατί αλλιώς ο πατέρας μου δε θα με χτυπούσε.» Ένα παιδί συσχετίζει στη σκέψη του το καθετί με τον εαυτό του, γιατί δεν είναι ακόμη σε θέση να διακρίνει την κατάσταση της ζωής του και δεν μπορεί πνευματικά να δημιουργήσει κάποια απόσταση. Αισθάνεται αμέσως ένοχο για τα πάντα. Εάν η μαμά υποφέρει από κάτι, αυτό σκέφτεται: «Εάν εγώ δεν υπήρχα, ή εάν ήμουν καλύτερος, δε θα υπέφερε η μαμά μου.» Όταν οι γονείς τσακώνονται, τότε αυτό σκέφτεται: «Εάν δεν υπήρχα εγώ ή εάν συμπεριφερόμουν διαφορετικά, δε θα μάλωναν οι δυο τους.» Πρόκειται για ένα μετατοπισμένο σκεπτικό, κατά το οποίο το παιδί σκέφτεται πως για ό,τι συμβαίνει ευθύνεται το ίδιο, κατηγορεί τον εαυτό του και αισθάνεται ένοχο.

Αυτή την πνευματική διαδικασία στην παιδική μας ηλικία μπορούμε να την αντιστρέψουμε ως ενήλικες. Μπορείς σήμερα κιόλας να ανοιχτείς στην αλήθεια πως είσαι αξιαγάπητος και πως εσύ ο ίδιος μπορείς να χαρίσεις στον εαυτό σου όλη την αγάπη μαζί με την αναγνώριση, την εκτίμηση και τον έπαινο, την ευγνωμοσύνη και το σεβασμό. Είσαι έτοιμος γι' αυτό; Τότε άρχισε τώρα ή ενίσχυσε το δρόμο της αγάπης προς τον εαυτό σου, εάν ήδη τον ακολουθείς.

Ο κόσμος γύρω σου δεν μπορεί να σε αγαπήσει περισσότερο από ότι εσύ αγαπάς τον εαυτό σου. Κάνε την αρχή, λοιπόν, στον εαυτό σου, στις σκέψεις σου, στην ομιλία και στις πράξεις σου. Μεταχειρίσου και συνόδευσε τον εαυτό σου σαν την καλύτερή σου φίλη, τον καλύτερό σου φίλο, το σύμβουλό σου, το φιλαράκι σου. Να είσαι απέναντι στον εαυτό σου ταυτόχρονα μητέρα και πατέρας, αδελφή και αδελφός.

⊞ **Παλιό παπούτσι: Το να θυσιάζεσαι για τους άλλους.**

Πολλοί άνθρωποι, όχι μόνο γυναίκες αλλά και άντρες, αισθάνονται τη σφοδρή επιθυμία να είναι πάντα στη διάθεση των άλλων. Φροντίζουν γι' αυτό ή εκείνο, για το σύντροφό τους, τα παιδιά τους, τους γονείς τους, την εταιρεία, την κοινότητα, το σύλλογο και για άλλα πολλά. Έχουν, σχεδόν, συνέχεια συγκεντρωμένη την προσοχή τους και τις σκέψεις τους σε κάποιον άλλον. Είναι πολύ εργατικοί και σπάνια ηρεμούν. Σχεδόν όλο τον καιρό, ακόμη και το απόγευμα, το περνάνε κάνοντας κάτι για τους άλλους. Κινητοποιούνται για οτιδήποτε. Όχι σπάνια αυτοί οι άνθρωποι ασκούν το επάγγελμα του νοσηλευτή ή του κοινωνικού λειτουργού. Η σκέψη τους φτερουγίζει συνεχώς γύρω από την ερώτηση: Τι άλλο μπορώ να κάνω;

Παλιά, στα δύσκολα χρόνια έλεγαν μερικοί γονείς: «Θέλουμε τα παιδιά μας να ζήσουν κάποτε καλύτερα από εμάς!» Με άλλα λόγια: «Θυσιάζω τη δική μου ζωή, την υγεία μου, την ευτυχία μου για την ευτυχία των παιδιών μου!» Ακόμη και εάν οι οικονομικά δύσκολοι καιροί έχουν πλέον περάσει για τους περισσότερους από εμάς, συνεχίζουν να ζουν πολλοί γονείς ακόμη με τέτοια πιστεύω και με μη συνειδητές αποφάσεις. Οι γυναίκες ζουν για τον άντρα τους ή για τα παιδιά. Οι άντρες ζουν και δουλεύουν για την οικογένειά τους. Τα ενήλικα παιδιά ζουν για τη μητέρα τους και τον πατέρα τους. Άλλοι θυσιάζονται για την εταιρεία, ζουν για τον αθλητικό σύλλογο, για τους άλλους. Δεν είναι θαυμάσιο που υπάρχουν τόσοι άνθρωποι που είναι παρόντες για τους άλλους και ζουν αλτρουιστικά και με τόσες θυσίες; Δε μας δίδαξαν η μητέρα Τερέζα και ο Άγιος Φραγκίσκος της Ασίζης ακριβώς αυτό που σήμερα πολλοί άνθρωποι μιμούνται;

Στο σημείο αυτό, σε παρακαλώ, να κοιτάξεις προσεκτικά και να αναρωτηθείς: «Πώς είναι κάποιος που ζει για τους άλλους; Τι εμφάνιση έχει; Με ποια έκφραση προσώπου κινείται στη ζωή του; Είναι ένας ευτυχισμένος, υγιής και χαρούμενος άνθρωπος; Εκπέμπει ειρήνη και χαλάρωση στο περιβάλλον του;»

Και εάν εσύ ο ίδιος ανήκεις σε αυτούς τους ανθρώπους που θυσιάζονται, τότε ρώτησε, παρακαλώ, τον εαυτό σου: «Ποιο πρόσωπο με κοιτάζει στον καθρέφτη; Είμαι ένας ευτυχισμένος, υγιής και χαρούμενος άνθρωπος;» - Και εάν η ειλικρινής σου απάντηση είναι Όχι, τότε ξέρεις πως εδώ κάτι πήγε στραβά.

Τότε σε προσκαλώ να συγκεντρωθείς και να κοιτάξεις μέσα σου, για να θέσεις στον εαυτό σου τις πιο σημαντικές ερωτήσεις: «Τι κάνω αλήθεια εδώ; Τι σκοπό έχει αυτή η ζωή εδώ πέρα; Τι νόημα έχουν όλα εδώ;»

Το δυσάρεστο είναι πως πολλοί από αυτούς τους ανθρώπους που κάνουν πολλά για τους άλλους, δε φροντίζουν καλά για τον εαυτό τους. Έχουν λίγο χρόνο για τον ίδιο τους τον εαυτό, μπορούν μόνο σπάνια να χαλαρώσουν και να απολαύσουν κάτι με ηρεμία. Δεν προσφέρουν στον εαυτό τους σχεδόν ποτέ κάτι ωραίο και σπάνια περνούν ξεκούραστες διακοπές. Θυσιάζονται για τους άλλους. Αυτό είναι κάτι σαν μανία. Και κάποτε αυτοί οι άνθρωποι-θυσία είναι εξαντλημένοι. Δουλεύουν τόσο πολύ, μέχρι να εξαντληθούν σωματικά. Πρώτα αντιδρά η μέση τους με δισκοπάθεια. Γιατί οι άνθρωποι αυτοί κουβαλούν αόρατα φορτία μαζί τους, προπάντων όμως μη συνειδητά συναισθήματα ενοχής.

Ανήκεις κι εσύ σε αυτούς τους ανθρώπους-θυσία; Εάν ναι, τότε αναρωτήσου εάν θέλεις να συνεχίσεις να ζεις έτσι. Η ζωή αυτή δεν είναι διαμορφωμένη, για να θυσιάζεσαι. Και δεν πρόκειται να πάρεις κανένα παράσημο από το θεούλη για τα κατορθώματά σου. Το να θυσιάζεσαι είναι ένα πρόγραμμα της μη αγάπης απέναντι σε εσένα τον ίδιο. Και στους ανθρώπους για τους οποίους θυσιάζεσαι, δεν κάνεις καμία πραγματική χάρη. Στα παιδιά σου δείχνεις πώς κάνει κανείς τον εαυτό του δυστυχισμένο. Το θέλεις αυτό;

Γιατί θυσιάζονται άνθρωποι στην πολυάσχολη ζωή τους για τους άλλους; Αυτό είναι η αδέξια προσπάθεια να πάρουν λίγη αγάπη. Είτε είναι ένα πρόγραμμα που το μάθαμε νωρίς από τη μητέρα ή τον πατέρα μας είτε έχουμε αντιγράψει από αυτούς τη συμπεριφορά αυτή, λέγοντας στον εαυτό μας: «Κι εγώ θέλω έτσι να ζήσω.» Ή κατανοήσαμε έτσι το μήνυμα των γονέων μας που έλεγε: «Εάν κάνεις πολλά για τους άλλους, τότε είσαι εντάξει άνθρωπος και τότε θα σε επαινέσουμε και θα σε αγαπήσουμε.» Ήδη από τα πρώτα παιδικά χρόνια πήραμε την απόφαση γι' αυτό το πρό-γραμμα θυσίας. Τότε δεν είχαμε άλλη επιλογή, αργότερα όμως ξεχάσαμε να αλλάξουμε αυτό το πρόγραμμα. Έτσι αυ-τοματοποιήθηκε. Αδιάφορο, εάν είσαι σήμερα σαράντα ή εξήντα χρονών, μπορείς κάθε στιγμή να βγάλεις αυτό το παλιό παπούτσι. Μπορείς να αποφασίσεις εκ νέου.

Το να θυσιάζεσαι για άλλους δεν θα σε κάνει ποτέ ευτυχι-σμένο. Αλλά κάποτε σίγουρα θα σε κάνει δυστυχισμένο και άρρωστο, εάν δεν είσαι ήδη. Όποιος θυσιάζεται δεν παρα-δέχεται ως επί το πλείστον πως θέλει κάτι. Ποθεί, λαχτα-ράει την ευγνωμοσύνη του άλλου, τον έπαινο και την αναγνώριση της θυσίας του. Αυτό δε συμβαίνει συνειδητά. «Οι μεγαλύτεροι δότες είναι συχνά οι πιο μεγάλοι κατερ-γάρηδες-παραλήπτες», μου είχε πει κάποτε ένας δάσκαλος. Γιατί πάνω από το τραπέζι δίνουν και κάτω από το τραπέζι απλώνουν το χέρι και περιμένουν ανταπόδοση.

Τι σκέφτεται «αυτό το κάτι» στον άνθρωπο που θυσιάζε-ται; Ποια ήταν η απόφαση που αυτός κάποτε πήρε; Ακού-γεται μέσα του: Έτσι όπως είμαι δεν είμαι εντάξει. Δεν μ' αγαπούν για τον εαυτό μου. Μόνο όταν κάνω κάτι καλό, αξίζω και μπορεί να με αγαπήσουν. Πρώτα πρέπει να χρη-σιμεύσω σε κάτι. Πρέπει πρώτα να αποδείξω πως αξίζω να με αναγνωρίσουν, να με επαινέσουν, να με αγαπήσουν. Πρέπει να κερδίσω την αγάπη!» Αναγνωρίζεις μήπως τις σκέψεις σου; Θυμήσου τι περίμεναν οι γονείς σου από σένα. Σε ποιες περιστάσεις σε εκτιμούσαν και σε επαινούσαν; Πότε ήσουν ένα καλό αγοράκι, ένα καλό κοριτσάκι; Η πα-ρότρυνση αμέτρητων γονέων ήταν: «Κάνε κάτι χρήσιμο. Να είσαι εργατικός. Δείξε μου πως σε κάτι χρησιμεύεις. Τότε μόνο είσαι εντάξει. Και τότε θα σε επαινέσω.» Και πώς προσπαθούσαν αλήθεια αυτά τα παιδιά από τη μικρή τους ηλικία να ικανοποιήσουν τις επιθυμίες των γονέων τους, να τους αποδείξουν πως είναι αξιαγάπητα; Θυμήσου πως ήταν στο δικό σου το σπίτι, στη δική σου την οικογένεια. Ο άνθρωπος που θυσιάζεται σκέφτεται στο βάθος άσχημα για τον εαυτό του. Και αυτές τις μη στοργικές σκέψεις πρέπει να του τις επιβεβαιώσει το περιβάλλον του, όπως μέσα από έναν καθρέφτη. Είναι ένα πρόγραμμα δυστυχίας. Άλλαξέ το! Γι' αυτό ποτέ δεν είναι αργά. Εάν διαβάσεις προσεκτικά αυτό το βιβλίο, θα βρεις πλήθος ερεθισμάτων για να μπεις σε έναν νέο δρόμο, στο δρόμο της αγάπης προς εσένα τον ίδιο. Στην αρχή υπάρχει η απόφαση: «Επιθυμώ με την καρδιά μου να μπορέσω να αποδεχθώ και να αγαπήσω τον εαυτό μου. Ανοίγω την καρδιά μου στην αγάπη προς εμένα τον ίδιο!»

Κάθε άνθρωπος λαχταράει αγάπη και αναγνώριση, επιθυμεί να τον εκτιμούν και να τον σέβονται, θέλει να τον κατανοούν και να τον παραδέχονται έτσι, όπως είναι. Επιθυμεί συμπόνια και επαφή, θέλει ένα χαμόγελο κι ενθάρρυνση. Θέλει παρηγοριά και την απάντηση: «Έτσι όπως είσαι, είσαι εντάξει!»

Στα παιδικά τους χρόνια μαθαίνουν οι περισσότεροι από εμάς πως όλα αυτά δεν τα παίρνεις δωρεάν, πως την αγάπη και την αναγνώριση πρέπει να την κερδίσεις. Το παιδί μέσα μας συνεχίζει να πιστεύει πως οφείλει να κάνει πολλά για να αγαπηθεί και να εκτιμηθεί από τους άλλους. Κι έτσι, όπως τότε, όταν ήθελε να βοηθήσει ή ακόμη και να σώσει τη μαμά ή τον μπαμπά, φροντίζει και σήμερα ως ενήλικας πλέον άλλους ανθρώπους ή ζώα.

Ο πεινασμένος στην καρδιά, ο ποθών την αγάπη άνθρωπος ο οποίος είναι πρώτιστα παρών για τους άλλους, ελπίζει έτσι να πάρει την ανταμοιβή και την αμοιβή του. Κυκλοφορεί με ραγισμένη καρδιά στον κόσμο κι ελπίζει με την καλοσύνη του να γιατρευτεί, να αγαπηθεί, να συμπονεθεί και να επιβεβαιωθεί στο ότι είναι ένας καλός, αξιαγάπητος άνθρωπος. Ελπίζει πως οι άλλοι θα του είναι τουλάχιστον ευγνώμονες. Αλλά οι ελπίδες του απογοητεύονται-ναι, πρέπει να απογοητευθούν. Οι άνθρωποι που θυσιάζονται για τους άλλους, δεν θα γίνουν ποτέ ευτυχισμένοι άνθρωποι και σπάνια θα αποκομίσουν αυτό που περιμένουν. Ναι, μετά από χρόνια αυτοθυσίας συμβαίνει ακριβώς το αντίθετο από αυτό που ήλπιζαν: Τη γυναίκα που θυσιαζόταν για τον άντρα της, που έκανε τα πάντα γι᾽ αυτόν, την εγκατέλειψε ο άντρας της μετά από είκοσι ολόκληρα χρόνια συμβίωσης. Γιατί βρήκε άλλη γυναίκα, συνήθως πιο νέα. Τον άντρα που προσαρμοζόταν όλο και πιο πολύ στις επιθυμίες και στο γούστο της γυναίκας του, ως προς το ντύσιμό του, την κόμμωσή του, τις δραστηριότητες στον ελεύθερό του χρόνο, τον εγκαταλείπει στο τέλος η γυναίκα του, γιατί τον θεωρεί βαρετό. Οι γονείς που κύρτωσαν με τα χρόνια για τα παιδιά τους, που τα βοηθούσαν οικονομικά κάθε στιγμή, όταν αυτά είχαν προβλήματα, μένουν στο τέλος συχνά μόνοι κι έρημοι και περιμένουν με λαχτάρα να περάσουν τα παιδιά τους, για να τους δουν τουλάχιστον τα Χριστούγεννα. Τα παιδιά έχουν στο μεταξύ ζήσει τη δική τους ζωή.

Παρακαλώ, αναρωτήσου: «Ζω σήμερα για μένα ή για τους άλλους; Και εάν χρησιμοποιώ ένα μεγάλο μέρος της ενέργειας και του χρόνου μου για άλλους ανθρώπους, μου επιφέρει αλήθεια η δουλειά αυτή μεγάλη χαρά, με κάνει ευτυχισμένο;»

⊞ **Παλιό παπούτσι: Κρύβω και απωθώ τα συναισθήματά μου.**

Με τα συναισθήματά τους οι περισσότεροι άνθρωποι δεν τα πάνε καλά. Και αυτό, ενώ ο άνθρωπος είναι από τη φύση του συναισθηματικό ον, γιατί μόνο το συναίσθημα τον κάνει ανθρώπινο. Εάν μπορούσαμε να παρατηρήσουμε τον εαυτό μας από έξω και ήμασταν σε θέση να αντιληφθούμε τα διαφορετικά μας συναισθήματα σε διαφορετικές αποχρώσεις, τότε θα μέναμε με ανοικτό το στόμα από την έκπληξή μας για την πολυμορφία και την ομορφιά του συναισθηματικού μας πλούτου.

Πολλοί άνθρωποι παραπονιούνται πως συναισθάνονται μόνο λίγο και λαχταράνε μια ζωή με έντονα συναισθήματα. Ιδιαίτερα στις σχέσεις τους με το άλλο φύλο παρατηρούν πόσο πολύ χρησιμοποιούν τη λογική τους και πόσο λίγο την καρδιά τους. Ο κόσμος μας είναι γεμάτος με εγκεφαλικούς ανθρώπους. Όταν συναντιούνται δυο άνθρωποι, τότε συναντιούνται πρώτα δύο μυαλά: γνώμες, σκέψεις, πεποιθήσεις συναντιούνται μεταξύ τους. Εκτιμούν, υπολογίζουν, κρίνουν, περιεργάζονται και εξετάζουν, αντί να αντιλαμβάνονται τα συναισθήματα και να τα δείχνουν ανοικτά. Φαντάσου για μια στιγμή έναν κόσμο στον οποίο να συναντιούνται δυο άνθρωποι με λόγια όπως: «Έχετε τέτοια αύρα, ώστε αισθάνομαι τόσο όμορφα, όταν σας βλέπω.» Ή: «Προς στιγμής αισθάνομαι κάπως ανασφαλής απέναντί σας και δεν ξέρω τι να πω.»

Όταν σαν παιδιά ήρθαμε σε αυτόν τον κόσμο, ήμασταν ακόμη εκατό τοις εκατό συναισθηματικά όντα. Ήμασταν ζωντανοί και ανοιχτοί στη ζωή και αισθανόμαστε με το σώμα αλλά και με την ψυχή μας. Στο καθετί λέγαμε Ναι, θέλαμε να αγκαλιάσουμε και να ασπαστούμε τα πάντα. Όμως, αυτή η ειλικρίνεια απέναντι στα συναισθήματα περιορίζεται όλο και περισσότερο, ήδη στα πρώτα χρόνια της ζωής του κάθε παιδιού. Κλείνεται το παιδί όλο και περισσότερο στον εαυτό του και μεταβαίνει από την καρδιά στο μυαλό. Μεταλλάσσεται από τον άνθρωπο της καρδιάς, τον συναισθηματικό άνθρωπο, στον άνθρωπο του μυαλού, τον εγκεφαλικό άνθρωπο. Κι εσύ έτσι έκανες. Γιατί το κάνει κανείς αυτό; Ένα παιδί έρχεται στον κόσμο με ανοιχτή καρδιά, αγαπάει, γελάει, κλαίει, αισθάνεται και αγκαλιάζει τα πάντα. Ένα παιδί είναι όλο αγάπη και ζει ολοκληρωτικά με βάση το συναίσθημα. Το παιδί είναι μια ύπαρξη που αγαπάει τα πάντα· συναντάει, όμως, ενήλικες που οι ίδιοι έχουν πάψει να αγαπούν και να αισθάνονται. Που είναι τραυματισμένα παιδιά σε ενήλικα κορμιά, τα οποία εδώ και καιρό έπαψαν να αγαπούν τον εαυτό τους, γιατί και η δική τους αγάπη δεν ανταποδόθηκε. Που έχουν κλείσει την καρδιά τους από πολύ καιρό στα συναισθήματα και στην αγάπη. Τα παιδιά βαδίζουν, λοιπόν, με την ανοιχτή, γεμάτη αγάπη καρδιά τους στην παγίδα. Ίσως να ακούγεται βάναυσο και υπερβολικό, έτσι είναι όμως μέχρι σήμερα. Η παγίδα είναι οι όροι που θέτουν οι ενήλικες στο παιδί, οι απαιτήσεις τους, οι επιθυμίες και οι προσδοκίες τους, τις οποίες τοποθετούν, πριν από την αγάπη. Η αγάπη συσχετίζεται ήδη από τους πρώτους μήνες στη ζωή του παιδιού με την καλή του συμπεριφορά και τις επιδόσεις του. Η μαμά είναι πιο στοργική στο παιδί της, εάν αυτό κοιμάται ήσυχα, δεν κλαίει, τρώει φρόνιμα την κρέμα του και δε λερώνεται, εάν μπορεί να το αφήνει για μεγάλο χρονικό διάστημα μόνο του χωρίς αυτό να διαμαρτυρηθεί, εάν χαμογελάει συχνά στη μαμά του...

Αυτό εγώ το ονομάζω εκδίωξη από τον παράδεισο. Από το έκτο έτος της ηλικίας τους σχεδόν όλα τα παιδιά έχουν σφραγίσει την καρδιά τους και λένε στον εαυτό τους: «Δε θέλω να το νιώσω αυτό εδώ. Μου δημιουργεί τέτοιους πόνους.» Γιατί κάθε απόρριψη, κάθε άσκηση κριτικής στο παιδί, κάθε απαίτηση αλλαγής συμπεριφοράς είναι σαν μια μαχαιριά στην παιδική καρδιά. Επειδή το παιδί θέλει να προφυλαχθεί και βλέπει τον εαυτό του εκτεθειμένο στις διάφορες απαιτήσεις του κόσμου των μεγάλων, απευθύνεται στο μυαλό του και αρχίζει να σκέφτεται και να βαδίζει στη ζωή με στρατηγικό τρόπο. Με το μυαλό όμως κανείς δεν μπορεί να γίνει ευτυχισμένος.

Με την ενηλικίωση αρχίζουν πολλοί να ποθούν τα ωραία συναισθήματα. Όμως αισθανόμαστε προπάντων τα δυσάρεστα συναισθήματα, τις συγκινήσεις μας. Στις πολύμορφες συγκινήσεις μας ξεχωρίζουμε φόβους, οργή, θυμό, μίσος, φθόνο, ζήλεια, ενοχή, ντροπή, αδυναμία, μοναξιά, εγκατάλειψη, κατωτερότητα κλπ. Όλα αυτά τα συναισθήματα τα κατέχουμε από τις πρώτες μέρες της παιδικής μας ηλικίας, δεν επιτρεπόταν όμως τότε να τα δείχνουμε. Τα παιδιά δε βιώνουν μέχρι σήμερα πως είναι ευπρόσδεκτα μαζί με τα συναισθήματά τους. Όταν έρχονται σε εμάς φοβισμένα, τους λέμε: «Δε χρειάζεται να φοβάσαι!» Το παιδί όμως φοβάται και θέλει να ακούσει: «Επιτρέπεται να φοβάσαι. Έλα εδώ στην αγκαλιά μου και μίλησέ μου για το φόβο σου.» Όταν το παιδί έρχεται εξοργισμένο, κατανοεί πολύ γρήγορα πως στην κατάσταση αυτή είναι ανεπιθύμητο. Ή μήπως συνάντησες ποτέ γονείς να λένε: «Κοίτα αυτό το εξοργισμένο μικρό κοριτσάκι! Δεν έχει θαυμάσια δύναμη στην οργή του;»

Οι ενήλικες δεν είναι σε θέση να αντιδράσουν θετικά στην πολύχρωμη παλέττα συναισθημάτων ενός παιδιού. Δεν μπορούν να αποδεχθούν ούτε την οργή ούτε τη ζήλεια ή την αδυναμία του παιδιού και να τις αγαπήσουν, γιατί οι ίδιοι έχουν μάθει πριν πολύ καιρό να μην αποδέχονται και να απωθούν τέτοια συναισθήματα μέσα τους. Κάναμε συνήθεια την απώθηση των συναισθημάτων μας, τόσο των ευχάριστων όσο και των δυσάρεστων. Ο κοινός ενήλικας βαδίζει σήμερα στη ζωή κουβαλώντας τόνους καταπιεσμένων και απωθημένων συναισθημάτων που βρίσκονται στα κύτταρά του και επιβαρύνουν το σώμα του, αρρωσταίνοντάς τον. Οι απωθημένες συγκινήσεις είναι αυτό που μας αρρωσταίνει σε πρώτη γραμμή. Οι σωματικές ασθένειες προκύπτουν βασικά λόγω αυτής της συναισθηματικής ενέργειας την οποία δημιουργήσαμε μεν με τις σκέψεις μας, την απωθούμε όμως και μας απασχολεί εσωτερικά. Ό,τι όμως απωθούμε και απορρίπτουμε, δεν μπορεί να εγκαταλείψει το σώμα μας. Γεμίζει και τα πιο μικρά κύτταρα του κορμιού μας που είναι πολύ στενά συνδεδεμένα με τη φύση μας και στο τέλος μας αρρωσταίνουν. Είτε πρόκειται για δισκοκήλη είτε για καρδιακή προσβολή, συγκοπή είτε πρόκειται για καρκίνο, σκλήρυνση κατά πλάκας ή ρευματισμούς, μυώματα, αλλεργίες ή άλλες αρρώστιες, σχεδόν σε όλες τις περιπτώσεις ο παθών είναι σε θέση με λίγη βοήθεια να διακρίνει πολύ γρήγορα πως ο ίδιος έχει δημιουργήσει αυτές τις αρρώστιες. Αλλά, παρά τα πολλά βιβλία που υπάρχουν περί του θέματος αυτού, ελάχιστοι άνθρωποι είναι πρόθυμοι να αντιμετωπίσουν αυτή την αλήθεια και να αναλάβουν την ευθύνη τους για τη δημιουργία των ασθενειών τους καθώς, και της συνολικής τους βιοτικής πραγματικότητας.

Ας γυρίσουμε πίσω στα συναισθήματα. Επιθυμούμε τόσο να βιώσουμε όμορφα συναισθήματα, όπως την εγγύτητα, την τρυφερότητα, τη χαρά, την εμπιστοσύνη, την ασφάλεια, τη θαλπωρή, την αποδοχή, την αγάπη κλπ. Τα συναισθήματα αυτά δεν μπορούμε όμως να τα νιώσουμε, όσο τα αντίθετα συναισθήματα- πρώτα απ᾿ όλα- το φόβο,τη λύπη και την οργή που θρονιάζονται στο σώμα μας. Πώς να λειτουργήσει αυτό, το να μπορέσω δηλαδή να νιώσω ένα βασικό βιοτικό συναίσθημα της χαράς και της θαλπωρής, αφού επί τριάντα ή σαράντα χρόνια απέρριπτα και απωθούσα τους φόβους μου; Αυτό είναι πράγμα αδύνατο. Όλες αυτές οι απωθημένες συγκινήσεις απαιτούν πρώτα να τις παραδεχθούμε πλήρως, να τις αισθανθούμε θετικά, έτσι ώστε να μπορέσουν να διαρρεύσουν και να εγκαταλείψουν το σώμα μας.

Κοίτα, σε παρακαλώ, στην καθημερινότητά σου ακριβώς πώς μεταχειρίζεσαι αυτές τις δυσάρεστες συγκινήσεις. Τι κάνεις, πώς αποσπάς την προσοχή σου, όταν σου έρχονται φόβοι, όταν αισθάνεσαι ανασφαλής, όταν είσαι θυμωμένος ή εξοργισμένος ή όταν αισθάνεσαι μόνος και εγκαταλελειμμένος; Μπες στο αυλάκι σου και παρατήρησε τους δικούς σου μηχανισμούς απώθησης. Πηγαίνεις σε τακτικά χρονικά διαστήματα στο ψυγείο, ψάχνεις γλυκά ή τα τσιγάρα, την μπύρα ή ένα σφηνάκι; Πέφτεις με τα μούτρα στη δουλειά σου και στο τζόγκινγκ; Πώς ακριβώς απωθείς συνήθως αυτά τα δυσάρεστα συναισθήματα;

Σου προτείνω: «Πριν πιάσεις την επόμενη φορά το τσιγάρο, το σοκολατάκι, τον καφέ, την μπύρα ή κάτι άλλο ή πριν φορέσεις τα παπούτσια για τρέξιμο, συγκεντρώσου για τρία λεπτά, δηλ. για 180 δευτερόλεπτα, κλείσε τα μάτια σου και νιώσε τι συναίσθημα υπάρχει μέσα σου. Νιώσε και το άμεσο σωματικό συναίσθημα (όπως βάρος, πίεση, ένταση, σκληρότητα, ψυχρότητα κλπ.). Αλλά,επίσης, το συναίσθημα εκείνο το οποίο θέλει να αισθανθείς αυτή τη στιγμή. Μετά από αυτά τα τρία λεπτά των αισθήσεων επίτρεψε στον εαυτό σου αυτό που εκείνη τη στιγμή λαχταράς και απόλαυσε το τσιγάρο, την μπύρα ή ό,τι άλλο σου αρέσει....»

Δεν είναι τρελό; Και τι δεν έπρεπε να μάθουμε στα σχολικά μας χρόνια! Όμως, δεν μάθαμε πώς να χειριζόμαστε θετικά και στοργικά τα συναισθήματά μας, το φόβο, την οργή, τη λύπη κλπ. Κανείς δεν μπορεί να το αμελήσει αυτό, εάν δεν θέλει να πεθάνει με ραγισμένη καρδιά. Μέχρι σήμερα οι περισσότεροι από εμάς πεθαίνουν ακριβώς γι' αυτό το λόγο.

▦ Παλιό παπούτσι: Ταλαιπωρώ το σώμα μου και το αρρωσταίνω.

Αυτό που κάνουν καθημερινά εκατομμύρια άνθρωποι με το σώμα τους, δεν είναι μόνο μια απύθμενη κουταμάρα. Αν και η ανθρωπότητα υφίσταται τόσα χρόνια στη μάνα γη, φαίνεται πως δεν έχει κατανοήσει έστω και στο ελάχιστο τι είναι αυτό το κορμί μας, πώς λειτουργεί, τι χρειάζεται για να είναι μια ζωή ολόκληρη υγιές, δυνατό και ωραίο και έτσι, μια απόλαυση για εκείνον που κατοικεί σε αυτό.

Οι γιατροί μας είναι μεν σε θέση να μεταμοσχεύουν καρδιές και άλλα όργανα, συγκεντρώνουν όμως την προσοχή τους στο άρρωστο σώμα και όχι στο ερώτημα: «Πώς μπορούμε με απλό τρόπο να διατηρήσουμε το σώμα μας υγιές; Πώς μπορούμε, πώς μπορεί ο καθένας μας να εξαλείψει τις αιτίες των ασθενειών;» Ή: «Τι πρέπει ή μπορεί να κάνει ένας άνθρωπος, για να φύγει υγιής και σε καλή διανοητική κατάσταση σε μεγάλη ηλικία από αυτό το κορμί;»

Εάν παρατηρήσουμε τη συμπεριφορά μας απέναντι στο φυσικό μας σώμα, θα δούμε πολύ γρήγορα πως αυτό το σώμα το μεταχειριζόμαστε σαν μηχανή. Το χρησιμοποιούμε, το «λαδώνουμε» ίσως με λίγη κίνηση ή με γυμναστική, του δίνουμε να τρώει και να πίνει και τέλος! Δεν κάνουμε τίποτε άλλο συνήθως. Παρατηρούμε πως το σώμα μας μετά το τριακοστό ή τεσσαρακοστό έτος της ηλικίας παρουσιάζει όλο και περισσότερα «πονάκια» και από το τεσσαρακοστό έως το πεντηκοστό μας έτος υποφέρει σοβαρά από κάτι και πρέπει να «επιδιορθωθεί». Στα εξήντα ή εβδομήντα του χρόνια – εάν ζούμε ακόμη- βρίσκεται σε αρκετά άσχημη κατάσταση. Το να περπατάνε ανάλαφρα, να ανεβαίνουν με ευκολία τις σκάλες ή να κάνουν μεγάλες πορείες, το καταφέρνουν ελάχιστα κορμιά στα εξήντα τους χρόνια, πολλά μάλιστα ούτε καν στα πενήντα τους.

Όσο δεν έχουμε σοβαρές ενοχλήσεις, χαρίζουμε στο σώμα μας συνήθως λίγη προσοχή. Εάν εμφανιστεί κάτι, αρχικά το αγνοούμε: «Τι κάνεις;» - «Ω, καλούτσικα!»Στην ανάγκη παίρνουμε μερικά χάπια. Σήμερα καταναλώνει κάθε Γερμανός κατά μέσο όρο χίλια χάπια το χρόνο! Εάν εσύ δεν παίρνεις χάπια, τότε πρέπει κάποιος άλλος να τα καταπίνει αντί για σένα. Τα σώματά μας είναι τόσο μολυσμένα όταν πεθάνουμε, ώστε χρειάζονται πολύ περισσότερο χρόνο για να αποσυντεθούν από ότι χρειάζονταν παλιότερα. Το ότι επιβαρύνουμε τη μάνα γη με αυτό το με φάρμακα μολυσμένο σώμα, θάβοντάς το σε αυτήν, είναι θράσος, γιατί κανονικά θα έπρεπε να αποσυρθεί ως «επικίνδυνο απόβλητο».

Εάν δε βοηθάνε πλέον τα χάπια, τότε πάμε στο νοσοκομείο, όπου οι δυνατότητες να γίνουμε καλά είναι ελάχιστες. Γιατί ένα κοινό νοσοκομείο «μυρίζει» αρρώστια. Είναι μια οικονομική επιχείρηση η οποία εννοείται πως ενδιαφέρεται να παραμείνει εκεί ο ασθενής όσο το δυνατόν περισσότερο και να μην επιστρέψει γρήγορα στο σπίτι του, στο αγαπημένο ή τουλάχιστον οικείο του περιβάλλον. Στο νοσοκομείο οι χειρούργοι κατέχουν την κορυφή της ιατρικής ιεραρχίας. Χαίρουν μεγάλης εκτίμησης, γιατί μας βοηθούν περισσότερο απ´ όλους, όχι ότι μας θεραπεύουν, αλλά αφαιρούν εκείνο που είναι άρρωστο και ενοχλεί. Αφαιρούν το ενοχλητικό όργανο ή το αντικαθιστούν με ένα άλλο, εφόσον βρεθεί κάποιος δότης. Αυτό ουδεμία σχέση έχει με θεραπεία, ακόμη και εάν ο άνθρωπος συνεχίζει να ζει μετά την εγχείριση.

Ο κανονικός άνθρωπος δίνει την ευθύνη για το αρρωστημένο σώμα του στο «θεό με τα άσπρα», τον «κύριο Δόκτωρα». Μόλις ο γιατρός βγάλει τη διάγνωση, ο κανονικός άνθρωπος τον πιστεύει αυτονόητα και τότε πραγματικά γίνεται άρρωστος. Το ότι οι γιατροί τολμούν να πουν σε έναν ανασφαλή άνθρωπο προτάσεις όπως: «Σας δίνω μερικούς μήνες ζωής» ή «ένα ή δύο χρόνια» είναι απλά ένα σκάνδαλο. Όλο και πιο πολλοί άνθρωποι κατανοούν: Μόνο η πίστη στην ιατρική διάγνωση αφήνει την αρρώστια να εκραγεί, κάνει τον άνθρωπο να υποφέρει και να απελπιστεί.

Δεν κατηγορώ τους γιατρούς και την Ιατρική Επιστήμη αλλά ούτε και τη φαρμακευτική βιομηχανία. Εμείς όλοι τα δημιουργήσαμε αυτά από κοινού, επομένως δεν αξίζουμε (μέχρι τώρα) τίποτε καλύτερο. Το «σύστημα της υγείας μας» αντικατοπτρίζει τη μαζική συνείδηση της κοινωνίας μας. Οι άνθρωποι εκείνοι που παραδίδουν την ευθύνη για την ευτυχία στη ζωή τους, όπως και την ατομική τους δύναμη για το υγιές τους σώμα σε άλλους, δε χρειάζεται να παραξενεύονται για ποιο λόγο αισθάνονται αδύναμοι και ανήμποροι. Και για το ότι οι άλλοι, όχι σπάνια, κάνουν κατάχρηση αυτής της εξουσίας και οι ασθενείς αρρωσταίνουν όλο και περισσότερο και γίνονται όλο και πιο εξαρτημένοι.

Το σώμα μας ήταν στους περισσότερους από εμάς τελείως υγιές, όταν γλυστρήσαμε από την κοιλιά της μαμάς μας. Εάν αυτό δεν είναι πλέον έτσι μετά από τριάντα, σαράντα ή εβδομήντα χρόνια, δεν οφείλεται σε κληρονομικότητα, στη μόλυνση του περιβάλλοντος, σε ιούς, στο πεπρωμένο ή στο κάρμα. Στάσου γυμνός μπροστά σε έναν μεγάλο καθρέφτη και κοίταξε το σώμα σου για δέκα λεπτά σε καλό φωτισμό και με όλη σου την ησυχία. Πρόσεξε τις σκέψεις σου για το σώμα σου και για τα συναισθήματά σου. Εάν αφουγκραστείς προσεκτικά το είναι σου, ίσως αντιληφθείς πως αναστενάζει: «Ω Θεέ μου!» Νιώσε την αποστροφή σου, την απόρριψη, την αντιπάθειά σου απέναντί του. Όμως ο Θεούλης δεν έχει καμία σχέση με την επίκαιρη εμφάνιση και την κατάσταση του σώματός σου. Σου το εμπιστεύτηκε κάποια μέρα. Αυτό που εσύ βλέπεις σήμερα στον καθρέφτη σου το δημιούργησες εσύ από το τότε ωραίο, μικρό, σφριγηλό σώμα. Μπορείς να διανοηθείς πως μόνο εσύ είσαι αυτός που διαμορφώνει αυτό το σώμα καθημερινά, το φθείρει και το αφήνει να αρρωσταίνει, το κάνει αδύναμο και άσχημο; Αγαπάς αλήθεια αυτό το σώμα σου;

Άπειροι δάσκαλοι για εκατοντάδες χρόνια έχουν διδάξει τις γνώσεις τους σε ό,τι αφορά τη σχέση μεταξύ σώματος και πνεύματος (στη Γερμανία στον τομέα αυτό απέκτησαν μεγάλη φήμη οι Thorwald Dethlefsen και Rüdiger Dahlke), αλλά ελάχιστοι το γνωρίζουν σήμερα αυτό. Είτε πρόκειται για δισκοκήλη είτε για ημικρανία, είτε για δύσπνοια ή καρκίνο, είτε βούισμα αυτιών ή αρθριτισμούς ή αλλεργίες ή προβλήματα με τα δόντια, ο συνηθισμένος άνθρωπος αδυνατεί να σκεφτεί πως όλα τα συμπτώματα ή τις ασθένειες που παρουσιάζει το σώμα του τα έχει δημιουργήσει ο ίδιος ασυνείδητα και πως σε πολύ μικρό χρονικό διάστημα – συχνά θα επαρκούσε μια ημίωρη μονάχα συνομιλία – θα μπορούσε να καταλάβει με ποιο τρόπο κατάφερε να κάνει το σώμα του άρρωστο και «τιποτένιο.» Αλλά ποιος θέλει να ακούει κάτι τέτοιο; Αυτό θα σήμαινε πως θα ακολουθούσαν συνέπειες, πως θα έπρεπε να αλλάξει τη ζωή του.

Πώς κάνουμε το σώμα μας άρρωστο και γερασμένο; Με το πνεύμα μας· συγκεκριμένα με τις σκέψεις και τα συναισθήματά μας· με την όλη μας στάση απέναντι στη ζωή, απέναντι σ' εμάς τους ίδιους και το σώμα μας. Μόνο το γεγονός πως δεν αγαπάμε το σώμα μας και δε μας αρέσει η εμφάνισή του, πως δεν αφήνουμε την καρδιά μας να νιώσει τον πόνο, την πίεση, την ένταση, το βάρος κάθε σημείου του επαρκεί για να οδηγηθεί αυτό σε φθορά, σε αρρώστια και στον πρώιμο θάνατο. Είμαι απόλυτα πεπεισμένος πως το σώμα μας θα μπορούσε σήμερα να φτάσει μέχρι την ηλικία των εκατό ετών και να είναι μάλιστα υγιές, δυνατό κι ωραίο. Όχι με τη βοήθεια μιας εξελιγμένης ιατρικής, αλλά με μια εντελώς νέα συνείδηση, με νέες σκέψεις, συναισθήματα και συμπεριφορά απέναντι σ' αυτό και με μια ριζικά νέα σχέση με αυτό. Στην κατάσταση που βρίσκεται το σώμα μας μπορούμε να «διαβάσουμε» καλύτερα πως η ανθρωπότητα βρίσκεται ακόμη στα σπάργανά της ως προς την συνείδησή της. Πηγαίνει μεν στο φεγγάρι, αλλά από πού προέρχονται π.χ. η ημικρανία ή η δισκοπάθεια; Τι μπορεί να κάνει κανείς δίχως φάρμακα ή δίχως φυσιοθεραπείες προκειμένου να έχει ένα καθαρό, ξεκούραστο μυαλό ή υγιή πλάτη; Αυτό ο άνθρωπος της μάζας δε θέλει (ακόμη) να το ξέρει. Δίχως να το συνειδητοποιήσει αποφάσισε να συνεχίζει να υποφέρει, αν και αυτό ακούγεται σχεδόν διεστραμμένο.

▦ Παλιό παπούτσι: Σύγκριση με τους άλλους και ανταγωνισμός.

Η σκέψη του ανταγωνισμού είναι ένας ιός με τον οποίο εμβολιάζονται τα παιδιά από τους γονείς τους. Εξασκούνται από μικρά σε σκέψεις που χαρακτηρίζονται από τις επιδόσεις και την ανταμοιβή για τις επιδόσεις αυτές. Οι γονείς θέλουν να έχουν παιδιά που προσπαθούν, που από πολύ νωρίς δείχνουν πως είναι ιδιαίτερα και ήδη από την προσχολική ηλικία είναι ίσως σε θέση να γράφουν και να διαβάζουν. Θέλουν παιδιά για τα οποία θα μπορούν να είναι υπερήφανοι. Και αυτή η υπερηφάνεια συσχετίζεται με την απόδοση και τη συμπεριφορά του παιδιού τους. Σχεδόν κάθε παιδί στον δυτικό κόσμο μαθαίνει την εξής σχέση και μάλιστα πολύ γρήγορα:
«Εάν προσπαθήσω και εφόσον εκπληρώσω τις προσδοκίες των άλλων, θα με επαινέσουν και θα με ανταμείψουν. Εάν το αρνηθώ όμως αυτό -γιατί π.χ. δεν έχω όρεξη να το κάνω-, τότε θα με κατακρίνουν αντί να με επαινέσουν, δε θα πάρω καμία ανταμοιβή, αντίθετα θα με πείσουν πως κάτι δεν πάει

καλά με μένα, πως δεν είμαι σωστός. Θα βιώσω λιγότερη στοργή και αφοσίωση. Και μετά θα αισθάνομαι ανάξιος, γιατί αφομοίωσα το σκεπτικό των ενηλίκων που λέει: «Εκείνος που δεν αποδίδει σε τίποτε δεν αξίζει ιδιαίτερα». Όποιος δεν κοπιάζει άμεσα στην κοινωνία αυτή θεωρείται μια περίπτωση απογοητευτική. Καρπός αυτής της ανατροφής είναι το κόμπλεξ κατωτερότητας και ο φόβος, ο φόβος μήπως δεν τα καταφέρεις, ο φόβος μήπως δεν είσαι αρκετά καλός. Οι γονείς έχουν συγκεκριμένες επιθυμίες σχετικά με το τι πρέπει το παιδί τους να ξέρει να κάνει και πότε, πότε πρέπει να είναι «καθαρό», πότε πρέπει να μιλήσει, πότε να περπατήσει, πότε να μάθει να γράφει. Η ελάχιστη απαίτηση από το παιδί σας είναι: «Να είσαι κανονικό, να κατέχεις τις δεξιότητες που κατέχουν όλα τα παιδιά της ηλικίας σου και όχι λιγότερες. Αν όμως γίνεται (σκέφτονται πολλοί γονείς), καλό θα ήταν να καταφέρεις κάτι περισσότερο από ότι ο μέσος όρος. Να είσαι φυσιολογικός, να είσαι όμως και κάτι το ιδιαίτερο, γιατί εξάλλου είσαι το παιδί μας. Κι εμείς θέλουμε να είμαστε υπερήφανοι για το παιδί μας».

Ακόμη κι ένα μικρό παιδάκι το παροτρύνουν και το ενθαρρύνουν να προβεί σε επιδόσεις. Η βασική ιδέα πολλών γονέων είναι: «Πρέπει να τα καταφέρει στη ζωή του.» Πόσοι γονείς όμως σκέφτονται, αλήθεια, «Το παιδί μου πρέπει να γίνει πρώτα απ΄ όλα ένας ευτυχισμένος άνθρωπος;»

Εάν οι γονείς ήταν ειλικρινείς θα έπρεπε να συμπληρώσουν: «Εγώ δεν έχω το θράσος να πιστεύω πως τάχα γνωρίζω τι χρειάζεται για να γίνει ευτυχισμένο, γιατί ούτε κι εγώ είμαι ευτυχισμένος». Οι δυστυχισμένοι άνθρωποι γεννάνε δυστυχισμένους ανθρώπους, γιατί δεν γνωρίζουν τίποτε άλλο. Τι έχουμε να προσφέρουμε στα παιδιά μας εκτός από τον τρόπο μας να κάνουμε τον εαυτό μας δυστυχισμένο; Οι ανταγωνιστικές σκέψεις παίζουν εδώ σπουδαίο ρόλο. Το να συγκρίνεις τον εαυτό σου με τον άλλο και να τον ανταγωνίζεσαι είναι μια από τις μεγαλύτερες πηγές δυστυχίας.

Τα παιδιά τα παροτρύνουν από τα πρώτα έτη της ηλικίας τους να συγκρίνουν τον εαυτό τους με άλλα παιδάκια. Ο τρόπος σκέψης που βασίζεται στη σύγκριση εξασκείται τόσο νωρίς και είναι μεγάλης διάρκειας – στο πατρικό σπίτι, στο νηπιαγωγείο, στον τόπο ψυχαγωγίας και στο χώρο άθλησης, στο σχολείο και αργότερα στη δουλειά – με αποτέλεσμα οι περισσότεροι άνθρωποι να μην μπορούν καν να φανταστούν πώς θα μπορούσε να είναι η ζωή τους χωρίς συγκρίσεις.

Οι υποστηρικτές αυτού του ανταγωνιστικού συστήματος πιστεύουν πως αυτό ωθεί τους ανθρώπους στο να είναι αποδοτικοί και δημιουργικοί. Τι ανθρώπινη εικόνα είναι αλήθεια αυτή που βασίζεται στη σύγκριση θεωρώντας την ως προτροπή για καλύτερες επιδόσεις; Δίχως, δηλαδή, την επιθυμία να είναι καλύτερος από το γείτονά του θα παρέμενε ο άνθρωπος τεμπέλης, καθισμένος στον καναπέ του; Είναι ο άνθρωπος λοιπόν εκ φύσεως τεμπέλης;

Η προτροπή να συγκρίνεις τον εαυτό σου με τους άλλους είναι μια καθοδήγηση της ατομικής σκέψης, της μεμονωμένης. Μας προτρέπουν να διαχωρίζουμε, να διακρίνουμε μεταξύ ημών και όλων των άλλων. Από νωρίς ακούμε το μήνυμα πως στον κόσμο αυτό πρέπει κανείς να κοπιάσει για να μπορέσει να επιβληθεί και πως οι άλλοι είναι ανταγωνιστές μας. Μόνο λίγοι μπορούν να τα καταφέρουν, η μάζα δεν τα καταφέρνει. Σε ρωτάνε λοιπόν: «Θέλεις να ανήκεις στη μάζα που δεν τα καταφέρνει ή θέλεις να ανήκεις στους λίγους εκλεκτούς που καταφέρνουν κάτι, ό,τι κι αν είναι αυτό;» Λίγο πιο προκλητική ερώτηση θα ήταν: «Θέλεις να είσαι νικητής ή χαμένος σε αυτή τη ζωή; Λοιπόν: Κουράσου, δώσε τα πάντα, δείξε τι κρύβεις μέσα σου!»

Μόλις αρχίσουμε να συγκρίνουμε τον εαυτό μας με άλλους ανθρώπους αντιμετωπίζουμε τον άλλο ως αντίπαλο. Ως παιδιά, ανεπηρέαστα ακόμη από τις σκέψεις των μεγάλων, νιώθουμε έναν άλλον άνθρωπο φυσικά ως αδελφό ή αδελφή. Είμαστε περίεργοι, ζητούμε την επαφή, την επικοινωνία και θέλουμε να χαρούμε και να γελάσουμε μαζί, μας διέπει παιχνιδιάρικη περιέργεια και βλέμμα δίχως προκαταλήψεις για τον άλλον.

Αυτή η αθωότητά μας περνάει γρήγορα, συχνά πολύ πριν πάμε στο νηπιαγωγείο. Η σκέψη που βασίζεται στη σύγκριση, η ανταγωνιστική σκέψη, οδηγεί τον άνθρωπο στο

● να ξεχωρίζει μέσα του τον εαυτό του από τους συνανθρώπους του, γιατί μαθαίνει να τους βλέπει ως πιθανούς του ανταγωνιστές
● να δημιουργεί και να θρέφει συναισθήματα ζήλειας και φθόνου τα οποία όμως δεν επιτρέπεται να δείχνει αλλά οφείλει να τα κρύβει μέσα του
● να συνδέει τη δική του υπόληψη, την αυτοπεποίθησή του με το εάν εκπληρώνει ή όχι τις προσδοκίες των άλλων (γονέων, κοινωνίας, εταιρείας, συντρόφου, παιδιών κλπ.). Καλλιεργεί συνεπώς μέσα του συναισθήματα κατωτερότητας και αυτοαπέχθεια. Αυτό σημαίνει πως ο άνθρωπος δεν διαχωρίζεται μόνο από τους άλλους αλλά τελικά και από τον ίδιο του τον εαυτό. Χάνει τον ίδιο του τον εαυτό από φίλο. Με τον τρόπο αυτό εξασθενεί η αγάπη προς τον εαυτό του.

Όλα αυτά είναι οι συνήθεις συνέπειες της ανατροφής στο δυτικό κόσμο τις οποίες δεν μπορεί να αποφύγει σχεδόν κανένας άνθρωπος. Γι' αυτό ο κόσμος είναι γεμάτος ανθρώπους που βαθιά μέσα τους μισούν τον εαυτό τους και είναι δυστυχισμένοι. Όμως, αυτοί οι άνθρωποι μέσα τους ποθούν ιδιαίτερα την αγάπη, την αναγνώριση, τη θαλπωρή και την ασφάλεια. Εξέτασε, σε παρακαλώ, εσύ ο ίδιος πόσο κι εσύ έχεις προσβληθεί από αυτό το «παλιό παπούτσι» και πόσο μεγάλη είναι η επιθυμία σου να το βγάλεις.

⊞ **Παλιό παπούτσι: Ανάμιξη στις υποθέσεις των άλλων.**

Ένας ιδιαίτερα διαδεδομένος τρόπος να δημιουργεί κανείς μια ζωή γεμάτη προβλήματα, καβγάδες, απογοήτευση και

95

μοναξιά έγκειται στη συνήθειά μας να αναμειγνυόμαστε συνεχώς στις υποθέσεις των άλλων, ιδιαίτερα αυτών που είναι κοντινοί μας φίλοι ή συγγενείς. Αυτό πηγάζει αφενός από την έλλειψη σεβασμού για τον αυτόνομο δρόμο του άλλου, αφετέρου από το ότι δεν συνειδητοποιούμε καθόλου ποια είναι προσωπική μας υπόθεση, τι μας αφορά και τι όχι.

Η Byron Katie είναι δημιουργός της μεθόδου *Το Έργο (The Work)*, μιας μεθόδου με την βοήθεια της οποίας αντιλαμβανόμαστε πολλές αναληθείς αλλά ασυνείδητες σκέψεις μας και μπορούμε με τον τρόπο αυτό να απελευθερωθούμε από καταστάσεις πόνου. Η μέθοδος διακρίνει μεταξύ τριών διαφορετικών καταστάσεων στις οποίες βρισκόμαστε κάθε φορά. Κάτι είναι είτε δική σου υπόθεση είτε υπόθεση ενός άλλου ανθρώπου είτε κάτι στο οποίο ούτε εσύ αλλά ούτε κάποιος άλλος άνθρωπος μπορεί να επέμβει και να αλλάξει κάτι. Αυτό τότε θεωρείται πως άπτεται της δικαιοδοσίας του Θεού ή της ζωής, σε περίπτωση που δεν τα πας καλά με το Θεό. Παραδείγματα:

- Τίνος υπόθεση είναι το πόσο ψηλός είσαι;
- Τίνος υπόθεση είναι το ότι τώρα βρίσκεσαι σε κυκλοφοριακή συμφόρηση;
- Τίνος υπόθεση είναι το τι τρως για βραδινό;
- Τίνος υπόθεση είναι το ποια διατροφή ακολουθεί ο άντρας/ η γυναίκα σου;
- Τίνος υπόθεση είναι το αν τα παιδιά σου επιστρέφουν αργά στο σπίτι;
- Τίνος υπόθεση είναι το αν το σαλόνι είναι τακτοποιημένο;
- Τίνος υπόθεση είναι το αν το δωμάτιο της κόρης σου είναι συγυρισμένο;
- Τίνος υπόθεση είναι το με ποιον κάνεις σεξ;
- Τίνος υπόθεση είναι το με ποιον πάει ο σύντροφός σου στο κρεβάτι;

Πάντα, όταν αναμειγνύεσαι στην υπόθεση ενός άλλου ανθρώπου – εδώ εννοώ και τον σύντροφό σου ή το παιδί σου-, τότε «κυκλοφορείς» σε ξένες υποθέσεις και αυτό σε οδηγεί πάντα σε σκοτούρες.

Ιδιαίτερα οι γυναίκες έχουν κληρονομήσει αυτήν την παράδοση της ανάμειξης σε ξένες υποθέσεις από τη μητέρα τους και παράγουν έτσι ατέλειωτα βάσανα στη ζωή τους και στη ζωή των συνανθρώπων τους. Ισχυρίζομαι πως οι περισσότερες γυναίκες κατά τη διάρκεια πολλών ωρών της ημέρας αναλώνουν τις σκέψεις και τα λόγια τους όχι στον εαυτό τους. Οι σκέψεις τους φτερουγίζουν πιο πολύ στον άντρα τους, στα παιδιά τους, τους γονείς τους ή τα πεθερικά τους και σε άλλους ανθρώπους, όπως τους γείτονες, τους συγγενείς, συναδέλφους, επώνυμους ή διάσημους. Μόνο ο αριθμός αντιτύπων των γυναικείων περιοδικών στη Γερμανία δείχνει πόσο μεγάλη είναι η επιθυμία των γυναικών να είναι ενημερωμένες ακόμη και για την παραμικρότερη λεπτομέρεια των συνανθρώπων τους, από το ωροσκόπιο μέχρι τα πλέον κοινότοπα πράγματα της καθημερινής ζωής. Επίσης, το κουτσομπολιό είναι ένας τομέας που κατέχει κυρίαρχη θέση στη ζωή των γυναικών, αν και μερικοί άντρες προσπαθούν να κερδίσουν έδαφος σε αυτόν τον τομέα. Οι σκέψεις όμως των περισσότερων ανδρών φαίνεται να περιστρέφονται γύρω από τη δουλειά τους, τα καθήκοντα που έχουν, καθώς και τα σπορ, την πολιτική, τα αυτοκίνητα και το σεξ.

Ας κοιτάξουμε ακριβέστερα τι γίνεται εδώ και πώς δημιουργούμε βάσανα όταν ακολουθούμε την πορεία αυτή. Εάν οι σκέψεις μου περιστρέφονται συχνά γύρω από τις υποθέσεις των άλλων, αδυνατώ την ίδια στιγμή να βρίσκομαι μέσα στον δικό μου εαυτό. Στον δικό μου εαυτό τότε δεν είναι κανένας, γιατί η προσοχή μου δεν είναι στραμμένη στη δική μου εσωτερική κι εξωτερική ευεξία. Με το να σκέφτομαι και να νοιάζομαι πάντα για τους άλλους, απομένει σε μένα τον ίδιο ένα κενό και η μοναξιά. Γιατί δεν μπορώ ταυτόχρονα να φροντίζω καλά τον εαυτό μου, όταν με τις σκέψεις μου βρίσκομαι σε άλλους (ακόμη κι εάν οι γυναίκες συνεχίζουν να ισχυρίζονται πως μπορούν να ασχολούνται ταυτόχρονα με πέντε διαφορετικά πράγματα).

«Φρόντισε επιτέλους για το ουσιαστικό πράγμα στη ζωή σου – για σένα τον ίδιο» είναι ο τίτλος μιας από τις διαλέξεις μου και έχει βοηθήσει πολλές γυναίκες ώστε να βγάλουν αυτό το «παλιό παπούτσι.»

Αυτό που υιοθέτησαν από τη μητέρα τους και στο οποίο εξασκήθηκαν για δεκαετίες είναι σήμερα για πολλές γυναίκες κάτι σαν εξάρτηση, δηλ. το να σκέφτονται διαρκώς τις υποθέσεις των άλλων. Ποιανού υπόθεση είναι σε τι κατάσταση βρίσκεται το δωμάτιο της κόρης σου ή του γιού σου; Όχι, δεν είναι δική σου υπόθεση. Όχι, βέβαια, ο γιός σου δεν θα καταλήξει ζητιάνος κάτω από τη γέφυρα, ούτε η κόρη σου θα γίνει «τσαπατσούλα», εάν σταματήσεις να αναμιγνύεσαι στην ακαταστασία του/ της ή στο χάος του/ της.

Γιατί ονομάζεται αλήθεια το δωμάτιο «παιδικό δωμάτιο»; Επειδή δεν είναι το δωμάτιό σου και γιατί κάθε παιδί χρειάζεται έναν δικό του χώρο για να αποκτήσει τις δικές του εμπειρίες με την τάξη και την ακαταστασία. Όσο περισσότερο εκνευρίζεσαι για τη βρωμιά και το χάος του παιδιού σου, τόσο περισσότερο το δωμάτιο της κόρης ή του γιού σου αναγκαστικά θα βρίσκεται στην κατάσταση αυτή.

Εάν θεωρώ πως ξέρω τι σκέφτεσαι και τι είναι καλό για σένα, τότε αναλώνω τις σκέψεις μου στη δική σου υπόθεση. Συνέπεια αυτού είναι ο χωρισμός και η μοναξιά. Εάν εσύ είσαι εκεί και ζεις τη ζωή σου κι εγώ βρίσκομαι επίσης (με τις σκέψεις μου) σε σένα και με τον τρόπο αυτό ζω μαζί σου τη δική σου ζωή, τότε είμαστε και οι δυο εκεί σε σένα, για μένα όμως δεν υπάρχει κανένας. Είναι φυσικό να αισθάνομαι τότε μοναξιά και απομόνωση! Ο ίδιος απομονώνω τον εαυτό μου. Κανένας άλλος δε μου δημιουργεί το συναίσθημα της μοναξιάς. Μόνο εγώ το δημιουργώ.

Εξακρίβωσε, λοιπόν, πότε αισθάνεσαι μόνος ή απομονωμένος και απογοητευμένος. Πάντα όταν δεν αισθάνεσαι καλά, συγκεντρώσου, κλείσε για λίγο τα μάτια σου και αναρωτήσου: «Ποιον και τι σκεφτόμουν τη στιγμή αυτή;» Με τον τρόπο αυτό βλέπεις όλο συχνότερα και γρηγορότερα πως εσύ ο ίδιος χάνεσαι και διώχνεις τον εαυτό σου από τις σκέψεις σου. Αναρωτήσου πάλι: «Σε ποιανού υπόθεση βρίσκομα την στιγμή αυτή με τις σκέψεις μου;» Παρατήρησε επίσης πότε δίνεις συμβουλές χωρίς να σου το ζητάνε, είτε δυνατά είτε σιγανά. Σε τίνος υπόθεση βρίσκεσαι, όταν δίνεις συμβουλές σε άλλους;

🁢 **Παλιό παπούτσι: Κολλάω στο παρελθόν και αγκιστρώνομαι σε αυτό.**

Πολλοί άνθρωποι κουβαλάνε το βάρος του παρελθόντος τους δίχως να το συνειδητοποιούν. Λυπούνται και πενθούν, παραπονιούνται ή εξοργίζονται, αισθάνονται οίκτο για τον εαυτό τους ή μισούν τα βιώματά τους. Αδιάφορο πόσο δύσκολη ήταν η παιδική σου ηλικία, τα νεανικά σου χρόνια ή η μέχρι τώρα ζωή σου, αδιάφορο το τι βίωσες· τώρα πέρασε πλέον. Αλλά, συνήθως, δεν αισθανόμαστε έτσι μέσα μας, σαν να έχει περάσει, γιατί δεν του το επιτρέπουμε να περάσει. Κρεμόμαστε κυριολεκτικά με τις σκέψεις και τα συναισθήματά μας στο παρελθόν κι επιβαρύνουμε έτσι το παρόν μας. Όποιος συνεχίζει να υποφέρει για το παρελθόν του ας αναλάβει παρακαλώ την ευθύνη για το βάσανο αυτό. Δε φταίει η μητέρα σου ή ο πατέρας σου για το αν σήμερα συνεχίζεις να υποφέρεις. Αυτό το βάσανο είναι μόνο δική σου ευθύνη. Γιατί, από τότε που έφυγες από το πατρικό σου σπίτι, είσαι ελεύθερος να διαμορφώσεις τη ζωή σου όπως εσύ θέλεις. Τι έκανες από τότε με τον εαυτό σου; Τι είδους ζωή έζησες από τότε; Όποιο νόημα και να έχει ένα βαρύ παρελθόν με τραυματικές εμπειρίες και με συναισθήματα ανημπόριας, μικροπρέπειας, εγκατάλειψης, οργής κλπ., γεγονός είναι πως πέρασε πολύς καιρός από τότε. Εμείς όμως οι πάσχοντες παρατείνουμε το βάσανο του παρελθόντος, γιατί δεν το αφήνουμε να φύγει.

«Χωρίς το παρελθόν σου είσαι αμέσως ελεύθερος!» λέει μια σπουδαία πρόταση από το ωραίο και έξυπνο βιβλίο *Ένα μάθημα σε θαύματα*. Η πρόταση αυτή με σαγήνευσε ευθύς εξ αρχής, όταν τη διάβασα για πρώτη φορά. Το να κολλάς στο παρελθόν σου είναι η αιτία της μη ελευθερίας σου. Πώς να γίνω όμως «χωρίς παρελθόν»; Πώς θα μπορέσω να αφήσω το παρελθόν μου πίσω μου; Πολλοί σύμβουλοι ζωής συνιστούν: «Άφησε το παρελθόν σου να φύγει!.» Δε λένε όμως πώς γίνεται αυτό. Δεν μπορούμε να αφήσουμε το παρελθόν να φύγει, γιατί θέλουμε να το ξεφορτωθούμε. Θέλουμε να το ξεφορτωθούμε και το απορρίπτουμε, επειδή ήταν δύσκολο, δυσάρεστο έως και αφόρητο. Εδώ, όμως, έχουμε το κλειδί. Ό,τι συνέβη στο παρελθόν μεταξύ εμού και των άλλων, των γονέων, των αδελφών, των παππούδων και γιαγιάδων, επιθυμεί την αποδοχή, την αναγνώριση, την εκτίμηση και την ευχή σου. «Πώς θα γίνει όμως αυτό, όταν εμένα στην παιδική μου ηλικία με χτυπούσαν, με κακομεταχειρίζονταν, με άφηναν σε άλλους, με τιμωρούσαν χωρίς να μου δίνουν αγάπη, χωρίς να μου συμπεριφέρονται σωστά; Πώς μπορεί κανείς να αποδεχθεί μια τέτοια εποχή φρίκης; Πώς να την ξεχάσει!» λέει το πληγωμένο παιδί μέσα μας. Κανένας δεν απαιτεί να τον ξεχάσεις, αλλά σου εύχομαι να αρχίσεις να κοιτάζεις όλη αυτή την ιστορία από άλλη πλευρά και όχι πλέον από την πλευρά του θύματος που υπήρξες κάποτε. Το παιδί που ήσουν επιθυμεί να αποδεχθείς τα συναισθήματά του και να αρχίσεις επιτέλους να τα αισθάνεσαι καταφατικά: το μίσος του, την περιφρόνησή του, τη λύπη του, τη μοναξιά του, τον πόθο του, την απελπισία του. Μόνο όταν αρχίσεις να αποδέχεσαι αυτά τα συναισθήματα με το να τα αισθάνεσαι και όταν μάθεις να τα αποδέχεσαι αποδεσμεύεσαι από το βασανιστικό σενάριο του μικρού παιδιού που ακόμη ζει πολύ ζωντανά μέσα σου. Περισσότερες συμβουλές για την Απελευθέρωση από το Παρελθόν σου θα βρεις στο κεφάλαιο 5 "Απελευθέρωση από το Παρελθόν."»

3.

Πέντε βήματα προς μια καινούρια ζωή!

Στο κεφάλαιο αυτό θα βρεις απλές και σαφείς οδηγίες για το πώς θα μπορέσεις να βγάλεις τα «παλιά σου παπούτσια», πώς δηλαδή θα βγεις από την παλιά σου ζωή και θα μπορέσεις να ξεκινήσεις μια ζωή που αξίζει να φέρει αυτό το όνομα. Οι οδηγίες αυτές απαρτίζονται από πέντε βήματα. Αντικατοπτρίζουν δε μια εντελώς διαφορετική εικόνα του ανθρώπου και της ζωής από εκείνη που μας δίδαξαν στα σχολεία και που κυκλοφορεί στα κεφάλια των «νορμάλ» ανθρώπων.

Πολλές εκατοντάδες άνθρωποι έχουν διαβεί μέχρι τώρα αυτά τα βήματα, τα αφομοίωσαν και άλλαξαν έτσι τη ζωή τους. Αυτά δεν προέρχονται από εμένα τον ίδιο, αλλά από έναν πνευματικό δάσκαλο ονόματι P΄taah, του οποίου τα μηνύματα -μέσω του Γιάννη King- σας τα προτείνω με θέρμη. Εγώ έχω συμπληρώσει μόνο το πέμπτο βήμα. Τα βήματα αυτά είναι και ο πυρήνας της δικής μου θεραπείας του μετασχηματισμού, στα πλαίσια της οποίας διεξάγω κάθε χρόνο σεμινάρια και μάλιστα από το έτος 2000. Σε επιμορφωτικά τμήματα εκπαιδεύονται όσοι ενδιαφέρονται να γίνουν θεραπευτές, οι οποίοι μόνο με λίγες συνεδρίες μπορούν να βοηθήσουν ανθρώπους με σοβαρά συναισθηματικά προβλήματα.

Μπορείς αυτά τα πέντε βήματα να τα εφαρμόσεις σε όλες τις καταστάσεις της ζωής σου, όπου δεν αισθάνεσαι καλά ή έχεις ένα «πρόβλημα.» Κάθε μεμονωμένο βήμα παριστάνει μια βασική στάση την οποία μπορούμε να εφαρμόσουμε και να εξασκήσουμε στην καθημερινή μας ζωή. Όποιος το κάνει αυτό θα ανταμειφθεί πάρα πολύ. Θα δημιουργήσει μια ζωή ανάλαφρη, εσωτερική κι εξωτερική ειρήνη και υγεία.

Τα πέντε βήματα προς μια καινούρια ζωή είναι:

1. Ανάλαβε τη δική σου ευθύνη ως δημιουργού της δικής σου βιοτικής πραγματικότητας!
2. Το μεγάλο Ναι! Αναγνώρισε τι είναι!
3. Ανακάλεσε τις κατηγορίες σου - και βίωσε τη συγχώρεση!
4. Νιώσε τα (μέχρι τώρα απωθημένα και εκτοπισμένα) συναισθήματά σου καταφατικά!
5. Πάρε νέες βασικές αποφάσεις για τη ζωή σου!

Πρώτο βήμα:
Ανάλαβε τη δική σου ευθύνη ως δημιουργού της δικής σου βιοτικής πραγματικότητας!

Όλα στη ζωή τα έχεις δημιουργήσει μόνος σου και με τη σύμπραξη των συνανθρώπων σου. Μέχρι τώρα το έκανες ως επί το πλείστον ασυνείδητα, το έκανες όμως. Εάν η σκέψη αυτή σού είναι δυσάρεστη, έχεις ακόμη τη συνείδηση του θύματος. Δεν υπάρχουν όμως ούτε θύματα ούτε θύτες παρά μόνο από κοινού πράττοντες δημιουργοί. Ανάλαβε την ευθύνη για όλες τις δημιουργίες σου: για όλες τις σκέψεις, όλα τα συναισθήματα, όλες τις πράξεις και όλα τα γεγονότα και καταστάσεις της ζωής σου. Για το σώμα σου, τις σχέσεις σου, τον τραπεζικό σου λογαριασμό, τις εξαρτήσεις σου, τα πάθη σου, τις αναμίξεις και τα μπλεξίματά σου και προπάντων για όλα τα συναισθήματά σου. Ευθύνη δε σημαίνει πως είσαι ένοχος. Το να αναλάβεις τη δική σου ευθύνη δίνει τη δύναμη να δημιουργήσεις στο μέλλον συνειδητά και με αγάπη μια νέα πραγματικότητα για τη ζωή σου.

▦ Είσαι δημιουργός, δεν είσαι θύμα!

Δεν είναι σήμερα η πρώτη φορά που διαβάζεις αυτή τη σκέψη! Θέλω μονάχα να σου τη θυμίσω. Στο σπίτι μας δεν μας το είπαν ούτε στο νηπιαγωγείο ούτε στο σχολείο. Κανένας δεν μας είπε πως είμαστε δημιουργοί στη ζωή αυτή, πως είμαστε πανίσχυρα όντα εφοδιασμένα με μέγιστη δημιουργική δύναμη. Γιατί, αν μας το είχαν πει, θα αισθανόμασταν τότε αλήθεια τόσο μικροί, τιποτένιοι, ανίσχυροι ή κατώτεροι;
Βεβαιώσου για το ποια είναι τα όρια πού θέτει η λογική σου κατά την αποδοχή αυτής της άποψης και για το πού εμφανίζονται τα «Αλλά.» Μόλις όμως ανακαλύψεις τα «Αλλά» σου, θα δεις πώς δημιούργησες την ζωή σου.

Το πλέον εμφανές γεγονός στον άνθρωπο είναι ότι αποτελεί ένα δημιουργικό ον, πως διαρκώς, κάθε μέρα, κάθε ώρα, κάθε λεπτό δεν κάνει τίποτε άλλο από το να δημιουργεί κάτι και πως αυτό μόνο σπάνια το συνειδητοποιεί. Εμείς οι άνθρωποι δεν μπορούμε να κάνουμε διαφορετικά από το να δημιουργούμε. Για να το κάνουμε δεν χρειαζόμαστε αποκλειστικά τα χέρια μας. Δημιουργούμε με το να σκεφτόμαστε, με τις σκέψεις μας. Όλοι σκέφτονται. Δε γίνεται να μην σκέφτεσαι. Μπορείς μόνο να σκέφτεσαι δίχως να το συνειδητοποιείς. Οι σκέψεις είναι πάντα δημιουργικές. Οι σκέψεις δημιουργούν πάντα κάτι καινούριο. Οι σκέψεις είναι ενέργειες τις οποίες στέλνεις έξω στον κόσμο. Τα μάτια σου δεν μπορούν να τις δουν, αλλά μπορείς να αφουγκραστείς ποια σκέψη υπάρχει μέσα σου. Οι σκέψεις είναι το υλικό από το οποίο είναι φτιαγμένος ο κόσμος. Δεν μπορείς να μην σκέφτεσαι. Δεν μπορείς να μην δημιουργείς! Αυτή την επιλογή δεν την έχεις. Αλλά το τι σκέφτεσαι και τι δημιουργείς, αυτό μπορείς να το επιλέξεις. Εάν θέλεις, όμως, να το επιλέξεις αυτό, πρέπει να πάρεις μια απόφαση που είναι η εξής: Αντί να συνεχίζω να δημιουργώ μη συνειδητά, θέλω στο μέλλον να δημιουργώ συνειδητά.

Όλα όσα βλέπεις σε αυτή τη γη και μπορείς να τα αγγίξεις, όλα όσα δημιούργησε ο άνθρωπος – κάθε σπίτι και κάθε καρέκλα, κάθε υπολογιστή και κάθε κινητό τηλέφωνο, κάθε πιάτο και κάθε φωτιστικό - όλα αυτά ήταν αρχικά σκέψεις. Όλα αυτά τα αντικείμενα είχαν δημιουργηθεί πρώτα στον αόρατο (της λεπτής ύλης) κόσμο. Υπήρχαν αρχικά μόνο ως σκέψη, ως ιδέα. Και μετά αποφάσισε τουλάχιστον ένας άνθρωπος να μεταφέρει αυτή τη σκέψη στην υλική, την ψηλαφητή πραγματικότητα, είτε μόνος του είτε μαζί με άλλους. Ό,τι δεν ανήκει στη φύση έχει δημιουργηθεί με τον τρόπο αυτό, δηλαδή με τη δύναμη της λογικής, με το δημιουργικό πνεύμα.

Κι εσύ είσαι ένα τέτοιο δημιουργικό πνεύμα, κι εσύ δημιουργείς αδιάκοπα. Ρωτάς τι δημιουργείς; *Δημιουργείς δύο πράγματα: Πρώτα δημιουργείς τη ζωή σου, την πραγματι-*

κότητά σου έτσι, όπως τη βιώνεις. Κάθε μέρα δουλεύεις με τις πολυάριθμές σου σκέψεις οι οποίες περνάνε από το μυαλό σου κι έτσι δημιουργείς. Γιατί η ζωή είναι ένα έργο τέχνης. Κι εσύ είσαι ο καλλιτέχνης! *Και δεύτερο δημιουργείς ακόμη κάτι πολύ ενδιαφέρον, δηλαδή εσένα τον ίδιο. Δουλεύεις συνεχώς πάνω στον εαυτό σου, συχνά δίχως καν να το παρατηρείς. Γιατί αλλάζεις συνεχώς. Είσαι ένα ον εν εξελίξει. Αύριο ήδη θα είσαι διαφορετικός από σήμερα. Όταν σκέφτεσαι κάτι καινούριο, αλλάζεις. Όταν συναντάς έναν άνθρωπο, αλλάζεις.* Αφού διαβάσεις αυτό το βιβλίο, θα είσαι διαφορετικός από αυτό που ήσουν πριν. Συχνά δεν το καταλαβαίνεις αυτό, γιατί δεν το συνειδητοποιείς ιδιαίτερα και επειδή έχεις μια σταθερή εικόνα του εαυτού σου στο μυαλό σου. Η φίλη σου, ο φίλος σου αντιλαμβάνονται πιο γρήγορα αυτές τις αλλαγές από ότι εσύ ο ίδιος.

Είσαι λοιπόν εκ φύσεως ένα ιδιαίτερα δημιουργικό ον, το οποίο δεν έχει καλά-καλά ή και καθόλου συνειδητοποιήσει τις δημιουργικές του ικανότητες. Σκέψου πως κατέχεις δημιουργική δύναμη και πως τη χρησιμοποιείς από τα πρώτα παιδικά σου χρόνια δίχως να σου το έχει υποδείξει κανένας. Σκέψου πως είσαι πολύ περισσότερα από αυτό που μπορείς να φανταστείς στα πιο τολμηρά σου όνειρα. Θέλεις να δεις με ποιο τρόπο είσαι δημιουργός, με ποιο τρόπο δημιουργείς πράγματα, γεγονότα και καταστάσεις; Είσαι πράγματι περίεργος να βρεις πώς έχεις μέχρι σήμερα δημιουργήσει τη ζωή σου, πώς κατάφερες να δημιουργήσεις τη ζωή σου έτσι όπως είναι σήμερα;

Ας αγνοήσουμε για μια στιγμή το πατρικό σου σπίτι και την παιδική σου ηλικία, δηλαδή την εποχή κατά την οποία έπρεπε να προσανατολίζεις τις σκέψεις και το βλέμμα σου προς τους γονείς σου, όσο «είχες τα πόδια σου κάτω από το τραπέζι τους», όπως έλεγαν τότε στη Γερμανία. Αργότερα θα επανέλθουμε στην ερώτηση εάν εμείς ίσως δημιουργήσαμε τους γονείς μας και την παιδική μας ηλικία.

Κοίταξε τώρα, παρακαλώ, στα γρήγορα τι έζησες από τότε και πώς έζησες. Όλοι οι σταθμοί της ζωής σου – οι σχέσεις σου, τα βήματά σου, οι επιτυχίες σου, οι αποτυχίες σου, οι ευτυχισμένες στιγμές, τα βάσανα, τα βάρη, οι ομορφιές, οι σύντροφοί σου, τα παιδιά σου, όλες οι δύσκολες καταστάσεις, η αφθονία στη ζωή σου, τα γέλια και τα δάκρυα, όλη η χαρά και όλος ο πόνος – *όλα αυτά είναι έργο σου, το δικό σου έργο τέχνης.* Από όλα αυτά τα πράγματα, ποιο σε δυσκολεύει να το χαρακτηρίσεις ως δημιουργία σου; Οι αποτυχημένες σου σχέσεις; Οι επαγγελματικές σου αποτυχίες; Οι αρρώστιες σου; Κοίταξέ τα όλα καλά , όταν λες: «Αυτό δεν ήμουν εγώ, αυτό δεν είναι η πάρτη μου.»

⊞ **Από την αδυναμία στη δύναμη.**

Σε ποιον εκτός από τον εαυτό σου ρίχνεις το φταίξιμο για τη ζωή σου; Σε ποιον αποδίδεις την ευθύνη γι' αυτό που δεν κατάφερες έτσι, όπως θα ήθελες να είχε γίνει; Στους γονείς σου, στους εκάστοτε συντρόφους σου, στις εταιρίες, για τις οποίες εργάστηκες, στην κοινωνία, στη ζωή, στο Θεό;
Αυτό δε θα το κάνεις για να θεωρήσεις τον εαυτό σου ένοχο. Εδώ δε γίνεται λόγος για ενοχή. Η ευθύνη δεν έχει καμιά σχέση με ενοχή. Το να αναλάβεις την ευθύνη σημαίνει να αναγνωρίσεις τον εαυτό σου ως δημιουργό, ακόμη κι αν δεν ξέρεις ακόμη ακριβώς πώς τα έχεις δημιουργήσει όλα αυτά. Το να αναλάβεις *την ευθύνη για τον εαυτό σου σημαίνει να πεις:* «Σκέφτομαι πως εγώ ήμουν εκείνος που τα δημιούργησε όλα αυτά που συνάντησα και που μου συνέβησαν στο σώμα και στη ζωή μου, όλα τα γεγονότα, όλες τις καταστάσεις, ό,τι αρνητικό όπως και ό,τι θετικό. Σκέφτομαι πως είμαι δημιουργός και όχι θύμα. Δεν ξέρω πώς ακριβώς τα δημιούργησα. Είμαι όμως περίεργος να το ανακαλύψω.»
Δεν υπήρξες ποτέ σου θύμα. Ήσουν μόνο δημιουργός της ζωής σου δίχως να το συνειδητοποιείς. Εσύ ο ίδιος χαρακτήρισες τον εαυτό σου θύμα, γιατί κατηγόρησες άλλους. Και γι' αυτό αισθανόσουν συχνά θύμα. Και γι' αυτό συχνά

υπέφερες. Θέλεις να πάψεις να υποφέρεις; Τότε γίνε τώρα αμέσως συνειδητή δημιουργός, συνειδητός δημιουργός της ζωής σου. Και ανάλαβε την ευθύνη για όλες τις δημιουργίες σου!

Με αυτό το βήμα, με αυτή την στάση, με το να βλέπεις τον εαυτό σου ως δημιουργό της μέχρι τώρα ζωής σου ολοκληρώνεις το αποφασιστικό σημείο καμπής προς μια νέα ζωή, προς μια εντελώς νέα ποιότητα ζωής. *Γιατί εγκαταλείπεις το ρόλο του θύματος. Και επανακτείς τη δύναμή σου, τη δημιουργική σου δύναμη.*
Νιώσε, παρακαλώ, για μια στιγμή τη λέξη «δύναμη.» Αισθάνεσαι με τη λέξη αυτή άνετα ή μήπως άβολα; Έχεις δύναμη· θέλεις όμως να έχεις δύναμη; Ή σου λέει μια φωνή μέσα σου πως με τη δύναμη δε συσχετίζονται πολλά καλά; Διασαφήνισε το σημαντικό αυτό σημείο που σε αφορά.
Η δύναμη είναι ενέργεια, ισχύς, δυναμικό που σου χάρισε η ζωή. Κάθε άνθρωπος διαθέτει εκ φύσεως δύναμη, γιατί είναι δημιουργικό ον, γιατί η θεϊκή δημιουργική δύναμη είναι η φυσική του κληρονομιά. Το τι κάνεις με αυτή την ενέργεια εξαρτάται από τη δική σου απόφαση για το πού θα τη χρησιμοποιήσεις. Το τι θα δημιουργήσεις στη ζωή σου αυτό το καθορίζεις μόνο εσύ. Συσχετίζεις τη δύναμή σου με την αγάπη ή με μάχες, με ανταγωνισμό, με αποκλεισμό, με κατάκριση;
Η δύναμη είναι τόσο καλή ή κακή όσο ένα μαχαίρι της κουζίνας. Μπορείς με αυτό να κόψεις ντομάτες ή να σκοτώσεις κάποιον. Τι φταίει το μαχαίρι σε αυτό; Είναι γι' αυτό κακό; Και βέβαια όχι. Το ίδιο δε φταίει και η δύναμη ως ενέργεια, όταν κάποιος τη διαχειρίζεται με στόχο να καταπιέσει ή να εκμεταλλευτεί κάποιον άλλο. Η δύναμη υπάρχει ανέκαθεν. Δεν μπορείς να την εξορκίσεις για να φύγει μακριά. Η δύναμη είναι αυτό που θα δημιουργήσεις από αυτήν. Μπορείς όμως να πεις: «Δε θέλω να έχω δύναμη!» Μπορείς να αρνηθείς τη φυσική σου κληρονομιά. Και αυτό πολλοί το κάνουν, γιατί θεωρούν τη δύναμη σαν κάτι κακό. Όμως, όποιος αρνείται τη δύναμη, κάνει παρόλα αυτά μια επιλογή.

Και η επιλογή αυτή είναι: «Επιλέγω την αδυναμία. Επιλέγω την ανημπόρια, τη μικρότητα, την κατωτερότητα. Επιλέγω το παλιό παιχνίδι της κατάκρισης.» Συνεχίζεις να το θέλεις αυτό; Ή θέλεις μήπως να επανακτήσεις τη δύναμή σου;

Εάν θέλεις να γίνεις πάλι ικανός ως προς «το πράττειν» στη ζωή σου, τότε ανάλαβε την ευθύνη για όλες τις δημιουργίες σου και κοίταξέ τις καλά. Και να τις θυμάσαι κάθε φορά, όταν κατακρίνεις πάλι κάποιον ή κάτι, και να λες στον εαυτό σου:
«Σκέφτομαι πως αυτό το έχω δημιουργήσει και προσελκύσει εγώ ο ίδιος στη ζωή μου. Δεν ξέρω ακόμη πότε και πώς το έκανα. Αλλά κάποτε όμως το έσπειρα. Αυτή είναι η συγκομιδή της σποράς μου. Αποδέχομαι ότι αυτό είναι τώρα εδώ. Επιτρέπεται να είναι αυτή τη στιγμή εδώ. Είναι το «μωρό» μου, η δημιουργία μου!»

▦ Αυτό που βιώνεις σήμερα το έσπειρες χτες!

Ό,τι βιώνεις σήμερα στη ζωή σου το έχεις σπείρει πριν από κάποιο διάστημα. Κάτι την περασμένη εβδομάδα, κάτι άλλο τον περασμένο χρόνο, άλλο πάλι πριν από χρόνια ή κατά τη διάρκεια πολλών ετών. Κοίταξε μόνο το σώμα σου. Πιστεύεις, αλήθεια, πως ο Θεούλης θα δημιουργούσε τις πέτρες στα νεφρά σου, τα δερματολογικά σου προβλήματα, τους πόνους στη μέση σου, τους θορύβους στα αυτιά σου ή την κυτταρίτιδά σου; Αυτά είναι δικό σου έργο. Αγάπησες ποτέ το σώμα σου, το ευχαρίστησες συχνά για τις εξαιρετικές του αποδόσεις; Του έδωσες αρκετά από αυτά που προφανώς του δημιουργούν ευχαρίστηση: ήλιο, κίνηση, καλή τροφή, ξεκούραση, άγγιγμα, καλό σεξ και προπάντων αγάπη κι ευγνωμοσύνη; Και αντέδρασες στα σινιάλα του όταν δεν αισθανόταν καλά ή μήπως τα αγνόησες; Το σώμα σου αντικατοπτρίζει με μοναδικό τρόπο το πώς σκεφτόσουν μέχρι σήμερα. Το σώμα σου δεν έχει δική του θέληση, εξαρτάται εκατό τα εκατό από εσένα. Ό,τι σου δείχνει το σώμα σου υπήρξε πριν στο πνεύμα σου, στη σκέψη σου.

Εάν, για παράδειγμα, δείχνει συμπτώματα πίεσης, όπως ημικρανία ή δισκοπάθεια, τότε πρέπει να πίεζες προηγουμένως τον εαυτό σου για μεγάλο χρονικό διάστημα και να μην εξέφραζες πολλά από αυτά που έπρεπε να βγουν από μέσα σου, όπως την οργή σου, το θυμό σου, τη λύπη σου ή άλλα συναισθήματα.

Κοίταξε τις σχέσεις σου: τη συζυγική ή συντροφική σου σχέση ή τη ζωή σου ως εργένη, τις πρώην σχέσεις σου, τις φιλίες σου, τις επαφές σου, το συναίσθημα της θαλπωρής σε μια κοινότητα, το συναίσθημά της αλληλεγγύης ή τη μοναξιά σου, την απελπισία σου, την ένδειά σου. Όλα αυτά είναι έργο σου, δεν είναι φταίξιμό σου αλλά ευθύνη σου. Πόσο πολύ ενίσχυσες την επικοινωνία με τους άλλους; Πώς φρόντισες και διατήρησες τις φιλίες σου; Πόση αγάπη έδωσες; Και από πόσους ανθρώπους χώρισες, πόσους κατέκρινες γιατί δεν ήταν του γούστου σου; Με πόσους είσαι σήμερα ακόμη μαλωμένος;

Κοίταξε τη ροή της ενέργειας στη ζωή σου. Αισθάνεσαι εσύ ο ίδιος πραγματικά δυνατός και σφριγηλός; Αισθάνεσαι να βρίσκεσαι σε κατάσταση πλούτου και αφθονίας ή μάλλον σε κατάσταση έλλειψης; Πώς είναι ο τραπεζικός σου λογαριασμός; Έχεις χρέη, έχεις συχνά έλλειψη χρήματος; Σου δημιουργεί το θέμα «χρήμα» συχνά ανησυχίες; Από πού προέρχεται αλήθεια αυτό; Παρηγορείς τον εαυτό σου με τη σκέψη πως πολλοί άλλοι έχουν επίσης οικονομικά προβλήματα; Και αυτή την κατάσταση έλλειψης εσύ ο ίδιος τη δημιούργησες στη ζωή σου. Πώς το έκανες αυτό μπορείς εύκολα να το βρεις. Κοίταξε για μια στιγμή μόνο τις συνήθειες της σκέψης σου.

Πόση χαρά έχεις σήμερα στη ζωή σου; Πόσο ενθουσιασμό; Πόσα συναισθήματα ευτυχίας; Πόση αρμονία και ειρήνη; Πόση αγάπη; Πόση έκσταση;

Εάν υπάρχει πολύ λίγο από όλα αυτά, τότε ίσως δε φρόντισες καλά γι' αυτά. Περίμενες μήπως να τα προσφέρουν όλα αυτά άλλοι στη ζωή σου, π.χ. η γυναίκα ή ο άντρας σου;

▨ Οι συνήθειες της σκέψης σου είναι οι σπόροι της σποράς σου!

Τι σκέφτεται «αυτό» μέσα σου; Δεν ρωτώ: «Τι σκέφτεσαι;» Γιατί συνήθως αφήνουμε κάποιον άλλο να σκέφτεται για μας. «Αυτό» σκέφτεται μέσα μας. Το σκέπτεσθαι εξελίσσεται ως επί το πλείστον μη συνειδητά μέσα μας, γιατί δεν ενδιαφερόμαστε και πολύ για συνειδητές σκέψεις. Το ερώτημα τι σκέφτομαι αλήθεια γι' αυτό ή εκείνο δεν μας είναι συνήθως ευχάριστο. Απασχολούμαστε μόνο απρόθυμα με τις σκέψεις μας. Μερικοί είναι της γνώμης πως είναι κουραστικό να σκέφτονται συνειδητά. Όμως, εάν θέλεις να βρεις πώς δημιούργησες τις καταστάσεις έλλειψης στη ζωή σου, πώς έχεις δημιουργήσει όλη σου τη ζωή έτσι, όπως είναι σήμερα, τότε επιβάλλεται να αφιερώνεις χρόνο στο σκέπτεσθαί σου.

Οι καταστάσεις έλλειψης στη ζωή οφείλονται πάντα στις σκέψεις της έλλειψης. Τέτοιες σκέψεις θα εξετάσουμε παρακάτω. Όλες οι σκέψεις που σκεφτόμαστε δημιουργούν κάτι. Αυτό, όμως, που στη ζωή μας γίνεται τόσο σαφώς ορατό, όπως η κατάσταση του σώματός μας, των σχέσεών μας ή του τραπεζικού μας λογαριασμού, αυτό πρέπει προηγουμένως πολύ συχνά και πολύ έντονα να το έχουμε σκεφτεί μέσα μας.

Ας κοιτάξουμε τις τρεις ίσως σπουδαιότερες ερωτήσεις, με τις απαντήσεις των οποίων διαμορφώνουμε κυρίως τη ζωή μας. Οι ερωτήσεις αυτές είναι:

1. Τι σκέφτεται αυτό το κάτι μέσα μου για τον εαυτό μου;
2. Τι σκέφτεται αυτό το κάτι μέσα μου για τη ζωή;
3. Τι σκέφτεται αυτό το κάτι μέσα μου για τους συνανθρώπους μου;

Κι εσύ έχεις για κάθε μια από αυτές τις ερωτήσεις ένα πλήθος σκέψεων, ακόμη κι αν αυτές δεν σου είναι ως επί το πλείστον συνειδητές. Όμως οι μη συνειδητές σκέψεις μας ωθούν στη δημιουργία το ίδιο αποτελεσματικά όσο και οι συνειδητές. Για τη σκέψη είναι αδιάφορο εάν αυτή σού είναι συνειδητή ή μη. Γι' αυτές τις τρεις σημαντικές ερωτήσεις αρχίσαμε ήδη από τα πρώτα παιδικά μας χρόνια να σκεφτόμαστε πολύ συγκεκριμένες απαντήσεις. Τότε κάναμε λίγες σκέψεις μόνοι μας, τις σκέψεις τις είχαν αναλάβει οι γονείς, οι γιαγιάδες και οι παππούδες μας ή και τα αδέλφια μας, κι αυτές οι σκέψεις μάς έγιναν συνήθεια. Από τον καιρό εκείνο έχουμε πολλές σκέψεις, όχι μόνο εκατοντάδες, αλλά χιλιάδες φορές επαναλαμβάνονταν στο μυαλό μας δίχως συνήθως να το συνειδητοποιούμε.

Για ένα παιδί οι γονείς του είναι αρχικά σαν θεοί. Ό,τι λένε ή κάνουν είναι νόμος και αλήθεια, έτσι πρέπει να είναι. Επειδή το παιδί πολύ γρήγορα καταλαβαίνει πως από αυτούς τους θεούς είναι φοβερά εξαρτημένο και πως καλά θα κάνει να τους ακολουθεί. Και πρώτα απ' όλα τις σκέψεις τους. Ό,τι σκέφτονται η μητέρα και ο πατέρας κατά συνήθεια, γίνεται και η συνήθεια σκέψης του παιδιού. Κι όταν το παιδί ανακαλύψει πόσο ευτυχισμένους μπορεί αυτό να κάνει τη μαμά και τον μπαμπά, όταν συμμερίζεται τις δικές τους σοφίες για τη ζωή, τότε γρήγορα μαθαίνει πώς να κερδίζει την αγάπη της μαμάς και του μπαμπά του.

⊞ **Τι σκέφτεσαι για τον εαυτό σου;**

Πόσο καλά ή άσχημα σκέφτεσαι για τον εαυτό σου; Σκέφτεσαι πως είσαι ένα θαυμάσιο ον; Πως είσαι μοναδικός, ανεπανάληπτος; Πως είσαι ωραίος, ωραιότερος από κάθε τριαντάφυλλο; Πως είσαι αξιαγάπητος; Πως είσαι γεμάτος μυστικά, γεμάτος θησαυρούς, γεμάτος ταλέντα; Πως αξίζεις μια θαυμάσια ζωή, πως έχεις δικαίωμα για μια ζωή γεμάτη ομορφιά και αφθονία; Πως επιτρέπεται να είσαι όπως είσαι; Πως είσαι εντάξει; Λες πως δεν τα σκέφτεσαι όλα αυτά για τον εαυτό σου; Καλά, τότε τι σκέφτεσαι για σένα; Γράψε τις σκέψεις σου που έχεις για σένα, για να τις έχεις μπροστά σου και γραπτώς. Ποιες είναι οι βασικές σου σκέψεις; Τι είδους άνθρωπος είσαι κατά τη γνώμη σου; Έχεις χιλιάδες σκέψεις για τον εαυτό σου μέσα σου. (Πρόταση άσκησης: Εάν έχεις το θάρρος να κοιτάξεις τις σκέψεις που κάνεις αναφορικά με τον εαυτό σου, να κάνεις την αυτοπροσωπογραφία σου, τότε κάνε εδώ ένα διάλειμμα δεκαπέντε λεπτών και συμπλήρωσε μια σελίδα με αυτές σου τις σκέψεις. Μην ικανοποιηθείς, μέχρι να δεις μπροστά σου μια ολόκληρη σελίδα συμπληρωμένη με σκέψεις).

Η αυτοπροσωπογραφία μας περιέχει συνήθως πολύ αυστηρή αυτοκριτική. Έχουμε μάθει πως είναι καλό να ασκούμε αυτοκριτική. Στην πραγματικότητα, κρύβεται εδώ συχνά μια άκρως αρνητική και καταστρεπτική στάση απέναντι στη ζωή και σε εμάς τους ίδιους. Εάν δεν μπορείς να μοιραστείς τις θετικές σκέψεις για σένα στην πρώτη παράγραφο , τότε αναρωτήσου: Τι είναι τελικά σε μένα θετικό; Τι βρίσκω καλό; Τι αγαπάω στον εαυτό μου; - Τι σου έρχεται εδώ στο νου; (Πρόταση άσκησης: Γράψε για πέντε λεπτά τι αγαπάς στον εαυτό σου και τι είναι αξιαγάπητο σε σένα.)

Όταν ρωτάω τους ανθρώπους στα σεμινάριά μου τι δε βρίσκουν καλό στον εαυτό τους, τότε δεν έχει κανείς πρόβλημα να βρει κάτι. Μερικοί μάλιστα δεν μπορούν καν να σταματήσουν με τη αφόρητη διαδικασία της αυτοκριτικής. Αλλά στην ερώτηση: «Τι αγαπάς στον εαυτό σου;», έρχονται στο νου του καθένα μόνο σταγόνα-σταγόνα οι απαντήσεις και μερικοί μάλιστα δεν έχουν να πουν τίποτε.

Οι πολλές αυτές αρνητικές σκέψεις, οι πραγματικές κακολογίες για τον εαυτό μας – και πίστεψέ με, δεν υπερβάλλω στο σημείο αυτό – τις οποίες σχεδόν όλοι οι άνθρωποι κουβαλούν μαζί τους, είναι σε ελάχιστους συνειδητές. Εάν το είχαν συνειδητοποιήσει, πολλοί θα έφριτταν. Οι αρνητικές σου σκέψεις για τον εαυτό σου, η αρνητική εικόνα του εαυτού σου δεν έχει καμία σχέση με αυτό που είσαι στην πραγματικότητα. Στο κεφάλαιο για τα «παλιά παπούτσια» έχουμε ήδη γνωρίσει ένα σωρό από αυτές τις σκέψεις. Εκατομμύρια άνθρωποι αποδέχονται την κατάκριση του εαυτού τους. Μέσα τους σκέφτονται, όπως πολύ πιθανόν κι εσύ:

- Δεν είμαι καλός. Είμαι κακός. Πρέπει να γίνω καλύτερος.
- Πρέπει να κουραστώ για να μην κάνω πλέον λάθη. Δεν επιτρέπεται να κάνω λάθη.
- Εγώ φταίω. Φταίω για πολλές καταστάσεις στη ζωή μου και στη ζωή των άλλων.
- Δεν αξίζω την ευτυχία. Δεν αξίζω την αγάπη.
- Δεν είμαι ευχαριστημένος με τον εαυτό μου. Δεν είμαι όπως θα έπρεπε να ήμουν.
- Μισώ τον εαυτό μου.
- Δεν τα κατάφερα μέχρι τώρα. Και δε θα τα καταφέρω προφανώς ποτέ.
- Πρέπει να κερδίσω την αγάπη και την αναγνώριση.
- Πρέπει να αποδείξω πως αξίζω να με αγαπούν.
- Το αξίζω που δεν είμαι καλά. Έχω κάνει τόσο πολλά λάθη.
- Πρέπει να προσέχω μην καταλάβει κανένας τι άνθρωπος είμαι πραγματικά. Πρέπει να κρύβω πολλά. Πρέπει να λέω ψέματα.
- Ούτε εγώ ο ίδιος ξέρω τι γνώμη θα έπρεπε να έχω για τον εαυτό μου.

Αυτές είναι μόνο λίγες σκέψεις. Μερικές από αυτές σού είναι συνειδητές, οι περισσότερες μάλλον όχι. Σχεδόν κανένας άνθρωπος δεν συνειδητοποιεί πόσο μεγάλο μίσος για τον εαυτό του κρύβει μέσα του. Δε θέλω να σου βάλω ιδέες στο μυαλό σου. Βρες το εσύ ο ίδιος – και άλλαξέ το. *Σε παρακαλώ να διασαφηνίσεις το εξής: Όλες αυτές οι σκέψεις δεν είναι πραγματικά δικές σου. Που σημαίνει πως δεν προέρχονταν αρχικά από σένα. Τις υιοθέτησες από άλλους οι οποίοι τις σκέφτηκαν ή τις είπαν για σένα.* Κάθε παιδί - ακόμη και στις καλύτερες οικογένειες - παίρνει πολύ περισσότερα μηνύματα για τις λεγόμενες ελλείψεις του, γι' αυτό που είναι λάθος στον εαυτό του παρά για τα προτερήματά του, τη μοναδικότητά του, την ομορφιά του, την εξυπνάδα του, για το ότι είναι αξιαγάπητο, για την καλοσύνη του. Αυτό οι γονείς δεν το κάνουν από κακία. Πιστεύουν πως κάνουν ό,τι καλύτερο, δεν μπορούν καλύτερα. Αλλά κι αυτοί δεν αγαπήθηκαν, επειδή ήταν αυτοί που ήταν και, εάν ζουν ακόμη, δεν αγαπούν μέχρι σήμερα πραγματικά τον εαυτό τους, δεν ζουν ειρηνικά με τον εαυτό τους. *Αυτό που σκέφτεσαι για τον εαυτό σου το βιώνεις και έξω, στην αντίδραση των άλλων ανθρώπων.* Αυτό που σκέφτεσαι για σένα σού το προκαλούν οι άλλοι άνθρωποι. Επιβεβαιώνουν μόνο αυτό που βαθιά μέσα σου σκέφτεσαι και αισθάνεσαι για τον εαυτό σου. Εάν δε θεωρείς τον εαυτό σου αξιαγάπητο, τότε δε θα συναντήσεις πολλή αγάπη στη ζωή. Δεν μπορείς τότε να δεχθείς την αγάπη. Ακόμη κι αν βρισκόταν μπροστά σου ο άντρας ή η γυναίκα των ονείρων σου, θα σκεφτόσουν: «Δεν μπορεί να είναι αλήθεια, δεν εννοεί εμένα. Πρέπει να κάνει λάθος.» Οι σκέψεις σου για τον εαυτό σου, η κριτική ή ο έπαινος, η αυτοκριτική ή η αγάπη για τον εαυτό σου, είναι ο σπόρος που στη ζωή σου θα καρποφορήσει. Όπως ακριβώς σκέφτεσαι για τον εαυτό σου, έτσι αντιδρούν οι άνθρωποι απέναντί σου, έτσι σε μεταχειρίζονται. Δεν μπορούν να κάνουν διαφορετικά.

▦ Πώς σκέφτεσαι για τη ζωή;

Εάν θέλεις να μάθεις πώς δημιούργησες τη μέχρι σήμερα πραγματικότητα της ζωής σου, αυτή είναι *η δεύτερη ουσιαστική ερώτηση*: «Τι σκέφτεσαι για τη ζωή, όχι μόνο για τη δική σου ζωή, αλλά για τη ζωή γενικά;» Μέσα σου την έχεις απαντήσει την ερώτηση αυτή εδώ και καιρό, γνωρίζεις όμως την απάντησή σου; Θέλεις πράγματι να ξέρεις τι σκέφτεσαι για τη ζωή; Εδώ υπάρχει μια απλή μέθοδος: Κοίταξε τη ζωή σου. Εξακρίβωσε πόσες ελλείψεις ή πόση αφθονία

υπάρχει στη ζωή σου, πόση αρμονία ή δυσαρμονία, πόση χαρά και πόσος πόνος. Και αναρωτήσου: «Τι να σκέφτεται αλήθεια αυτό το κάτι μέσα σε κάποιον που δημιούργησε μια τέτοια ζωή όπως τη δική μου;»
Εάν στη ζωή σου κυριαρχεί η έλλειψη, τότε έχεις σκέψεις έλλειψης. Εάν η ζωή σου είναι γεμάτη αφθονία, τότε κάνεις σκέψεις αφθονίας. Εάν η ζωή σου είναι γεμάτη συγκρούσεις, τότε κάνεις σκέψεις κατάκρισης. Εάν η ζωή σου είναι γεμάτη αγάπη, τότε υπάρχουν μέσα σου πολλές στοργικές σκέψεις. Αυτό που σκέφτεσαι σήμερα για τη ζωή θα το πάρεις αύριο. Αυτό που μέχρι σήμερα έχεις πάρει, αυτό έχεις στην πραγματικότητα σκεφτεί και νιώσει.
Προσπάθησε να αντιληφθείς πώς αντιδράς εσωτερικά στις παρακάτω σκέψεις. Πώς αισθάνεσαι τις σκέψεις σου; Σκέφτεσαι συχνά έτσι; Πες τις δυνατά και άκου πώς αντηχούν για σένα:

- Η ζωή είναι ωραία.
- Η ζωή θέλει μόνο να μου χαρίζει. Η ζωή είναι ένα απέραντο δώρο.
- Η ζωή κρύβει πολλές ενδιαφέρουσες εκπλήξεις.
- Η ζωή είναι δίκαια.
- Η ζωή είναι εύκολη.
- Η ζωή είναι γεμάτη θαύματα. Η ζωή είναι ένα θαύμα.
- Η ζωή με αγαπάει.
- Κι εγώ αγαπώ τη ζωή.

Όταν κάνεις αυτές τις σκέψεις για τη ζωή, εάν έχεις συνηθίσει να σκέφτεσαι έτσι, τότε θα σου απαντήσει η ζωή με τον ίδιο τρόπο. Και τότε θα αντιληφθείς και θα απολαύσεις τα δώρα της, τα θαύματά της, την αγάπη της, την ομορφιά της. Σε παρακαλώ να κατανοήσεις πως εδώ δεν πρόκειται για «θετικές σκέψεις», όπως ίσως τώρα να σκέφτεται κάποιος. Φυσικά είναι αυτές πολύ θετικές προτάσεις. Το θέμα όμως δεν είναι το να απαγγείλεις τέτοιες προτάσεις ή να τις αποστηθίσεις στο μυαλό σου. Πρέπει πιο πολύ να εξακριβώσεις τι σκέφτηκες μέχρι τώρα, να διασαφηνίσεις τις σκέψεις σου και να τις αποσύρεις. Κατηγόρησες τη ζωή για πολλά πράγματα που υποτίθεται πως σου έκανε μέχρι τώρα. Στην πραγματικότητα όμως δεν σου έχει κάνει τίποτε. Σου έστειλε ή σου αντικατόπτρισε μόνο ό,τι παρήγγειλες με τις σκέψεις σου. Θέλεις να την κατηγορήσεις γι' αυτό; Σού είναι μήπως η μια ή η άλλη σκέψη γνωστές;

- Η ζωή είναι άδικη. Είναι άτιμη.
- Έχω δύσκολη ζωή.
- Η ζωή δεν είναι εύκολη.
- Στην ζωή πρέπει να κοπιάσεις για να κατορθώσεις κάτι.
- Στη ζωή δε σου χαρίζουν τίποτε.
- Στη ζωή πρέπει να αγωνίζεσαι όσο μπορείς.
- Η ζωή είναι πολύ σκληρή σχολή.
- Η ζωή είναι αγώνας.
- Η ζωή είναι σαν τιμωρία.
- Η ζωή είναι δοκιμασία.
- Η ζωή είναι θέμα τύχης.
- Μισώ αυτή τη ζωή.
- Ή τα καταφέρνεις στη ζωή ή η ζωή σε καταφέρνει.
- Στη ζωή πρέπει να προσέχεις, η ζωή είναι ανασφαλής.

Όλες αυτές οι σκέψεις είναι δημιουργικές. Δημιουργούν μια ζωή, έναν πολύ συγκεκριμένο τρόπο ζωής. Μπορείς να φανταστείς τι είδους ζωή γεννούν τέτοιες σκέψεις. Στις προτάσεις αυτές κατηγορείται η ζωή και η ζωή του ανθρώπου που την κατηγορεί είναι φυσικό ότι θα του εμφανισθεί ακριβώς έτσι. Θα τη βρίσκει, για παράδειγμα, πολύ δύσκολη. Θα συναντήσει κάμποσες δυσκολίες. Και τι θα σκεφτεί αυτός ο άνθρωπος μετά: «Βλέπεις λοιπόν που το ήξερα: Η ζωή είναι δύσκολη.»
Εάν έχει κανείς συχνά σκέψεις όπως οι προαναφερθείσες, τότε αυτές επιδρούν σαν μια αυτοεκπληρούμενη προφητεία. Δεν γίνεται διαφορετικά. Και η ζωή δεν μπορεί να

κάνει αλλιώς. Ακόμη κι αν τώρα δεν είσαι καλά, εντούτοις δεν είσαι θύμα της ζωής, ποτέ δεν ήσουν. Αυτό παράγγειλες. Η ζωή έχει ατέλειωτη υπομονή με σένα. Η ζωή σε αγαπάει. Σου αφήνει όμως επίσης την ελεύθερη επιλογή. Δε αναμειγνύεται στις υποθέσεις σου. Σού εμφανίζεται έτσι όπως τη βλέπεις, έτσι όπως σκέφτεσαι γι' αυτήν.

Δυσκολεύεσαι να τα πιστέψεις όλα αυτά για τη ζωή; Αμφιβάλλεις για την ορθότητα αυτών των σκέψεων; Και αυτό συμβαίνει. Δε θα βρεις την αλήθεια μέχρι να αποφασίσεις να στρέψεις τις σκέψεις σου προς μια νέα κατεύθυνση. Μέχρι να αποφασίσεις να κάνεις νέες σκέψεις, να συνηθίσεις σε νέες σκέψεις - αντίθετα με τις μέχρι τώρα συνήθειές σου, παρά τους ενδοιασμούς σου και την επιφυλακτικότητά σου. Μπορείς να αναγνωρίσεις τον εαυτό σου ως δημιουργό της ζωής σου, εάν αρχίσεις να δημιουργείς κάτι καινούριο. Πώς αλλιώς θα μπορούσες να το αναγνωρίσεις αυτό;
Ρίξε μια ματιά γύρω σου, στο περιβάλλον σου. Γνωρίζεις τουλάχιστον έναν άνθρωπο που έδωσε στη ζωή του μια πλήρως νέα κατεύθυνση, που τώρα είναι πιο ευτυχισμένος από όσο ήταν πριν από ένα ή δύο χρόνια; Όχι γιατί ερωτεύτηκε στιγμιαία αλλά γιατί κάνει κάτι τελείως διαφορετικό από ό,τι έκανε παλιά. Η στάση του απέναντι στη ζωή είναι διαφορετική. Και ως εκ τούτου εκπέμπει στη ζωή κάτι διαφορετικό από αυτό που εξέπεμπε παλιά. Οι σκέψεις σου, η αντίληψη για τη ζωή, η στάση σου είναι ενέργειες που τις εκπέμπεις. Και προσελκύουν παρόμοιες ενέργειες. Έχεις, για παράδειγμα, νιώσει έλξη γι' αυτό το βιβλίο, γιατί άρχισες να σκέφτεσαι προς αυτή την κατεύθυνση. Και θα εξακριβώσεις - εάν δεν το έχεις ήδη κάνει - πως άλλοι άνθρωποι θα βρεθούν στο δρόμο σου, άνθρωποι οι οποίοι κινούνται προς μια παρόμοια νέα κατεύθυνση.
Αποφάσισε εκ νέου τι θέλεις να σκεφτείς. Κανένας άνθρωπος δε σε αναγκάζει να συνεχίζεις να κατηγορείς τη ζωή. Κανένας άνθρωπος δεν μπορεί να σε εμποδίσει να κάνεις καινούριες σκέψεις για τον εαυτό σου και για τη ζωή. Όμως,

119

εγώ θέλω να σε προειδοποιήσω: Μερικοί άνθρωποι θα επαναστατήσουν όταν τους φέρεις αντιμέτωπους με τις νέες σου σκέψεις. Μην προσπαθήσεις να τους πείσεις γι' αυτό. Πείσε πρώτα τον ίδιο σου τον εαυτό. Οι νέες σου σκέψεις ίσως δημιουργήσουν ακόμη και φόβους σε ανθρώπους του περιβάλλοντός σου. Και ο ένας ή ο άλλος θα απομακρυνθεί από κοντά σου. Άφησέ τους να φύγουν ειρηνικά. Καθένας έχει δικαίωμα να πάρει τον δικό του δρόμο.
Εάν εσύ πάρεις έναν διαφορετικό δρόμο, ο κύκλος των φίλων και των γνωστών σου θα αλλάξει κατά πάσα πιθανότητα. Κακό είναι αυτό; Όχι, έτσι είναι η ζωή, μια συνεχής αλλαγή.

⊞ Τι σκέφτεσαι για τους συνανθρώπους σου;

Αυτή είναι η *τρίτη κεντρική ερώτηση* με τη βοήθεια της οποίας μπορείς να διασαφηνίσεις γιατί σήμερα δεν είσαι καλύτερα από παλιά και η οποία μπορεί να σε βοηθήσει να μετατρέψεις τη ζωή σου σε μια θαυμάσια, συναρπαστική, ωραία γιορτή διαρκείας. Γιατί, για κάτι τέτοιο προορίζεται η ζωή. Μόνο που δεν το έχουν κατανοήσει πολλοί μέχρι τώρα, καθώς ακόμη δεν θέλουν να το πιστέψουν.
Τι γνώμη έχεις για τους ανθρώπους, όχι μόνο για τον άντρα σου, τη γυναίκα σου ή την πεθερά σου; Όχι, εγώ εννοώ τη βασική σου στάση απέναντι σε όλους τους ανθρώπους. Σε ενδιαφέρουν καθόλου οι άλλοι άνθρωποι; Είσαι περίεργος για τους άλλους; Σου αρέσει να κάνεις νέες γνωριμίες; Πόσες καινούριες γνωριμίες έχεις κάνει, για παράδειγμα, την τελευταία εβδομάδα; Η στάση σου και οι σκέψεις σου για τους συνανθρώπους σου προφανώς δεν σου είναι ιδιαίτερα συνειδητές. Όμως, αξίζει να τις παρατηρήσεις πιο προσεκτικά. Μη νομίζεις πως δεν καλλιεργείς πολλές σκέψεις για τους άλλους. Μέσα σου κατοικούν χιλιάδες σκέψεις για τους άλλους, για τους σχεδόν επτά δισεκατομμύρια συγκατοίκους σου σε αυτή τη γη.

Θέλω να σου προτείνω μερικές σκέψεις για τους συνανθρώπους σου. Αφουγκράσου τον εαυτό σου και εξακρίβωσε τι σκέφτεσαι και τι όχι:

- Χαίρομαι να κάνω συνεχώς νέες γνωριμίες.
- Βρίσκω τους άλλους ανθρώπους συναρπαστικά ενδιαφέροντες.
- Ζητώ πάντα να ανακαλύπτω ό,τι ωραίο και μοναδικό διαθέτουν οι άλλοι άνθρωποι.
- Κάθε άνθρωπος που συναντώ έχει ένα μήνυμα για μένα.
- Σε κάθε συνάντηση με έναν άλλον άνθρωπο μπορώ να ανακαλύψω ένα δώρο.
- Κάθε άνθρωπος αντικατοπτρίζει κάτι από εμένα τον ίδιο.
- Κάθε άνθρωπος είναι στην πραγματικότητα ένας άγγελος.
- Κάθε άνθρωπος είναι για μένα ένα θαύμα.
- Σε κάθε άνθρωπο συναντώ το Θεό.
- Αγαπώ τους άλλους ανθρώπους.

Τώρα: Πιστεύεις ότι αληθεύει κάποια από τις προτάσεις αυτές; Και ποια από αυτές τις προτάσεις σού δημιουργούν μάλλον στομαχόπονο; Δυσκολεύεσαι να δεις στο πρόσωπο του πατέρα σου ή της πεθεράς σου ή του προϊσταμένου σου έναν άγγελο; Στη ζωή κάθε ανθρώπου υπάρχουν ιδιαίτερα «δύσκολοι» άνθρωποι στο πρόσωπο των οποίων δεν ανακαλύπτουμε τόσο γρήγορα έναν άγγελο, αλλά πολύ περισσότερο θα τους στέλναμε στο διάβολο. Αυτό είναι ανθρώπινο. Δεν πρόκειται εδώ για καταπίεση του στομαχόπονου ή της οργής μας, της απογοήτευσης ή του θυμού μας. Όλα έχουν το σκοπό τους. Εάν, όμως, προβληματιστούμε πάνω στο γιατί η συμβίωσή μας με άλλους είναι συχνά τόσο δύσκολη, τότε πρέπει να παραδεχτούμε πως έχουμε εμείς οι ίδιοι δημιουργήσει αυτές τις δυσκολίες και πως συνεχίζουμε να τις διατηρούμε. Ο καθένας μας έχει απογοητευθεί, απατηθεί, πληγωθεί, αποθαρρυνθεί ή κακομεταχειρισθεί από άλλους ανθρώπους. Ο καθένας μας έχει βιώσει ένα σωρό απογοητεύσεις και προσβολές από τους γονείς του, αδιάφορο το αν ακόμη το θυμόμαστε ή όχι. Οι περισσότεροι έχουν απωθήσει για τα καλά αυτές τις αναμνήσεις. Αυτό σημαίνει πως όλοι μας έχουμε ήδη βιώσει αρκετές εμπειρίες που μας έκαναν να σκεφτόμαστε: «Πρέπει να φυλάγεσαι από τους άλλους ανθρώπους. Οι άλλοι άνθρωποι συχνά σε απογοητεύουν ή σε πληγώνουν.» Αυτή είναι και μια από τις βασικές σκέψεις που κουβαλούν εκατομμύρια άνθρωποι μέσα τους και συχνά τις επαναλαμβάνουν στην καθημερινή τους ζωή. Μεταξύ των περισσότερων ανθρώπων κυριαρχεί δυσπιστία αντί για εμπιστοσύνη. Προϋποθέτουμε πως στην καρδιά πολλών ανθρώπων υπάρχει πολλή κακία, ευτέλεια, πονηριά, πως θέλουν να μας τη «φέρουν.» Και πως οι άλλοι θα μας πληγώσουν μόλις τους ανοίξουμε την καρδιά μας. Δεν πιστεύουμε πως κάθε άνθρωπος έχει ένα δώρο για μας. Δεν είμαστε βέβαια τόσο αφελείς. «Δεν είμαι χαζός», θα έλεγες ίσως. Άλλοι πάλι θα έλεγαν: «Είναι συνετό να είναι κανείς δύσπιστος ή προσεκτικός με άλλους ανθρώπους.» Επίσης, οι παρακάτω «σοφίες» δε θα σου είναι άγνωστες:

● Καλή η εμπιστοσύνη, καλύτερος ο έλεγχος.
● Ο άνθρωπος είναι εχθρός του ανθρώπου.
● Η προσοχή είναι η μητέρα της πορσελάνης.
● Πρόσεχε τους ξένους.
● Οι άντρες είναι όλοι τους …
● Οι άντρες θέλουν ένα πράγμα.
● Οι γυναίκες είναι όλες τους …

Βρες τα πιστεύω σου για άλλους ανθρώπους και τη βασική σου στάση απέναντί τους. Από την κατάσταση των σχέσεών σου μπορείς να συμπεράνεις τι σκέφτεσαι μέσα σου σχετικά με αυτό. Αν αισθάνεσαι συχνά μοναχικός, τότε εσύ έχεις φροντίσει γι' αυτό. Εσύ απομακρύνθηκες ψυχικά από τους άλλους. Αν δεν έχεις πολλούς φίλους, αν δε σε αγαπάνε πολλοί, τότε έσπειρες δυσπιστία και φόβο μέσα σου με τις σκέψεις σου σχετικά με τον κόσμο και τους άλλους. *Είσαι σήμερα πρόθυμος να αναλάβεις την ευθύνη για το ότι εσύ ο ίδιος δημιούργησες όλα αυτά με τη βασική σου στάση, με τις συχνά ασυνείδητες αποφάσεις σου να σκέφτεσαι έτσι κι όχι αλλιώς;* Όλοι μας κάποτε απομακρυνθήκαμε από κάποιους – πρώτα στη σκέψη μας και μετά και στην πραγματικότητα –, εμείς οι ίδιοι σκάψαμε λάκους και ανυψώσαμε τείχη όταν αρχίσαμε να κατηγορούμε. Είπαμε τότε: «Εσύ φταις για τη δυστυχία σου.» Το παλιό παπούτσι «κατάκριση» μάς έχει γίνει τόσο προσιτό και τέτοια συνήθεια, που συχνά ούτε καν το συνειδητοποιούμε. Είναι σαν κάποιος ιός ο οποίος έχει διεισδύσει βαθιά στη σκέψη μας. Γι' αυτό πολλοί δεν μπορούν να φανταστούν το «σκέπτεσθαι» δίχως κατάκριση. Κι εσύ, αν δεν το αποφασίσεις τελείως συνειδητά, δεν πρόκειται να αποκαλύψεις αυτόν τον ιό. Ο ιός αυτός είναι υπεύθυνος για το γεγονός ότι απομακρυνόμαστε ολοένα και περισσότερο ο ένας από τον άλλον, για το ότι όλο και περισσότεροι άνθρωποι απομονώνονται, παρόλο που δεν υπήρχαν ποτέ μέχρι τώρα στη γη τόσο πολλές δυνατότητες επικοινωνίας κι επαφής. Την κατάκριση του «άλλου», ο οποίος διαθέτει διαφορετική σκέψη, κάνει διαφορετικές πράξεις και έχει διαφορετική εμφάνιση και διαφορετικά πιστεύω και την κατάκριση των πλησίων μας, της γυναίκας και του άντρα μας, την κατάκριση των γονέων μας και των παιδιών μας, την κατάκριση του προϊσταμένου μας και των συναδέλφων μας, των γειτόνων μας και των πρώην συντρόφων μας – την κατάκριση αυτή δεν την ανακόπτει τίποτε. Ούτε εμείς οι ίδιοι.

Όπως μας έδειξε το κεφάλαιο «Τι σκέφτεσαι για τον εαυτό σου;», όλοι μας έχουμε κατηγορήσει και τον εαυτό μας και το κάνουμε μάλιστα καθημερινά.

Ποια σχέση έχεις με τους συνανθρώπους σου; Διαφέρει αυτή από εκείνη του κοινωνικού συνόλου; Εάν ναι, τότε έχεις ήδη πάρει συνειδητά τις δικές σου αποφάσεις έναντι της μάζας. Οι περισσότερες σχέσεις μεταξύ των ανθρώπων καθοδηγούνται από φόβο, προσοχή, ζήλεια, φθόνο, δυσπιστία, απληστία, αγώνα και ανταγωνισμό. Και εμείς όλοι έχουμε παίξει το παιχνίδι της κατάκρισης. Πόσο καιρό ακόμη θέλεις να συνεχίσεις να το παίζεις;

Δεύτερο βήμα:
Το μεγάλο ΝΑΙ! – Αναγνώρισε τι είναι.

Ό,τι εμφανίζεται στη ζωή σου χρειάζεται αναγνώριση και σεβασμό. Ό,τι είναι είναι. Δίχως καμία αξιολόγηση. Δεν είναι καλό ούτε άσχημο, απλά υπάρχει. Μην κατηγορείς, μην απορρίπτεις ό,τι είναι ήδη εδώ. Το να κατηγορείς, να αρνείσαι, δηλαδή, αυτό που ήδη υπάρχει, είναι η πηγή κάθε έγνοιας. Καθετί επιθυμεί την αναγνώριση και την αγάπη, όπως κι εσύ ο ίδιος: τα συναισθήματά σου, η αρρώστια σου, οι συνάνθρωποί σου, όλες οι δημιουργίες σου. Το να πεις ΝΑΙ σε αυτό που υπάρχει σημαίνει πως συνάπτεις ειρήνη με τη ζωή. Αναγνωρίζεις πως: Δεν υπάρχει τίποτε χωρίς νόημα, τίποτε ανόητο στη ζωή. Ό,τι υπάρχει έχει κάποιο νόημα και δικαίωμα ύπαρξης, ακόμη και αν εσύ αυτό το νόημα μπορείς να το κατανοήσεις πολύ αργότερα.

▦ **Όλα σου τα προβλήματα προκύπτουν από το δικό σου ΟΧΙ!**

Ό,τι συναντήσεις στη ζωή επιθυμεί να το αντιληφθείς, να το κοιτάξεις και να το αντιμετωπίσεις με μια καταφατική στάση που να λέει: «Κι εσύ επιτρέπεται να είσαι εδώ! Κι εσύ έχεις δικαίωμα ύπαρξης.» Αδιάφορο αν πρόκειται για τον πονοκέφαλό σου ή για την οργή σου, ή αν πρόκειται για τον κακόκεφο άντρα σου ή για τον άδειο λογαριασμό σου στην τράπεζα ή απλά για τη βροχή έξω. Γιατί, όλα αυτά είναι ήδη εδώ. Όταν το πάρεις χαμπάρι, δε μπορείς να σβήσεις ούτε τον πονοκέφαλό σου ούτε τον άντρα σου ούτε τη γυναίκα σου ούτε τη βροχή εκεί έξω ...
Εμείς, όμως, αντιδρούμε στα δυσάρεστα της ζωής μας με πολλά ΟΧΙ. Όλη μας η αντίδραση, ο θυμός μας, η οργή μας, οι σκέψεις μας λένε: «Όχι. Δε θέλω να είναι τώρα εδώ. Δε θέλω να έχω πονοκέφαλο, δε θέλω έναν κακόκεφο άντρα,

δε θέλω μια εκνευριστική γυναίκα, δε θέλω τώρα να βρέχει!» Κανένα ζώο και κανένα φυτό δε θα αντιδρούσε έτσι, μόνο εμείς οι άνθρωποι τολμάμε να λέμε «Όχι» σε κάτι που ήδη υπάρχει. Το δικό μας ΟΧΙ, η απόρριψη πολλών πραγμάτων, συναισθημάτων, ανθρώπων και γεγονότων δημιουργεί το πραγματικό πρόβλημα. Το ότι έξω βρέχει δεν είναι πρόβλημα. Μόνο όταν μέσα μου αντιδρώ και λέω στον εαυτό μου πως τώρα θα ήθελα να είχε λιακάδα, μόνο τότε προκύπτει το πρόβλημα. Είναι, λοιπόν, η αντίδραση σε κάτι που εμφανίζεται στη ζωή μας που κάνει τα πράγματα δύσκολα και όχι το ίδιο το γεγονός. Κάθε γεγονός είναι καταρχάς ουδέτερο. Είναι όπως είναι. Εμείς, όμως, αν και τη στιγμή αυτή δεν μπορούμε να αλλάξουμε τίποτε, απολύτως τίποτε σε αυτό που υπάρχει τώρα ή υπήρχε μέχρι τώρα, τίποτε στο κακόκεφο ή εκνευρισμένο βλέμμα του συντρόφου μας, τίποτε στην κατάσταση του τραπεζικού μας λογαριασμού, τίποτε στον πονοκέφαλο και επίσης τίποτε στο γεγονός ότι βρέχει, εντούτοις δε θέλουμε να το αποδεχθούμε έτσι όπως είναι. Δεν αποδεχόμαστε ένα σωρό πράγματα στη ζωή μας. Πολλά δεν θέλουμε να τα αποδεχθούμε. Θυμώνουμε για πολλά. Απομακρυνόμαστε από πολλά, δε θέλουμε να τα κοιτάξουμε καν και ούτε να τα αποδεχθούμε έτσι όπως μας βρίσκουν αυτή τη στιγμή. Εάν συνειδητοποιήσεις το μεγάλο ΟΧΙ στη ζωή σου, εάν συνειδητοποιήσεις πως δημιουργείς και ενισχύεις τα προβλήματα στη ζωή σου, τότε κάνεις ένα σημαντικό βήμα για να διευκολύνεις τη ζωή σου και να αλλάξεις το βασανιστικό σου παιχνίδι.

Εάν θέλεις να διευκολύνεις τη διαδικασία, τότε θέσε στον εαυτό σου τις εξής ερωτήσεις και απάντησέ τς, αν γίνεται γραπτώς:
Τι απορρίπτω στη ζωή μου και στον εαυτό μου που τώρα ήδη υφίσταται; Πού βρίσκονται οι ακατάστατες γωνίες στη ζωή μου, τις οποίες μέχρι τώρα δεν θέλω να τις κοιτάξω; Ποια θέματα μου ήταν μέχρι σήμερα τόσο καυτά, ώστε ούτε ήθελα καν να τα σκέφτομαι; Τι μου αρέσει να απωθώ μέχρι σήμερα; Για ποιο πράγμα θυμώνω κι εκνευρίζομαι διαρκώς; Τι περι-

φρονώ στον εαυτό μου και στους άλλους; Τι φοβάμαι; Με ποιο πράγμα δεν ασχολήθηκα μέχρι τώρα, αν και από καιρό με καταθλίβει; Από τι δραπετεύω μέχρι τώρα; Τι μισώ; Τι πολεμάω; Με ποιον ή με τι δεν έχω ειρήνη;

Όλες αυτές οι ερωτήσεις σε οδηγούν στα ιδιαίτερά σου ΟΧΙ στη ζωή! Σε περιμένουν. Κανένα από αυτά τα προβλήματα δε θα εξαφανιστεί από μόνο του όσο συνεχίζεις να διατηρείς το ΟΧΙ. (Προτεινόμενη άσκηση: Αφιέρωσε μια ώρα χρόνο για να απαντήσεις γραπτώς στις παραπάνω ερωτήσεις. Γράψε ό,τι σου έρθει στο νου.) Κάθε ΟΧΙ αντιπροσωπεύει μια σύγκρουση. Η σύγκρουση αυτή βρίσκεται μόνο μέσα σου. Και καθεμιά από αυτές τις συγκρούσεις σού αφαιρεί δύναμη ζωής, σε κάνει βαρύ και σε υποβιβάζει. Δεν είναι η ζωή δύσκολη, δεν έκανες εσύ δύσκολη την ζωή σου αλλά το ΌΧΙ σου. Γύρισε τώρα σελίδα. Όταν λέμε «Όχι» σε αυτό που ήδη υπάρχει, αντιστεκόμαστε σε έναν νόμο της φύσης που ποτέ δεν μπορούμε να τον πατάξουμε. Ο νόμος αυτός έχει ως εξής: Αυτό που απορρίπτω, παραμένει. Εκείνο που αποδέχομαι μπορεί να αλλάξει και αλλάζει. Κάθε «Όχι», συνεπώς, σημαίνει ένα μη φυσικό μπλοκάρισμα ενέργειας·η ενέργεια παύει να ρέει. Ο Ρ΄taah, ο πνευματικός δασκαλος, σημειώνει εδώ: «Ό,τι απορρίπτεις τού δίνεις δύναμη!» Αυτό σημαίνει πως δίνουμε δύναμη σε εκείνο που θέλουμε αντίθετα να αποδυναμώσουμε. Το ισχυρότερο «Όχι» υφίσταται τότε, όταν μισούμε: «Ό,τι μισείς αυτό θα γίνεις.» (Ρ΄taah)

Πόσο πολύ ισχύει η τελευταία πρόταση, το καταλαβαίνουν οι περισσότεροι σύζυγοι όταν ακούσουν από τον αγαπημένο τους σύντροφο ή την αγαπημένη τους σύντροφο: «Είσαι ίδια η μητέρα σου!» Ή: «Είσαι ίδιος ο πατέρας σου!» Η πρόταση αυτή πονάει εκείνον στον οποίο απευθύνεται. Και όσο μεγαλύτερος είναι ο πόνος, τόσο πιο εύστοχη είναι η δήλωση. Γιατί, πόσοι από εμάς δεν έλεγαν όταν ακόμη βρίσκονταν υπό την επιρροή των γονέων τους σφίγγοντας τη γροθιά τους στην τσέπη: «Ποτέ δεν θέλω να γίνω σαν τη μαμά μου ή σαν τον μπαμπά μου.» Αυτό, όμως, που ποτέ δε θέλεις να γίνεις αυτό προφανώς γίνεσαι. Οι αποδοκιμασμένες ιδιότητες και οι τρόποι συμπεριφοράς της μαμάς ή του μπαμπά κολλάνε πολύ σταθερά πάνω μας, ακόμη κι αν ντρεπόμαστε πολύ γι' αυτές.

Κοίταξε, σε παρακαλώ, τις συνήθεις αντιδράσεις σου σε ό,τι αφορά τα ΟΧΙ που θέτεις στην καθημερινότητά σου, με τις οποίες κάνεις τη ζωή σου δίχως λόγο δύσκολη. Ξυπνάς το πρωί, κοιτάζεις έξω, βλέπεις τη βροχή και σκέφτεσαι: «Τι παλιόκαιρος.» Για φαντάσου ένα δέντρο να ξυπνάει το πρωί και βλέποντας πως έχει χιονίσει να λέει: «Τι παλιόχιονο.» Αυτό ακούγεται τρελό, αλλά το ίδιο τρελό είναι και το δικό μας «Όχι.» Παλιόκαιρος δεν υπάρχει στη φύση, μόνο στο μυαλό μας με το οποίο παράγουμε ένα τέτοιο παλιοσυναίσθημα. Η σκέψη μας μάς κατεβάζει, μας κάνει βαρύτερους κι έτσι κουβαλάμε μεγαλύτερο φορτίο στους ώμους μας. Καταφέραμε να φορτώσουμε στη ζωή μας μεγαλύτερο βάρος.

Κάθε φορά που διαμαρτυρόμαστε, απορρίπτουμε, κατακρίνουμε, αυτό το λέμε στη γλώσσα μας «παραπονιέμαι.» Παραπονιόμαστε και ούτε που βλέπουμε τι κάνουμε αλήθεια. Δυσκολεύουμε τη ζωή μας όταν παραπονιόμαστε απέναντι στο σύμπαν που μας έστειλε βροχή αντί για λιακάδα. Σκέψου την επόμενη φορά πριν παραπονεθείς σε κάποιον. Αξίζει πραγματικά τον κόπο; Για πού τρέχεις; Τι δε θέλεις να παραδεχτείς ενώ αυτό υπάρχει ήδη από καιρό;

Ένα παράδειγμα, στο οποίο μπορείς να διακρίνεις καλά την τρέλα στη συμπεριφορά μας είναι, όταν ξαφνικά στην Εθνική Οδό συναντήσεις κυκλοφοριακή συμφόρηση. Τίποτε δεν προχωράει, όλοι έχουν σταματήσει κι εσύ έχεις ένα σημαντικό ραντεβού. Τι συμβαίνει τώρα μέσα σου; Γίνεται χαμός, θα έλεγες ίσως. Βράζεις από το θυμό σου: «Δεν το πιστεύω! Πρέπει σε λίγο να είμαι στο ραντεβού μου. Γιατί δεν προχωράμε; Θα τρελαθώ. Δεν μπορεί να είναι αλήθεια…» Και θα 'πρεπε μάλιστα να έβλεπες το πρόσωπό σου. Πώς έμπλεξες στο μποτιλιάρισμα; «Γιατί ένας ηλίθιος εκεί μπροστά μάλλον δεν θα πρόσεξε.» Εγώ σου απαντώ:

«Γιατί τώρα πρέπει να βρίσκεσαι εδώ στην κυκλοφοριακή συμφόρηση.» Γιατί; Γιατί βρίσκεσαι στην κυκλοφοριακή συμφόρηση. Όποιος βρίσκεται στην κυκλοφοριακή συμφόρηση πρέπει να βρίσκεται στην κυκλοφοριακή συμφόρηση. Αυτή είναι η γλώσσα της πραγματικότητας. Προσπάθησε να την καταλάβεις. Αυτό που είναι, είναι. Τέλος! Μπορείς να τσιρίζεις, να φωνάζεις, να εξοργίζεσαι, να γίνεσαι ράκος ή να σκοτώνεις. Δεν κερδίζεις τίποτε. Αυτό που είναι τώρα, έτσι είναι: το μποτιλιάρισμα, η βροχή, ο ακάλυπτος τραπεζικός λογαριασμός σου, η αλλεργία σου, ο απογοητευμένος σου σύντροφος ή ό,τι άλλο συμβαίνει προς το παρόν στη ζωή σου.

Τώρα μπορεί να διαμαρτύρεσαι: «Την κυκλοφοριακή αυτή συμφόρηση δεν τη δημιούργησα όμως εγώ!» Και βέβαια το έκανες, μα όχι μόνος σου αλλά μαζί με άλλους οδηγούς αυτοκινήτων που βρίσκονται και αυτοί μπλοκαρισμένοι, είναι ένα μποτιλιάρισμα από κοινού και καθένας που βρίσκεται εδώ επιτρέπεται να αναρωτηθεί με κατανόηση: «Μπορεί η κυκλοφοριακή συμφόρηση να αντικατοπτρίζει κάτι από τη ζωή μου; Τι πράγμα στη ζωή μου βρίσκεται σε στάση, σε μποτιλιάρισμα, πού υπάρχει εμπόδιση κυκλοφορίας; Τι έχω μαζέψει τα τελευταία χρόνια στον εαυτό μου πάλι και πάλι; Ίσως μερικά δυσάρεστα συναισθήματα όπως οργή, δυσαρέσκεια, διχόνοια, φόβος, ενοχή ή ντροπή; Δεν υπάρχουν τυχαία πράγματα στη ζωή, ούτε ένα, το καθετί έχει κάποια σημασία, όπως ακριβώς και κάθε μποτιλιάρισμα στο οποίο εμπλέκεσαι.

Κάθε κυκλοφοριακή συμφόρηση στην οποία εμπλέκεσαι σού φωνάζει: «Σταμάτα για λίγο! Πάρε μια βαθιά αναπνοή. Στρέψε την προσοχή σου στον εαυτό σου. Νιώσε το σώμα σου και αφουγκράσου πώς είναι. Έλα στα συγκαλά σου και ρίξε μια ματιά στη ζωή σου. Είσαι ευχαριστημένος με αυτήν; Βρες, επιτέλους, μια λύση γι' αυτό με το οποίο δε ζεις ειρηνικά. Διάλυσε, επιτέλους, τα εσωτερικά σου "μποτιλιαρίσματα", πριν να είναι πολύ αργά και το σώμα σου δε θα μπορεί να συμμετάσχει στη διάλυση αυτή.» Βλέπεις, το μποτιλιάρισμα είναι μια μοναδική πρόσκληση για διαλογισμό, για να στραφείς μέσα στον εαυτό σου. Και εάν δεν μπορείς να σκεφτείς τίποτε που να έχει νόημα και που να μπορείς να το κάνεις κατά τη διάρκεια μιας κυκλοφοριακής συμφόρησης, τότε βάλε να ακούσεις ένα από τα CD μου, για παράδειγμα εκείνο με τον τίτλο Πρέπει να τα καταφέρω! Σου λέω πως πολύ γρήγορα θα αρχίσεις να είσαι ανυπόμονος για το επόμενο μποτιλιάρισμα.

Όλες οι δημιουργίες μας έχουν μονάχα μια απαίτηση από εμάς: Να τις αναγνωρίσουμε, να τις παραδεχτούμε και να τις σεβαστούμε. Να αναγνωρίσουμε τον εαυτό μας ως δημιουργό τους και να το ομολογήσουμε. Να στραφούμε σε εκείνες που δεν αγαπάμε με αφοσίωση, με επίγνωση, με ένα μεγάλο «ΝΑΙ, επιτρέπεται να είσαι εδώ.» Μια από τις πλέον δυνατές προτάσεις στη θεραπεία μου και στα σεμινάριά μου είναι λοιπόν η πρόταση:

«Ό,τι είναι τώρα εδώ
(στην εσωτερική και εξωτερική πραγματικότητά μου),
επιτρέπεται να είναι τώρα εδώ, γιατί εγώ ο ίδιος το
επιτρέπω!»

Το να λες «Όχι», η απόρριψη, είναι το αντίθετο της αγάπης, είναι μια πράξη της μη αγάπης. Το να παραδεχθείς αυτό που υφίσταται είναι πράξη αγάπης. Όπως είπα και παραπάνω: Μόνο όταν αποδεχτείς κάτι τότε αυτό το κάτι μπορεί να αναπτυχθεί περαιτέρω, μπορεί να αλλάξει. Αυτό μπορείς να το νιώσεις στο ίδιο σου το σώμα. Από ποιον άνθρωπο δε χρειάζεται να κρύψεις τίποτε και μπορείς να είσαι όπως είσαι; Ποιος σε παραδέχεται έτσι όπως είσαι; Ως επί το πλείστον αυτός ο άνθρωπος είναι η καλύτερή σου φίλη ή ο καλύτερός σου φίλος. Θυμήσου πόσο χαλαρά μπορείς να καθίσεις στην κουζίνα του/ της, να απλώσεις τα πόδια σου, να μην χρειάζεται να κρύψεις τίποτε, να μην πρέπει να παίξεις κανέναν ρόλο. Σου κάνει απλά καλό να μπορείς να είσαι εκεί, δίχως να πρέπει να προσέξεις μήπως κάτι δεν του ταιριάζει. Γιατί η φίλη σου/ ο φίλος σου λέει: «Μπορείς να είσαι όπως είσαι. Σε παραδέχομαι όπως είσαι.» Αυτό σημαίνει αποδοχή και αυτό είναι αγάπη. Έτσι ακριβώς τα πάντα στη ζωή σου ποθούν την αγάπη σου και την αποδοχή σου. Διερεύνησε συστηματικά ό,τι μέχρι σήμερα απορρίπτεις μέσα σου και στις σχέσεις σου και μετάτρεψε το ΟΧΙ σου σε ΝΑΙ. Και ας ελπίσουμε πως ο ΕΡΙΧ ΦΡΙΝΤ με το παρακάτω ποίημα θα σου χαρίσει ηρεμία κατά τη διαδικασία αυτή.

Είναι ό,τι είναι*

Είναι ανοησία
λέει η λογική
Είναι ό,τι είναι
λέει η αγάπη

Είναι δυστυχία
λέει η ιδιοτέλεια
Δεν είναι άλλο παρά πόνος
λέει ο φόβος
Είναι μάταιο
λέει η αντίληψη
Είναι ό,τι είναι
λέει η αγάπη

Είναι γελοίο
λέει η περηφάνεια
Είναι επιπόλαιο
λέει η πρόληψη
Είναι αδύνατο
λέει η πείρα
Είναι ό,τι είναι
λέει η αγάπη

Έριχ Φρινт (Erich Fried) *

*Από: Erich Fried, Είναι ό,τι είναι (Es ist was es ist) εκδόσεις Klaus Wagenbach, Βερολίνο 1983.

131

⊞ **Όλες οι λύσεις των προβλημάτων αρχίζουν με ένα ΝΑΙ!**

Μόνο εσύ είσαι σε θέση να μετατρέψεις όλα σου τα ΟΧΙ, τα πολλά μικρά όπως και τα μεγάλα ΟΧΙ της καθημερινής σου ζωής. Το πρώτο βήμα ήταν να συνειδητοποιήσεις με θάρρος σε τι είπες μέχρι τώρα «Όχι.» Το δεύτερο βήμα θα είναι να μετατρέψεις συστηματικά τα ΟΧΙ σου σε ΝΑΙ. Κάθε ΟΧΙ στη ζωή, σε ό,τι ήδη υπάρχει, είναι ενάντια στην αγάπη, ενάντια στην αποδοχή. Και γι' αυτό δημιουργεί τριβή, ρίχνει άμμο στα γρανάζια και αρχίζει να τρίζει. Κάθε ΝΑΙ σημαίνει αποδοχή αυτού που υφίσταται, σημαίνει παραδέχομαι, συμβαδίζω, συναισθάνομαι, συν-ρέω. Κάθε ΝΑΙ δημιουργεί αρμονία και ειρήνη στη ζωή σου. Πώς είναι όμως αυτό το «λέγειν ναι»; Δεν σημαίνει να λες «Ναι και αμήν», να συμβιβάζεσαι με μια κατάσταση για πάντα. Η πιο ωφέλιμη πρόταση που μπορείς να υιοθετήσεις στη ζωή σου είναι: *«Ό,τι υπάρχει επιτρέπεται τώρα να υπάρχει!»* Αυτό αφορά σ' εκείνο που βρίσκεται μέσα σου («Όλα μέσα μου επιτρέπεται να υπάρχουν!») και ό,τι αντιλαμβάνεσαι στην εξωτερική πραγματικότητα.

Κλείσε για μερικά δευτερόλεπτα τα μάτια σου και πες την πρόταση μερικές φορές δυνατά: «Όλα μέσα μου επιτρέπεται τώρα να υπάρχουν!» Εάν έχεις τώρα πονοκέφαλο ή κάποιους άλλους πόνους, τότε επιτρέπεις στον πόνο αυτό να είναι τώρα εδώ. Δε σημαίνει πως ο πόνος πρέπει να παραμείνει και αύριο εδώ. Όμως τώρα, τη στιγμή αυτή, είναι ήδη εδώ. Και η αντίστασή σου απέναντί του, το ΟΧΙ σου και το ότι θυμώνεις εξαιτίας του, αυτό είναι που τον δεσμεύει και δεν τον αφήνει να φύγει.

Αυτός είναι ένας από τους βασικούς νόμους της φύσης, τον οποίο μπορείς από τώρα να εφαρμόσεις στη ζωή σου: *Σε ό,τι λέμε ΟΧΙ, ό,τι απορρίπτουμε (με όποιο τρόπο και να το κάνουμε αυτό), αυτό παραμένει στη ζωή μας, δεν μπορεί πλέον να αλλάξει. Ό,τι αποδεχόμαστε, σε ό,τι λέμε τώρα ΝΑΙ, μπορεί να αλλάξει, μπορεί να ρεύσει και ρέει.*

Αισθάνεσαι τι εργαλείο μπορεί να γίνει αυτό για σένα; Όλη τη βαρύτητα μπορείς να τη μετατρέψεις σε ελαφρότητα, όλες τις διαμάχες σε ειρήνη, όλα τα βάσανα σε χαρά. Το θέλεις αυτό; Ή μήπως σκέφτεσαι: «Είναι τόσο ωραίο για να είναι αληθινό»; Εάν το θέλεις, τότε να επιλέγεις πάντα αυτό το ΝΑΙ, την αποδοχή αυτού που ήδη υπάρχει, που υφίσταται εν μέρει πολύ καιρό στη ζωή σου και το οποίο για πολύ καιρό το απέρριπτες.

Η ζωή είναι σαν το ποτάμι, συνεχώς σε κίνηση, συνεχώς αλλάζουν όλα σε σένα και γύρω σου. Μη σταματάς αυτό το ποτάμι. Εγκατάλειψε το ΟΧΙ σου, τη σκέψη πως κάτι δεν επιτρέπεται ή δεν πρέπει να υπάρχει παρόλο που ήδη υπάρχει. Το να λες «Όχι» στη ζωή σημαίνει πως λες «Όχι» στην αγάπη. Όμως η ζωή σ' αγαπάει, θέλει μόνο το καλό σου, θέλει να σε γεμίσει δώρα. Το να λές «Ναι» στη ζωή και σε ό,τι εμφανιστεί (ιδιαίτερα σε αυτό που εσύ ο ίδιος δημιούργησες) σημαίνει πως αγαπάς. Η αγάπη αυτή ανοίγει το δρόμο προς την αλλαγή, φέρνει τα πράγματα πάλι στο επίκεντρο της ροής της ζωής. Όλα αρχίζουν και πάλι να ρέουν.

Τρίτο βήμα:
Ανακάλεσε τις κατηγορίες σου – και βίωσε τη συγχώρεση!

Συνειδητοποίησε πως κατηγόρησες και κατέκρινες. Απέρριψες πράγματα ή ανθρώπους, τα κατέταξες σε καλό και κακό, σε σωστό και λάθος αφού από την παιδική σου ηλικία καλλιεργούσες σκέψεις διαχωρισμού. Αυτό διαμόρφωσε τη ζωή σου. Εσύ ο ίδιος κατέκρινες τον εαυτό σου, κατέκρινες τους άλλους και κατέκρινες τη ζωή. Με τον τρόπο αυτό αποχωρίστηκες τη ζωή και την αγάπη. Πάρε τώρα πίσω τις κατηγορίες σου! Αναγνώρισε: «Έκανα λάθος. Νόμιζα πως εσύ είσαι ο θύτης κι εγώ το θύμα. Νόμιζα πως εγώ είμαι κακός και οι άλλοι καλοί. Σήμερα παραδέχομαι πως με κάθε κατηγορία κατηγορούσα μόνο εμένα δημιουργώντας διαχωρισμό και πόνο στη ζωή μου.»

▦ Συγχώρεσε τον εαυτό σου!

Οι περισσότεροι άνθρωποι δεν συνειδητοποιούν πως οι ίδιοι κατηγόρησαν τον εαυτό τους και το κάνουν κάθε μέρα από την αρχή. Στην κουλτούρα μας αποδοκιμάζεται το να τιμάς και να εκτιμάς τον εαυτό σου. Φαντάσου τώρα να συναντάς τον εαυτό σου το πρωί στον καθρέφτη του μπάνιου σου, να συγκεντρώνεσαι, να τον κοιτάζεις και μετά να υποκλίνεσαι μπροστά στον εαυτό σου. Αυτή τη σκέψη θα την απέρριπταν οι περισσότεροι άνθρωποι ως «παράλογη, τρελή, …» ή κάτι άλλο. Όμως, ακριβώς εδώ μπορούμε να δούμε σε ποια σχέση βρισκόμαστε με τον ίδιο μας τον εαυτό.

Ένα άλλο τεστ του αυτοθαυμασμού και της αγάπης προς τον εαυτό μας είναι η εξής άσκηση: Διάβασε τις επόμενες προτάσεις δυνατά στον εαυτό σου και νιώσε τις μέσα σου. Νιώσε πώς αντιδρά το μυαλό και πώς η καρδιά σου ή το σώμα σου σε αυτές. Οι προτάσεις αυτές είναι: *«Είμαι ένα θαυμάσιο κι όμορφο ον γεμάτο αγάπη. Είμαι υπέρμετρα αξιαγάπητος και με αγαπάνε υπέρμετρα. Και είμαι ευχή για όλους που διασταυρώνονται στο δρόμο μου.»* Τι λέει η λογική σου και τι η καρδιά σου όταν προφέρεις αυτές τις προτάσεις;

Όλοι μας είχαμε την τιμή να εξασκηθούμε ήδη από τα πρώτα παιδικά μας χρόνια σε μια κριτική, αρνητική και αποδοκιμαστική εικόνα του εαυτού μας. Εμπιστευθήκαμε τις σκέψεις και τις αντιδράσεις των ενηλίκων και συμπεράναμε από τη συμπεριφορά τους απέναντί μας πως κάτι δεν πάει καλά με εμάς. Κανέναν μας δεν τον αποδέχθηκαν και δεν τον αγάπησαν έτσι όπως ήταν και όπως συμπεριφερόταν. Οι γονείς μάς έθεταν πριν από την αγάπη και την αναγνώριση όρους: «Μόνο όταν θα είσαι πιο καθαρός, πιο φρόνιμος, πιο ήσυχος, πιο προσαρμοσμένος, πιο εργατικός, πιο ακριβής στην ώρα σου, όταν λές Ευχαριστώ και Παρακαλώ, όταν μοιράζεσαι με άλλους, εάν κοπιάζεις περισσότερο, εάν δεν είσαι τόσο άγριος, οξύθυμος, εξοργισμένος ή αγενής, τότε ...» – ναι, τότε μόνο μας έδιναν ως ανταμοιβή ψίχουλα αγάπης, λίγη προσοχή και αφοσίωση. Αλλά από την όλη αυτή διαδικασία καταλήξαμε τελικά να κατηγορούμε εμάς τους ίδιους.

Η βασική ιδέα κάθε παιδιού το αργότερο μετά το έκτο έτος της ηλικίας του είναι: «Έτσι όπως είμαι δεν είμαι αξιαγάπητος ή εντάξει. Πρέπει να κοπιάσω για να γίνω καλός. Πρέπει να κάνω κάτι για να με ανταμείψουν.»

Όποιος σκέφτεται πως πρέπει ή θέλει να είναι ένας καλός άνθρωπος, σκέφτεται στην πραγματικότητα: «Σήμερα δεν είμαι ακόμη καλός άνθρωπος, είμαι ελαττωματικός, πρέπει να βελτιωθώ.» Αυτό είναι προδοσία απέναντι στον ίδιο μας τον εαυτό. Γιατί κάθε άνθρωπος είναι ευθύς εξ αρχής καλός. Δεν υπάρχουν εκ φύσεως κακοί άνθρωποι. Υπάρχουν μόνο δυστυχισμένοι άνθρωποι, συγχυσμένοι άνθρωποι, άνθρωποι γεμάτοι φόβο, γεμάτοι διαστρεβλωμένες, αναληθείς σκέψεις για τον εαυτό τους, άνθρωποι που δεν τα βγάζουν πλέον πέρα με τα συναισθήματα που έχουν δημιουργήσει οι ίδιοι.

Αυτή η βασική στάση που κατακρίνει και που παίρνει την αγάπη πρέπει και μπορεί να διορθωθεί. Μόνο εμείς οι ίδιοι μπορούμε να το κάνουμε αυτό. Και αυτή τη διόρθωση της σκέψης την ονομάζω συγχώρεση. Αποσύρω όλο και περισσότερο τις κατηγορίες μου που εγώ διακήρυξα για τον εαυτό μου, γιατί παραδέχομαι: «Έκανα λάθος. Δεν είμαι κακός. Όμως, αυτό πίστευα. Κι επειδή το πίστευα, συσσωρεύθηκαν μέσα μου συναισθήματα ενοχής και ντροπής όπως και φόβος. Φοβόμουν μήπως δεν είμαι αρκετά καλός, φοβόμουν μην με απορρίψουν οι άλλοι, φοβόμουν πως άλλοι θα μπορούσαν να ανακαλύψουν ότι είμαι κακός άνθρωπος, φοβόμουν μη ρεζιλευτώ, φοβόμουν μη μείνω μόνος μου, φοβόμουν μη με εγκαταλείψουν. Όλα αυτά ήταν δικές μου δημιουργίες, δικό μου έργο. Σήμερα, θέλω να θέσω ένα τέλος σε αυτόν το δρόμο της κατάκρισης και να ανοίξω ένα νέο κεφάλαιο σε σχέση με εμένα τον ίδιο. Συγχωρώ όλα αυτά που έκανα στον εαυτό μου με σκέψεις, με πράξεις και με έργα.»

Το να συγχωρέσω τον εαυτό μου δεν είναι έργο μονόπρακτο. Είναι ένας δρόμος. Αυτό δε γίνεται έτσι εύκολα με μια άσκηση. Συγχώρεση του εαυτού σου σημαίνει μεταξύ άλλων την προθυμία να αμφιβάλλεις για τα πάντα, για ό,τι μέχρι τώρα έχεις σκεφτεί για τον εαυτό σου. Συγχώρεση του εαυτού σου σημαίνει το να παραδεχθείς για μια έστω φορά πως δεν γνωρίζεις ακόμη πραγματικά τον εαυτό σου. Σημαίνει το να φανταστείς πως μέσα μας υπάρχουν ακόμη πολλές άγνωστες όμορφες πτυχές, θησαυροί που περιμένουν να τους ανακαλύψουμε και να τους βγάλουμε στο φως. Σημαίνει πως η ζωή αυτή υπάρχει για να γιορτάζουμε, για να γελάμε, να αγαπάμε και να χορεύουμε. Ξέρω πως γι' αυτό χρειάζεσαι θάρρος. Αυτό όμως δεν έχει καμία σχέση με την περίφημη κοινωνία της διασκέδασης αλλά με την αληθινή, βαθιά χαρά.

Το να συγχωρήσω τον εαυτό μου σημαίνει προπάντων να αρχίσω να συμπεριφέρομαι σ' εμένα από τώρα διαφορετικά και με καινούριο τρόπο στην καθημερινή μου ζωή, να χτίσω μια πραγματικά συνειδητή σχέση με μένα. Αυτό φαντάσου το κάπως έτσι: Με το πιο σημαντικό άτομο της ζωής μας, δηλαδή με εμάς τους ίδιους, ελάχιστοι έχουν μια συνειδητά καλή σχέση. Οι περισσότεροι διατηρούν με το αυτοκίνητό τους καλύτερη σχέση από ότι με τον ίδιο τους τον εαυτό. Αυτό σημαίνει το να πάρεις την απόφαση να γνωρίσεις τον εαυτό σου καλά, να τον αποδεχθείς πλήρως και να μάθεις να τον αγαπάς απόλυτα. *Και σημαίνει επίσης το να συνάψεις ειρήνη με όλο σου το παρελθόν.* Σημαίνει να το ευλογήσεις και να σκεφτείς πως όλα στο παρελθόν σου ήταν χρήσιμα και είχαν ως σκοπό να φτάσεις ακριβώς σε αυτό το σημείο στο οποίο βρίσκεσαι σήμερα.

Σε πολλούς ανθρώπους δεν είναι σαφές πώς λειτουργεί η αποδέσμευσή τους από το παρελθόν τους, γιατί αυτό δεν υπάρχει πουθενά αλλού παρά μόνο εκεί. Αλλά το πώς αυτό υπάρχει, αυτό εξαρτάται εξ ολοκλήρου από εμάς τους ίδιους. Το παρελθόν δεν είναι κάτι αντικειμενικό. Το να αποδεσμεύσεις το παρελθόν σου και να το αφήσεις ελεύθερο σημαίνει να το αναγνωρίσεις ως δρόμο σου και να αποδεχθείς ό,τι συνέβη. Η αποδέσμευση γίνεται με την αποδοχή. Στο σημείο αυτό δεν εννοώ να το ξεφορτωθείς. Και η απελευθέρωση του παρελθόντος επέρχεται με το να συνάψεις ειρήνη με όλα αυτά που υπήρξαν: με όλους τους ανθρώπους και όλα τα γεγονότα, όλα τα τραύματα και όλες τις απογοητεύσεις κλπ.

Σίγουρο είναι το εξής: τον περισσότερο μέχρι τώρα χρόνο της ζωής μας δεν αγαπούσαμε τον εαυτό μας. Κι αυτό δεν το αποφασίσαμε τότε συνειδητά, απλά το υιοθετήσαμε. Σίγουρο είναι όμως επίσης πως αυτό μπορούμε να το στρέψουμε κατά 180 μοίρες! Μπορούμε να μάθουμε να αγαπάμε τον εαυτό μας. Πρέπει, όμως, να το αποφασίσουμε συνειδητά, αδιάφορο αν ήδη γνωρίζουμε ή όχι πώς γίνεται αυτό. Πρέπει, επιτρέπεται, μπορείς να αποφασίσεις να αγαπάς τον εαυτό σου. Επιτρέπεται και μπορείς να ανοίξεις την καρδιά σου για όλα αυτά που μέχρι τώρα απέρριπτες στον εαυτό σου. *Άνοιξε την καρδιά σου για την αγάπη προς εσένα τον ίδιο!* Αυτό όχι μόνο ακούγεται καλό. Είναι και καλό. Και λειτουργεί επίσης πολύ πρακτικά. Ο δρόμος της καρδιάς, ο δρόμος της αγάπης είναι ο μοναδικός δρόμος που οδηγεί στην ειρήνη, τη διαύγεια και την αρμονία.

⊞ Συγχώρεσε όλους τους ανθρώπους της ζωής σου!

Κάποιος που δεν έχει συγχωρήσει πραγματικά τον ίδιο του τον εαυτό και δε ζητάει ούτε οικοδομεί τη θετική, στοργική σχέση με τον εαυτό του δεν είναι επίσης σε θέση να συγχωρήσει πραγματικά τους άλλους. Γιατί, και στη σχέση με τους άλλους η συγχώρεση είναι το στοιχείο-κλειδί. Για να βρούμε την ειρήνη σε μας και στη ζωή μας πρέπει να μάθουμε να συγχωρούμε. Δεν υπάρχει άλλος δρόμος. Μη ειρήνη σημαίνει κατάκριση, ειρήνη σημαίνει συγχώρεση, σημαίνει ανάκληση των κατηγοριών, σημαίνει νέο βλέμμα προς αυτόν που μέχρι τώρα κατηγορούσα.

Πώς μπορούμε να συγχωρήσουμε τους άλλους; Τους γονείς μας, τους συντρόφους μας και τους πρώην συντρόφους μας, όλους αυτούς που υποτίθεται πως μας πλήγωσαν, για τους οποίους νιώσαμε οργή, θυμό, απογοήτευση, απόρριψη, φόβο, φθόνο και λοιπά; Όπως ανέφερα ήδη, όλα αυτά τα άτομα βρίσκονται ανάμεσα σ' εμάς και στην ειρήνη της καρδιάς μας.

Το να συγχωρήσεις τον άλλον αρχίζει με την επιθυμία της καρδιάς σου να μπορείς να συγχωρήσεις, με τον πόθο της καρδιάς σου για ειρήνη με τον εαυτό σου και με όλους τους άλλους. Το να μπορείς να συγχωρείς είναι μια χάρη που προκύπτει όταν είσαι ανοιχτός σ' αυτή την επιθυμία και προσεύχεσαι γι' αυτήν. Όσο, όμως, κατανοώ κι αισθάνομαι τον εαυτό μου ως θύμα, η συγχώρεση είναι μάταιη προσπάθεια αγάπης. Τι είδους συγχώρεση είναι αυτή, όταν ο άλλος κατά τη γνώμη μου συνεχίζει να είναι ο δράστης; Οι δράστες είναι ένοχοι, δεν υπάρχει χώρος για συγχώρεση.

Συγχώρεση σημαίνει να είσαι πρόθυμος να δεις τον άλλο σε ένα τελείως καινούριο φως. Για παράδειγμα, όταν κάποιος με τη συμπεριφορά του στρέφει την προσοχή μου σε παλιές μου πληγές και βάζει τα δάκτυλά του στην πληγή κάνοντάς τη για μένα οδυνηρά αισθητή.

Όλοι οι άνθρωποι στη ζωή σου, απέναντι στους οποίους αισθάνθηκες ή αισθάνεσαι μικρός, αβοήθητος και ανήμπορος είναι στην πραγματικότητα άγγελοι. Γιατί; Δίχως τους ανθρώπους αυτούς θα νόμιζες πως με σένα είναι όλα μέλι-γάλα. Θα συνέχιζες να απωθείς και να κρύβεις τα συναισθήματα κατωτερότητας και ανημπόριας που κρύβεις μέσα σου, έχοντας την ελπίδα πως κανένας δε θα το παρατηρήσει. Δεν μπορείς όμως να τα κρύψεις πραγματικά. Γιατί τα εκπέμπεις, αόρατα μεν, αντιληπτά όμως από τους άλλους. Ο προϊστάμενός σου που σε υποβιβάζει λόγω ασήμαντων λαθών αισθάνεται πως μπορεί να το κάνει αυτό σε σένα και πως εσύ μέσα σου υποβιβάζεις ο ίδιος τον εαυτό σου. Με τη συνάδελφό σου ή το συνάδελφό σου δεν μπορεί να το κάνει, αν και αυτή ή αυτός έχουν μάλιστα κάνει μεγαλύτερα λάθη. Περίεργο δεν είναι αλήθεια; Αλλά αυτή η γυναίκα, αυτός ο άντρας παραδέχονται τον εαυτό τους, έχουν μεγαλύτερη αυτοπεποίθηση. Σε σένα αναγράφεται στο μέτωπό σου αόρατο: «Με μένα μπορεί να το κάνει κανείς αυτό!»

Συγχώρεση σημαίνει να είσαι πρόθυμος να κατανοήσεις τη θέση του άλλου. Ξέρουμε, όμως, όλοι μας πως οι «κακοί και ανίκανοι» γονείς μας δεν ήξεραν να πράξουν καλύτερα. Πως στο δικό τους πατρικό σπίτι επίσης δεν ήταν όλα μέλι-γάλα, πως και αυτούς δεν τους αγαπούσαν δίχως αντάλλαγμα, άνευ όρων. Η προθυμία αυτή να βάλεις για λίγο τα «παλιά παπούτσια» του άλλου σε βοηθάει να πάρεις το δρόμο για τη συγχώρεση. Το θέμα είναι αν είμαστε πρόθυμοι να πούμε: «Ήξερα πως δεν μπορούσες να πράξεις καλύτερα, σε καταλαβαίνω! Στον κόσμο αυτό δεν υπάρχει η τέλεια μητέρα ή ο τέλειος πατέρας. Όλοι οι γονείς κάνουν λάθη κι επιτρέπεται να κάνουν λάθη. Σου συγχωρώ τα λάθη σου σήμερα, γιατί ξέρω πως κι εγώ έχω πολλές ατέλειες και επιτρέπεται να τις έχω. Γι' αυτό είμαι άνθρωπος.» Συγχώρεση σημαίνει λοιπόν το να λες: «Επιτρέπεται να είσαι όπως είσαι!.» Μπορείς να το πεις αυτό στο σύντροφό σου, αν έχεις; Αν δεν το μπορείς ακόμη, μην παραξενεύεσαι κάθε φορά που ίσως θα έχετε κρίση ή καβγάδες.

⊞   **Προσοχή παγίδα! Η ψυχική συγχώρεση.**

Μερικοί άνθρωποι, ιδιαίτερα εκείνοι με «πνευματικές απαι-
τήσεις», είναι γρήγοροι στη συγχώρεση. Το μυαλό τους θέλει
να συγχωρέσει και σκέφτεται: «Πρέπει να συγχωρέσω, αν
θέλω να είμαι καλός, αν θέλω να είμαι πνευματικός.» Αυτό
το είδος συγχώρεσης είναι λίγο γρήγορο, γιατί παραμένει
στο πνευματικό επίπεδο. Πριν μπορέσουμε πραγματικά να
συγχωρέσουμε, είναι αναγκαίο να κατανοήσουμε τα συναι-
σθήματα ΠΟΥ μας προξένησε με την προσβλητική του συ-
μπεριφορά αυτός που κατηγορούσαμε: την οργή μας, την
αδυναμία μας, την απογοήτευσή μας κλπ.

Μια κυρία που συμμετείχε στα σεμινάριά μου στη Μυτι-
λήνη το περιέγραψε ως εξής: «Τώρα καταλαβαίνω τι έκανα
πριν από δεκατέσσερα χρόνια, όταν ο άντρας μου με εγκα-
τέλειψε για μια νεότερή μου. Τότε σκέφτηκα: "Πρέπει να
τον συγχωρέσεις", και άναψα για το λόγο αυτό αμέσως δύο
κεριά. Σήμερα, μετά από 14 χρόνια, αισθάνομαι πόση οργή
βγαίνει από μέσα μου όταν το σκέφτομαι. Ακόμη δεν το έχω
ξεπεράσει!»

Πριν συγχωρέσουμε, πριν δηλαδή ανακαλέσουμε τις κατη-
γορίες μας, πρέπει να φροντίσουμε την πληγή που εμείς οι
ίδιοι προξενήσαμε στον εαυτό μας. Πρώτα επιβάλλεται να
αντιληφθούμε ποια συναισθήματα υπάρχουν μέσα μας.
Αυτά πρέπει να τα νιώσουμε και να τα αποδεχθούμε. Πώς
γίνεται αυτό, θα διαβάσετε στο τέταρτο βήμα.

⊞   **Προσοχή Παγίδα! –**
«Συγχώρεση» ως εκ νέου κατηγορία.

Πολλοί συνεχίζουν να παρεξηγούν το δρόμο της συγχώρε-
σης, όταν λένε: «Θέλω (για ακόμη μια φορά) να σε συγχω-
ρήσω γι' αυτό που μου έκανες. Ήσουν μεν ο θύτης κι εγώ το
θύμα, χαλάλι σου όμως, θέλω να σε συγχωρήσω.» Στις σκέ-
ψεις αυτές κρύβεται μια εκ νέου κατηγορία που εκφραζό-

μενη πιο σκληρά λέει: «Ήσουν μεν ένα γουρούνι, αλλά θέλω να είμαι γενναιόδωρος και σε συγχωρώ και πάλι.» Αυτός ο άνθρωπος δεν κατάλαβε ακόμη τι συνέβη πραγματικά. Δεν κατανοεί τη συγχώρεση ως μέσο για την αποκατάσταση των σχέσεων και την επούλωση των δικών του εσωτερικών πληγών.

Και για να το διευκρινίσω για ακόμη μια φορά: «Κανένας «θύτης» δεν εμφανίζεται τυχαία στη σκηνή της ζωής σου. Εάν κάποιος σε πληγώσει με τη συμπεριφορά του χωρίς να το συνειδητοποιεί, τότε εκεί βρίσκεται ένα δώρο, ακόμη κι αν αυτό προξενεί πόνους. Κάθε «κωλόπαιδο» (ίσως να τον ονομάζεις εσύ «ηλίθιο» ή «βλάκα») που σε συνάντησε στη ζωή σου, είναι στην πραγματικότητα ένα «κωλόπαιδο-άγγελος». Το μυαλό σου μπορεί να τον ονομάζει «κωλόπαιδο», στην πραγματικότητα, όμως, είναι ένας άγγελος που στάλθηκε για να σε ξυπνήσει. Πατάει τα «κουμπιά» σου κι εσύ ανάβεις ή τσιρίζεις, αγανακτισμένος, πληγωμένος, γεμάτος οργή ή απογοήτευση. Συχνά είναι τα παιδιά σου, τις περισσότερες φορές ο σύντροφος, ο πρώην σύντροφος, η μητέρα, η πεθερά, ο πατέρας ή ο πεθερός. Μπορούν να σε πληγώσουν μόνο γιατί η πληγή σου δεν έχει μέχρι σήμερα επουλωθεί, γιατί εσύ ο ίδιος κατηγορούσες τον εαυτό σου. Κάθε άνθρωπος λοιπόν που συνάντησες στη ζωή σου και που σε έχει πληγώσει, είναι ένας από τα «κωλόπαιδα-αγγέλους» σου και σου προσφέρει στην πραγματικότητα το δώρο της επούλωσης. Γιατί, μπορεί να σε πληγώσει τότε μόνο, όταν η επίθεσή του βρίσκει πρόσφορο έδαφος. Αν κάποιος, για παράδειγμα, σε αποκαλέσει «καθίκι» κι εσύ αγανακτήσεις ή προσβληθείς, αυτό δείχνει καθαρά πως εσύ ακόμη δεν τα βρίσκεις με τον εαυτό σου. Γιατί, διαφορετικά, θα γελούσες και θα ρωτούσες: «Ποιον εννοείς; Εμένα; Εδώ δε βρίσκεται κανένα καθίκι, επομένως δεν μπορεί να εννοείς εμένα.»

Όποιος, λοιπόν, δεν κατανοεί τη διαδικασία με την οποία τραυματίζεται ψυχικά δεν μπορεί ακόμη να τα καταφέρει με τη συγχώρεση, γιατί αυτή δεν γίνεται παρά μια επαναδιατύπωση της κατηγορίας. Μια πρόταση-κλειδί από το εξαίσιο βιβλίο *Μάθημα σε θαύματα* μπορεί να σου θυμίζει πάντα τη συσχέτιση αυτή:

«Κανείς δεν μπορεί να σε πληγώσει.
Εσύ μόνο μπορείς να πληγώσεις τον εαυτό σου.»

Προτείνω την εξής άσκηση: Χώρισε ένα φύλλο χαρτί σε τρεις οριζόντιες στήλες, τη μεσαία πλατύτερη από την αριστερή και τη δεξιά της. Στην πρώτη στήλη να καταχωρήσεις τα ονόματα όλων των ανθρώπων, με τους οποίους μέχρι σήμερα δεν είσαι σε ειρήνη, οι οποίοι όταν τους σκέφτεσαι σου προκαλούν μια αρνητική ανάμνηση ή ένα δυσάρεστο συναίσθημα. Πήγαινε πίσω στα πρώτα σου σχολικά χρόνια ή κι ακόμη πιο παλιά. Η λίστα αυτή μπορεί να εμπεριέχει: τους δασκάλους που σε περιφρονούσαν ή σε τυραννούσαν, πρώην συμμαθητές σου, με τους οποίους είχες συνέχεια φιλονικίες και που ήταν δυνατότεροί σου και δεν παρέλειπαν να σου το δείχνουν, πρώην προϊστάμενους σου, πρώην φίλους και συντρόφους, παλιούς ενοικιαστές και πρώην μεσίτες κλπ. Οι πρώην είναι πράγματι μια πηγή θησαυρών για «κωλόπαιδα-αγγέλους» με τους οποίους μέχρι σήμερα δεν έχεις ειρήνη. Όλους αυτούς μπορείς να τους παρατηρήσεις ως πτώματα στην αποθήκη του ασυνειδήτου σου. Κάθε πτώμα και κάθε «κωλόπαιδο-άγγελος» βαραίνουν τη ζωή σου, ακόμη και αν από καιρό τους έχεις απωθήσει. Σε βαραίνουν και δε σε αφήνουν να χορεύεις χαρούμενα κι ελαφρά μέσα στη ζωή.

Στη συνέχεια, να καταχωρήσεις στη μεσαία κάπως πλατύτερη στήλη όποιο συναίσθημα σου προκαλεί αυτός ο άνθρωπος με αυτή του την ιδιότητα ή τη συμπεριφορά του και διατηρείται μέχρι σήμερα μέσα σου. Ο ένας μπορεί να σου δημιουργεί μόνο ελαφρύ θυμό, ο άλλος μεγάλη οργή ή ακόμη και μίσος, πίκρα και δυσαρέσκεια. Άλλοι πάλι μπορεί να σου δημιουργούν απογοήτευση και λύπη ή κάποιο άλλο συναίσθημα.

Σε αυτή τη λίστα των «κωλόπαιδων-αγγέλων» ή της μη ειρήνης μπορείς να διαβάσεις με ακρίβεια ποια ιδιότητα και ποια συμπεριφορά σου δεν αποδέχεσαι μέχρι σήμερα, ποια συναισθήματά σου απορρίπτεις μέχρι σήμερα και τα έχεις βαθιά απωθημένα μέσα σου. Μέσα σου ίσως να λες μέχρι σήμερα στον εαυτό σου: «Είμαι ειλικρινής και όχι ανειλικρινής. Είμαι ειρηνικός και όχι επιθετικός. Είμαι τακτικός κι όχι ακατάστατος.» Αν μπεις με ειλικρίνεια μέσα σου και ερευνήσεις σε ποιο σημείο είσαι και ήσουν αυτά και τα αντίθετά τους, τότε ανάβει το ένα και το άλλο φωτάκι. Γιατί η αλήθεια είναι: Ο καθένας μας είναι και τα δύο: είμαστε ειρηνικοί αλλά και επιθετικοί, ειλικρινείς και ανειλικρινείς (δεν λέμε πάντα την αλήθεια, δεν προδίδουμε πάντα την εσωτερική μας αλήθεια), είμαστε τακτικοί κι επίσης ακατάστατοι (κοίταξε τις σκέψεις σου, την αποθήκη σου ή τα φορολογικά σου έγγραφα). Αποφάσισε να συνάψεις ειρήνη με τους ανθρώπους με τους οποίους βρισκόσουν κάποτε σε διαμάχη. Με κάθε άνθρωπο που μπορείς να συγχωρέσεις και με κάθε παλιά δυσαρέσκεια που καταφέρνεις να μετατρέψεις σε αγάπη (ναι, σωστά διάβασες: αγάπη), πλησιάζεις σκαλί-σκαλί από τη γη στον ουρανό.

Τέταρτο βήμα:
Νιώσε το συναίσθημα συνειδητά
και καταφατικά!

Είσαι εδώ στη γη για να αποκτήσεις έντονες συναισθημα-
τικές εμπειρίες. Αυτή είναι η επιθυμία της ψυχής σου και
όλων των ψυχών. Η ψυχή σου λατρεύει να αποκτά νέες
εμπειρίες, η ψυχή σου λατρεύει το «e-motion», την ενέργεια
εν κινήσει. Η λογική σου όμως την απορρίπτει. Είσαι δημι-
ουργός κάθε συναισθήματος που νιώθεις: του φόβου, της
οργής, του μίσους, του φθόνου, της ζήλειας, της αδυναμίας,
της μοναξιάς, της ντροπής και της ενοχής. Αυτά είναι τα
«μωρά» σου, οι δημιουργίες σου. Και θέλουν να τα απο-
δεχθείς, να τα αγαπήσεις. Νιώσε τα συναισθήματά σου,
όμως, καταφατικά. Μέχρι τώρα έχεις νιώσει ως επί το πλεί-
στον πόνο. Αλλά ο πόνος δεν είναι συναίσθημα, δεν είναι
αίσθημα, ο πόνος είναι το αντίθετο, είναι αντίσταση στο
συναίσθημα. Το να αντέχεις όμως αυτόν τον πόνο απαιτεί
πολύ περισσότερη ενέργεια από το να αισθάνεσαι το συ-
ναίσθημα καταφατικά. Ένα συναίσθημα θέλει να το αισθά-
νεσαι (καταφατικά), τότε μόνο μπορεί να αλλάξει. Αυτό
που αλλάζει κάτι είναι η αγάπη στην κατάφαση αυτή.

Εάν δεν είμαστε καλά, τότε λέμε: «Αισθάνομαι άσχημα.»
Δε λέμε: «Σκέφτομαι τον εαυτό μου άσχημα», αν και αυτό
θα ήταν πιο κοντά στην αλήθεια. Τα συναισθήματά μας
είναι αυτά εξαιτίας των οποίων υποφέρουμε πιο πολύ, αν
εξαιρέσουμε τους σωματικούς πόνους. Και τα δύο, όμως,
συνδέονται στενά μεταξύ τους. Από μικρή ηλικία δημιουρ-
γούμε αυτά τα συναισθήματα μέσα μας. Τα ονομάζω «συ-
ναισθήματα (= emotions)» για να μπορέσουμε να τα
διαφοροποιήσουμε από τις σωματικές αισθήσεις όπως τη
στενότητα, την πίεση, την ένταση. Προσκαλώ κι εσένα
όπως και τους συμμετέχοντες στα σεμινάριά μου να προ-
σπαθήσεις να αισθάνεσαι και στο μέλλον αυτό που αισθά-
νεσαι τώρα όταν δεν νιώθεις καλά. Κάθε συναίσθημα

συσχετίζεται με συγκεκριμένες αισθήσεις και είναι πολύ χρήσιμο να παρατηρούμε αυτή τη σχέση στο δικό μας σώμα και μάλιστα όσο ακριβέστερα γίνεται. Αν προκύψουν για παράδειγμα φόβοι, τότε αισθανόμαστε ένα σφίξιμο στο λαιμό ή στηθάγχη. Σε ισχυρότερους φόβους ιδρώνουμε, η αναπνοή μας γίνεται πιο γρήγορη. Εάν οι φόβοι ενδυναμωθούν ακόμη περισσότερο, τότε επέρχεται ακαμψία, ζέστη ή ψύχος, δυσκολίες όρασης, σύγχυση στη σκέψη κλπ. Η οργή οδηγεί σε ένταση και σε σκλήρυνση των μυών και των αρθρώσεων, επιβαρύνει το κεφάλι, προκαλεί ανεπιθύμητη κάψα και πίεση.

Σε κάθε αίσθηση, λύπη ή ζήλεια, ενοχή ή ντροπή, μπορείς να νιώσεις σε συγκεκριμένα μέρη του σώματός σου ή σε όλο σου το σώμα αντιδράσεις, οι οποίες διαφέρουν σημαντικά η μια από την άλλη. Αυτό μπορεί να είναι πολύ χρήσιμο σ' εμάς. Πρώτα αντιλαμβανόμαστε το σώμα μας. Αισθανόμαστε αδιαθεσία, βάρος στο στομάχι ή δυσχέρεια, δίχως όμως να ξέρουμε από πού προέρχεται αυτό. Εάν, όμως, έχουμε εξοικειωθεί με τη σχέση μεταξύ συναισθήματος και σώματος, κατανοούμε πολύ γρήγορα: «Αχ, εδώ μας πνίγει ο φόβος, εδώ εμφανίζεται οργή και αδυναμία στο σώμα μου.»

Από πού όμως προέρχονται αυτά τα συναισθήματά μας; Και γιατί γίνονται συχνά υπερδύναμη και μας καθιστούν αδύναμους; Δημιουργούμε τα συναισθήματά μας με τις σκέψεις μας. Επειδή όμως σκεφτόμαστε ως επί το πλείστον ασυνείδητα, σπάνια μάς είναι σαφής αυτή η διαδικασία. Όπως εξήγησα και στα προηγούμενα κεφάλαια, σκεφτόμαστε - ως αντίδραση στην κατακριτική συμπεριφορά των γονέων μας - από την παιδική ήδη ηλικία σκέψεις όπως: «Δεν είμαι εντάξει. Δεν είμαι αξιαγάπητος. Πρέπει να βελτιωθώ.» Τέτοιες σκέψεις δημιουργούν μέσα μας λύπη, κατωτερότητα, συναισθήματα ενοχής και ντροπής. Σκέψεις όπως «Είμαι μόνος. Κανείς δε με βοηθάει. Ο κόσμος είναι ανασφαλής. Άνθρωποι έρχονται και φεύγουν» δημιουργούν το συναίσθημα του φόβου. Με τον ίδιο τρόπο προκύπτουν η οργή, η λύπη ή η αδυναμία.

Αρμόζει προφανώς στην ύπαρξή μας ως ανθρώπων το να βιώνουμε όλα αυτά τα συναισθήματα. Δεν το θεωρώ όμως φυσιολογικό να υποφέρουμε τόσο καιρό με τα συναισθήματα που τελικά καταστρέφουν το σώμα μας και μας σκοτώνουν. Γιατί σχεδόν όλοι οι άνθρωποι πεθαίνουν με ραγισμένη την καρδιά τους, όπως λέει ο δάσκαλος P'taah, κι εγώ συμφωνώ απόλυτα μαζί του. Ρίξε μια ματιά μόνο γύρω σου στο δρόμο, κοίταξε τα πρόσωπα, τα θολά, λυπημένα μάτια, τους κυρτούς ώμους, το βαρύ σερνόμενο βάδισμα ακόμη και σε πολλούς νέους ανθρώπους. Αυτό δεν έχει καμία σχέση με τη φύση μας, αν και αυτή η εμφάνιση θεωρείται κανονική. Και κοίταξε τον εαυτό σου στον καθρέφτη στα μάτια. Πόση χαρά, πόσο ενθουσιασμό, πόση αγάπη και πόση λάμψη εκπέμπουν τα μάτια σου; Αυτό δεν οφείλεται στο ότι η ζωή είναι τόσο δύσκολη, αλλά στο ότι κουβαλάς μέχρι σήμερα ενέργειες μέσα σου και μαζί σου, οι οποίες δεν ανήκουν στο σώμα σου και τις οποίες ναι μεν δημιούργησες ή υιοθέτησες όμως θέλουν εδώ και καιρό να προχωρήσουν παραπέρα.

Στο σχολείο και στο πανεπιστήμιο μαθαίνουμε αμέτρητα πράγματα που ποτέ δεν πρόκειται να ξαναχρειαστούμε στη ζωή. Αλλά τις βασικές γνώσεις για μια ευτυχισμένη ζωή σε ένα υγιές σώμα δεν μας τις δίδαξαν μέχρι σήμερα. Ερωτήσεις όπως «Τι να κάνω όταν φοβάμαι;» ή «Πώς μπορώ να σταματήσω μια φιλονικία;» ή «Τι μπορώ να κάνω αν δεν αισθάνομαι καλά;» δεν απαντώνται. Στα σεμινάριά μου με ρωτούν και με ξαναρωτούν πενηντάρηδες ή εξηντάρηδες: «Γιατί δεν μου το είπε κανείς αυτό ποτέ μέχρι τώρα;»

Μέχρι σήμερα εκατομμύρια άνθρωποι αρνούνται να αναλάβουν την ευθύνη για τα συναισθήματά τους και να τους δώσουν αυτό που επιθυμούν: αποδοχή και αγάπη. Τα συναισθήματα θέλουν να τα νιώσουμε και μάλιστα με ανοικτή καρδιά, καταφατικά. Εάν όλα τα συναισθήματα είναι τα δικά μας «μωρά», τότε είναι τουλάχιστον κατανοητό πως αυτές οι δικές μας δημιουργίες ζητούν την αγάπη και την εκτίμησή μας, ακριβώς όπως κι εμείς οι ίδιοι αναζητούσαμε την αγάπη και την αναγνώριση από τους γονείς μας. Τα συναισθήματα που δημιουργήσαμε στην παιδική μας ηλικία και που τότε μας βοηθούσαν στο σλάλομ της επιβίωσής μας ώστε να εκπληρώσουμε τις προσδοκίες, τις απαιτήσεις και τους όρους των γονέων μας και του περιβάλλοντός μας, τα απωθούσαμε και τα απορρίπταμε συνεχώς για δεκαετίες και τα σπρώχναμε παραπέρα στο σώμα μας. Κατάπιαμε το θυμό και την οργή τους, φάγαμε την απογοήτευση και τη λύπη, φορτωθήκαμε τόνους συναισθημάτων ενοχής και ντροπής και πολλά πράγματα τα πήραμε κατάκαρδα. Γι' αυτό αισθανόμαστε ένα βάρος στο στήθος μας, δεν έχουμε χώρο στην καρδιά μας, σφίγγεται το στομάχι μας, κρυώνουν τα πόδια μας, είναι πιασμένη η πλάτη και ο σβέρκος μας. Ναι, τα κρύα πόδια των ενηλίκων (και συχνά κι άλλα μέρη του σώματός τους) προέρχονται επίσης από την παιδική τους ηλικία, όταν τους περιέλουζε κρύος ιδρώτας, δηλαδή μεγάλος φόβος: Η ζωή (το αίμα) επέστρεφε από τα πόδια και τα χέρια πίσω στο σώμα, γιατί είχαμε το συναίσθημα πως με τον τρόπο αυτό μπορούμε να υποφέρουμε καλύτερα μια κατάσταση. Πίσω από τους σωματικούς μας πόνους κρύβονται επίσης συναισθήματα, τα οποία μέχρι σήμερα δεν τα έχουμε αποδεχθεί και αλλάξει. *Τα συναισθήματα θέλουν πρώτα από όλα ένα πράγμα, θέλουν να τα αισθανόμαστε καταφατικά.* Όπως μια καραμέλα θέλει να τη γλείφουμε, έτσι κι ένα συναίσθημα θέλει να το νιώθουμε.

Πότε, αλήθεια, ένα από αυτά μας τα συναισθήματα έρχεται στην επιφάνεια και μας λέει: «Νιώσε με τώρα σε παρακαλώ! Τόσες φορές σου χτύπησα την πόρτα, πάντα όμως με έδιωχνες»; Αυτό συμβαίνει μόνο τότε, όταν ένα άτομο ή ένα γεγονός αγγίζει κάτι μέσα μου και μου δείχνει κάτι με το οποίο δεν βρίσκομαι σε κατάσταση ειρήνης. Αυτό μπορεί να είναι μια άρνηση ή απόρριψη, ένα «Όχι» ή μια κριτική, ίσως το μήνυμα: «Έτσι όπως είσαι δεν είσαι εντάξει για μένα», η απώλεια ενός αντικειμένου ή μιας θέσης εργασίας ή χρημάτων. Πάντοτε, όταν με την συμπεριφορά ενός ανθρώπου ή λόγω ενός εξωτερικού συμβάντος αγγίζεται ένα εσωτερικό τραύμα, παρουσιάζονται τα συναι-

147

σθήματά μας, είτε πρόκειται για λύπη, οργή, αδυναμία, μικρότητα, εγκατάλειψη,είτε για αισθήματα κατωτερότητας, ενοχής, ντροπής, ζήλειας ή φθόνου. Ιδιαίτερα η πληγή της εγκατάλειψης είναι η βάση για πολλά επώδυνα βιώματά μας, τα οποία ολοένα και δημιουργούμε προς τα έξω, γιατί η πληγή αυτή θέλει να επουλωθεί.

Οι περισσότεροι από εμάς έχουν συλλέξει στην παιδική τους ηλικία εμπειρίες κατά τις οποίες αισθάνονταν μόνοι και εγκαταλελειμμένοι. Συνηθίσαμε να σκεφτόμαστε: «Σ' αυτόν τον κόσμο δεν μπορείς να βασιστείς σε κανένα. Πρέπει να φροντίσεις να μη μείνεις μόνος, γιατί το να είσαι μόνος δεν είναι ωραίο. Όποιος είναι μόνος του, είναι αβοήθητος. Ταυτόχρονα, όμως, δεν μπορείς πράγματι να βασιστείς σε έναν μόνο άνθρωπο. Πρέπει να προσέχεις μην σε εγκαταλείψει. Πρέπει κάτι να κάνεις, ώστε να σ' αγαπήσουν οι άνθρωποι και να μείνουν κοντά σου.» Αυτό αποτελεί μια διαδικασία σκέψεων, με την οποία διατηρούνται ο φόβος, η ανασφάλεια και η εσωτερική μοναξιά. Όποιος έμαθε στην παιδική του ηλικία να σκέφτεται έτσι, μέσα του είναι φυτευμένος ο φόβος μήπως τον εγκαταλείψουν και μάλιστα ακόμη και μετά από σαράντα χρόνια. Γιατί, ούτε οι σκέψεις, ούτε τα συναισθήματα γνωρίζουν χρόνο και χώρο. Ο χρόνος δεν επουλώνει τις πληγές. Το παραμύθι αυτό πρέπει επιτέλους να το ξεχάσουμε. Ο χρόνος δεν επουλώνει τίποτε. Κάθε λεπτό που βιώσαμε στο σώμα μας από την στιγμή της σύλληψής μας είναι αποθηκευμένο και ζωντανό μέσα μας.

Οι σκέψεις μπορούν να χάσουν τη δύναμή τους και να φύγουν μόνο τότε, όταν δηλαδή πρώτα τις αναγνωρίσουμε, στη συνέχεια ελέγξουμε την αλήθεια τους και τέλος όταν αποφασίσουμε να σκεφτούμε κάτι καινούριο. Τα συναισθήματα μπορούν να φύγουν μόνο τότε, όταν θα είμαστε πρόθυμοι να αναλάβουμε τη δική μας ευθύνη για τη δημιουργία τους, να τους αφιερώσουμε αγάπη και χρόνο, ώστε να τα νιώσουμε πραγματικά καταφατικά και όχι για να τα υπομείνουμε.

Πώς γίνεται αλήθεια να νιώσει κανείς καταφατικά κάποια συναισθήματα; Αν την επόμενη φορά δεν αισθάνεσαι καλά, ηρέμησε και συγκεντρώσου, πάρε μια βαθιά αναπνοή και κλείσε για μερικά δευτερόλεπτα τα μάτια· αφιέρωσε λίγο χρόνο για να νιώσεις τι αισθάνεσαι μέσα σου. Αρχικά θα αισθανθείς ανησυχία στο σώμα σου, ανησυχία συνδεδεμένη με ένταση, πίεση ή βάρος. Την ανησυχία αυτή την αντιμετώπισες μέχρι τώρα με συμβατικό τρόπο, π.χ. μ' ένα τσιγάρο, μια τσίχλα, κάποιο γλυκό ή με το να ανοίξεις το ψυγείο. Άλλοι πάλι αποσπούν την προσοχή τους παίρνοντας κάποιον τηλέφωνο, πέφτοντας με τα μούτρα στη δουλειά ή στο τρέξιμο. Θέλω, όμως, να σε παροτρύνω να αφιερώσεις την προσοχή σου επιτέλους στην κύρια αιτία που σε ωθεί σε όλες αυτές τις δραστηριότητες: στα συναισθήματά σου τα οποία δεν ένιωσες και δεν αγάπησες και που δεκαετίες περιμένουν να μπορέσουν να διαρρεύσουν, έτσι ώστε να μη συνεχίζουν να επιβαρύνουν το σώμα σου. Μάθε να αφιερώνεις την προσοχή σου στα εσωτερικά σου γεγονότα, στη σωματική σου ευεξία και στα συναισθήματά σου, ακόμη και εάν αυτό είναι για μισό μόνο λεπτό. Υποψιάσου τις διαδικασίες που δεν σου επιτρέπουν να έχεις ευεξία και βρες ποια ακριβώς ενέργεια είναι εκείνη που εδώ και χρόνια σε «παρακολουθεί», όπως ίσως να σου λέει το μυαλό σου, η οποία όμως δε θέλει τίποτε παραπάνω από σένα παρά να τη νιώσεις επιτέλους καταφατικά, έτσι ώστε να μπορέσει να φύγει. Όσο λέμε «Όχι» σε ένα συναίσθημα, όσο θέλουμε να το διώξουμε ή να το εξοντώσουμε, τόσο αυτό δε θα φεύγει. Κι εδώ ισχύει η αρχή της ενέργειας: Ό,τι απορρίπτεις το ενδυναμώνεις, το θρέφεις με το «Όχι» σου. Οι περισσότεροι άνθρωποι γνωρίζουν ποιο είναι εκείνο το βασικό συναίσθημα που ολοένα και περισσότερο τους πνίγει. Στον έναν είναι οι φόβοι, στον άλλο πιο πολύ η οργή, στον τρίτο η καταπιεσμένη λύπη που γίνεται φορτίο τόνων. Σε προσκαλώ και σε παρακαλώ θερμά: Κάθισε σε ένα ήσυχο μέρος και αφιέρωσε λίγο χρόνο για να αισθανθείς καταφατικά τα συναισθηματα που μέχρι τώρα απέρριπτες. Δώσε με τον εαυτό σου ένα σταθερό ραντεβού την εβδομάδα για τρία τέταρτα της ώρας. Φρόντισε να μην ενοχληθείς. Βάλε ωραία μουσική που αγγίζει την καρδιά σου, άναψε ένα κερί. Και όταν η μουσική τελειώσει, άφησε την ησυχία να κυριαρχήσει γύρω σου. Γιατί μέσα σου υπάρχει ήδη αρκετός θόρυβος. Άρχισε να αναπνέεις βαθιά, ρυθμικά και στρέφοντας την προσοχή σου μέσα σου. Πες δυνατά τις λέξεις: «Όλη η οργή μέσα μου (ή όλος ο φόβος, η λύπη, η ντροπή....) επιτρέπεται να είναι τώρα εδώ. Είμαι πρόθυμος να τη νιώσω.» Μετά συνέχισε να αναπνέεις και στρέψε όλη την προσοχή σου στις αισθήσεις. Άφησε τις σκέψεις να φύγουν, νιώσε το κορμί σου, το συναίσθημα ή τα συναισθήματα που επέρχονται. Παρατήρησε σε ποιο σημείο του κορμιού σου παρουσιάζεται βάρος, πίεση, ένταση ή απλά ανησυχία. Δέξου και αυτό το συναίσθημα καταφατικά και πες: «Αυτή η πίεση στο κεφάλι μου και το βάρος στο στήθος μου επιτρέπεται να βρίσκονται τώρα εδώ. Είμαι πρόθυμος να τα νιώσω.» Και μετά μην κάνεις τίποτε άλλο παρά να αναπνέεις και να παρατηρείς (όχι να σκέφτεσαι) περίεργος σαν τον ερευνητή πώς νιώθεις αυτά τα σωματικά συναισθήματα και τις συνδεδεμένες μ' αυτά συγκινήσεις. Η συνειδητή βαθιά αναπνοή σε βοηθάει πολύ κατά τη συναίσθηση των συναισθημάτων σου. Το να αναπνέεις συνειδητά βαθιά είναι σαν ένα ΝΑΙ στο συναίσθημα. Σίγουρα θα θυμάσαι: Πριν, όταν φοβόσουν,ανέπνεες πολύ γρήγορα, θα ήθελες μάλιστα να σταματήσεις εντελώς να αναπνέεις. Όποιος δεν αναπνέει βαθιά αισθάνεται λιγότερα ενώ όποιος αναπνέει βαθιά αισθάνεται περισσότερα. Γι' αυτό η ίδια η αναπνοή είναι ένας αποτελεσματικός τρόπος να επιστρέψεις και πάλι σε ένα ζωντανό συναίσθημα και στη ζωντανή ζωή. (Εάν επιθυμείς μια δυνατή υποστήριξη για βαθιά συναισθήματα και την τροποποίηση των συγκινήσεών σου, τότε σου συνιστώ ένα από τα CD διαλογισμού μου. Αυτά έχουν διαφορετικούς τίτλους, ιδιαίτερα συνιστώ εδώ το CD «Πώς να τροποποιήσεις αρνητικά συναισθήματα σε χαρά» και το «Απελευθέρωσε και θεράπευσε το παιδί μέσα σου»)

⊞ Οι γυναίκες και η οργή

Στο τέλος του κεφαλαίου αυτού θέλω να σας δείξω για ακόμη μια φορά με τη βοήθεια δύο συναισθημάτων ποιες καταστρεπτικές και επώδυνες διαστάσεις έχει πάρει η μέχρι τώρα συναναστροφή μας με τα συναισθήματα. Τα μικρά κοριτσάκια δεν επιτρέπεται μέχρι σήμερα να φωνάζουν, να εξοργίζονται, να είναι αναιδή ή να αγριεύουν. Το ιδανικό κοριτσάκι είναι γλυκό, φρόνιμο, ευγενικό, όμορφο και καθαρό. Ό,τι δεν αντιστοιχεί στο ιδανικό αυτό το έχουν αποβάλει συστηματικά μέχρι σήμερα από μικρά και μεγάλα κορίτσια – προπάντων οι μητέρες τους. Γιατί και αυτές έχουν περάσει από αυτό το πρόγραμμα εξημέρωσης χωρίς να αντιλαμβάνονται ποτέ τι σημαίνει αυτό για τη ζωή. Ένα εξοργισμένο, θορυβώδες κορίτσι καταπιέζεται για να ησυχάσει, δηλαδή του βουλώνουν πραγματικά το στόμα. Η απειλή «Δεν θέλουμε εδώ εξοργισμένα κορίτσια. Λοιπόν, για εμάς δεν είσαι αξιαγάπητη. Δεν ντρέπεσαι;» αρκεί για να δείξεις στο παιδί περί τίνος πρόκειται.

Γιατί σε πολλές γυναίκες είναι το τσάκρα του λαιμού κλειστό; Γιατί ακούμε πολλές γυναίκες να μιλάνε με βραχνή φωνή ή με την υψηλή φωνή μικρού κοριτσιού; Γιατί έχουν άπειρες γυναίκες προβλήματα με τον θυρεοειδή τους αδένα και όχι λίγες εγχειρίζονται και μάλιστα τον αφαιρούν; Επειδή τους είχαν βουλώσει τον λαιμό, επειδή έπρεπε να καταστείλουν την οργή τους, επειδή έπρεπε να τσιρίξουν μέσα τους αντί να μπορέσουν να εκφράσουν δυνατά το θυμό τους, την αγριάδα τους και την απογοήτευσή τους. Μέχρι σήμερα στη Γερμανία μας είναι γνωστό το ρητό: «Κοριτσάκια που τσιρίζουν και κοκκόρια που λαλούν πρέπει εγκαίρως να τα στραγγαλίζουν.» Γιατί υποφέρουν πολύ περισσότερες γυναίκες από ημικρανία από ότι άντρες; Επειδή τα φρόνιμα κοριτσάκια έπρεπε να καταπιέζουν συστηματικά την οργή τους. Όποιος χρόνια καταπιέζει ενέργειες όπως τα συναισθήματα, αυτός παράγει πίεση, βάρος κι ένταση στο σώμα του. Η ημικρανία δεν είναι τίποτε άλλο από ένα χρόνια καταπιεσμένο συναίσθημα όπως κυρίως είναι η οργή.

⊞ Οι άντρες και ο φόβος

Η οργή των γυναικών αντιστοιχεί στο φόβο των αντρών. Κανένα αγοράκι δεν το αγαπούν ή το εκτιμούν για το φόβο του. Τα αγόρια πρέπει να είναι θαρραλέα, δυνατά και γενναία· μόνο τότε τα επαινούν η μαμά και ο μπαμπάς. Ο Ινδιάνος, ακόμη και σήμερα, δε γνωρίζει τον πόνο. Παρατήρησε την εικόνα του αρσενικού σε όλα σχεδόν τα κινηματογραφικά έργα και τότε θα ξέρεις πώς θέλουν να είναι τα αγοράκια: δυνατά, με αυτοπεποίθηση, με πυγμή, cool (δηλ. μη συναισθηματικά), απτόητα, πειθαρχημένα, με αίσθημα υπεροχής, σκληρά απέναντι στον εαυτό τους και δημοφιλή στις γυναίκες. Όταν σήμερα ένα φοβισμένο αγόρι πηγαίνει στους γονείς του, πάντα ακούει το ίδιο, αυτό δηλαδή που άκουγε και ο πατέρας του και ο παππούς του: «Δεν χρειάζεται να φοβάσαι!» Η πρόταση αυτη μπορεί να είναι καλοπροαίρετη, αλλά δε βοηθάει το παιδί σε τίποτε. Το αντίθετο μάλιστα, του δείχνει το εξής: «Ο φόβος σου αυτός δεν είναι σωστός. Γιατί φοβάσαι;. Δεν είναι ανάγκη!» Εάν το παιδί ήταν ετοιμόλογο και είχε αυτοπεποίθηση, θα απαντούσε: «Κι όμως φοβάμαι. Δεν έχεις να μου προσφέρεις κάτι καλύτερο για το φόβο μου;»
Έτσι συνηθίζουν τα μικρά αγόρια πολύ γρήγορα να μη δείχνουν τους φόβους τους και να μη μιλούν γι' αυτούς. Καταλαβαίνουν το μήνυμα των μητέρων ή των πατέρων τους που στην πραγματικότητα είναι: «Ούτε εμείς οι ίδιοι ξέρουμε πώς να αντιμετωπίζουμε τους φόβους μας. Κι εμείς τους έχουμε απωθήσει. Κάνε το λοιπόν κι εσύ. Γιατί οι φόβοι σου μας προκαλούν φόβο. Μας θυμίζουν τους δικούς μας φόβους. Έτσι μας δημιουργείς πρόβλημα. Κι αυτό δε μας αρέσει διόλου.»
Έτσι, λοιπόν, έμαθαν οι άντρες να κρύβουν και να απωθούν τους φόβους τους. Έχουν μάθει να μιμούνται τους δυνατούς και να επιμένουν σε αυτό. Το γεγονός αυτό φυσικά λειτουργεί μόνο για ένα περιορισμένο χρονικό διάστημα. Γιατί όλοι οι απωθημένοι φόβοι κρύβονται στον άντρα μέχρι σήμερα βαθιά στο πετσί του, περιτυλίγουν την καρ-

διά του, όπως και η λύπη που προέκυπτε όταν δεν τον αγαπούσαν σαν αγόρι με το φόβο του. Κι έτσι πορεύονται οι άντρες μέχρι σήμερα ακολουθώντας στη ζωή τους το σύνθημα «Πρέπει να τα καταφέρω!», η οποία ως επί το πλείστον είναι η επαγγελματική ζωή (γιατί εδώ ο άντρας πρέπει να αποδείξει την αξία του, εδώ καθορίζεται η αυτοπεποίθηση των περισσότερων αντρών). Κρύβουν τα συναισθήματά τους (αν εξαιρέσουμε τις περιπτώσεις που εξοργίζονται) και υπομένουν μέχρι να σπάσει η καρδιά τους και να χρειαστούν το πρώτο bypass ή να βυθιστούν σε βαθιά κατάθλιψη. Αν πιστεύεις πως αυτό είναι υπερβολικό, τότε κοίταξε τους άντρες στο περιβάλλον σου.

▦ Όταν οι γονείς αμφιβάλλουν για τα παιδιά τους.

Πώς μπορούμε να αντιμετωπίσουμε τα συναισθήματα των παιδιών μας – την οργή τους, τους φόβους τους, την λύπη τους – διαφορετικά; Συνιστώ στις μητέρες και στους πατέρες, στις γιαγιάδες και στους παππούδες να αλλάξουν ριζικά το σκεπτικό τους στο συγκεκριμένο τομέα. Όταν το παιδί δείχνει ένα από αυτά τα συναισθήματα, τότε αγκάλιασέ το και μετάδωσέ του το σύνθημα: «Έλα εδώ με το φόβο σου (οργή, λύπη). Επιτρέπεται να έχεις φόβους. Είναι φυσιολογικό να έχουμε φόβους κι εσύ δεν πρέπει να δραπετεύεις από αυτούς. Έλα, μίλησέ μου για το φόβο σου. Κοίταξε πού ακριβώς κρύβεται τώρα στο σώμα σου. Ας νιώσουμε μαζί το φόβο σου. Και μετά να δούμε τι συμβαίνει. Να ξέρεις πως και η μαμά και ο μπαμπάς έχουν κάπου-κάπου φόβους, αυτό δεν είναι όμως κάτι κακό.»
Και όταν ένα αγόρι ή ένα κορίτσι είναι εξοργισμένο, τότε σφίξε το στοργικά στην αγκαλιά σου και πες του: «Δείξε μου πόσο εξοργισμένο είσαι. Δείξε μου πόση δύναμη έχεις.» Και μετά πάλεψε με το παιδί, πρόσφερέ του ένα αντίβαρο για την οργή του, έτσι ώστε αυτό να μπορέσει να παλέψει και να αποβάλει την ενέργειά του. Δημιούργησε έτσι μια ευχά-

ριστη εκδήλωση. Και παίνεσε το παιδί σου για τη δύναμη που έχει η οργή του. Τα παιδιά θέλουν να ακούσουν πως βρίσκονται στο σωστό δρόμο όταν αισθάνονται φόβο, οργή ή λύπη, πως τα αγαπάμε με αυτά τους τα συναισθήματα. Έτσι, όμως, μπορούν να αντιδράσουν μόνο οι γονείς εκείνοι που έχουν ήδη αρχίσει να αισθάνονται καταφατικά τα δικά τους συναισθήματα και δεν απομακρύνονται από αυτά. Οι γονείς που δεν το κατόρθωσαν ακόμη αυτό τείνουν να χαρακτηρίζουν τα παιδιά τους «προβληματικά.» Αν το πρόβλημα γίνει τεράστιο και το παιδί απομακρυνθεί τελείως από τους γονείς, τότε το πηγαίνουν σε ψυχοθεραπευτή για να το «διορθώσει», να το κάνει πάλι να είναι συνετό.

Έχω πει σχεδόν σε όλες τις μητέρες που μου τηλεφωνούσαν για να με συμβουλευτούν ως ψυχοθεραπευτή και με ρωτούσαν: «Μπορώ να σας φέρω την κόρη μου ή το γιο μου, έχει αυτό ή εκείνο το πρόβλημα….» Εγώ απαντούσα: «Όχι, να έρθετε εσείς και μάλιστα μόνη.» Και κάθε φορά, μέσα σε μια μόνο συνεδρία, μπορούσε αυτή η μητέρα ή αυτός ο πατέρας να αναγνωρίσει έκπληκτος: «Η περίεργη συμπεριφορά και τα συμπτώματα του παιδιού μου έχουν σχέση με μένα, τα ξέρω από εμένα τον ίδιο.» Στους περισσότερους γονείς φυσικά αυτό δεν είναι συνειδητό, αν και πολλοί το υποψιάζονται. Φοβισμένα, λυπημένα, εξοργισμένα, χαώδη, ατίθασα, τεμπέλικα, προκλητικά, πεισματάρικα παιδιά δείχνουν αυτά τα συναισθήματα και την αντίστοιχη συμπεριφορά γιατί δεν μπορούν διαφορετικά. Και το κάνουν για τους γονείς τους. Το συναίσθημα που καταπιέζουν, απωθούν, απαρνιούνται και δεν αποδέχονται μέσα τους και από μέσα τους οι γονείς, αυτό πρέπει τα παιδιά να το προβάλλουν με σαφήνεια στην καθημερινή τους συμβίωση και ζωή. Κάθε οικογένεια αποτελεί ένα κλειστό σύστημα, αυτό είναι γνωστό ήδη από την εποχή που γνωρίσαμε τον Bert Hellinger και την οικογενειακή του αναπαράσταση. Ό,τι καταπιέζεται σε κάποιο σημείο εμφανίζεται σε άλλο σημείο.

Οι περισσότεροι απελπισμένοι γονείς μπορούν να το εντοπίσουν στο παράδειγμα των μη τακτικών, τσαπατσούληδων και συχνά χαοτικών παιδιών. Πρέπει μόνο να αναρωτηθούν: «Επιτρέπεται να είμαι εγώ μη τακτικός, τσαπατσούλης ή χαοτικός;» Και πολλοί από αυτούς ούτε καν θα απαντούσαν: «Όχι!», αλλά θα έλεγαν: «Δεν είμαι τσαπατσούλης. Είμαι τακτικός και έτσι θέλω να είμαι». Αυτό όμως αποτελεί σφάλμα, αυταπάτη.

Αυτές οι γυναίκες και αυτοί οι άντρες από την παιδική τους ακόμη ηλικία προσπαθούν να είναι τα τακτικά, προσαρμοσμένα, φρόνιμα και επιτυχημένα παιδιά των γονέων τους και εξωτερικά τουλάχιστον φαίνεται να το κατάφεραν. Το σπιτάκι τους το έχουν ξεπληρώσει, τη σύνταξή τους την έχουν εξασφαλίσει, διαθέτουν δύο αυτοκίνητα και το σαλόνι είναι συγυρισμένο. Όμως, πώς είναι η κατάσταση στο εσωτερικό σαλόνι της μαμάς και του μπαμπά; Πόση ειρήνη, γαλήνη, ηρεμία, χαρά αλλά και ικανοποίηση αισθάνονται μέσα τους; Πόσο τακτοποιημένος είναι ο κόσμος των σκέψεων και των συναισθημάτων τους; Συχνά πολύ χαώδης. Κι ακριβώς αυτό το χάος πρέπει να βιώνουν και οι γιοι και οι κόρες στην πραγματικότητά τους. Στο σημείο όπου οι γονείς κρύβουν κάτω από το χαλί κάτι το ανεπιθύμητο και δυσάρεστο, εκεί πάει ο πεντάχρονος, σηκώνει το χαλί και δείχνει τη «βρωμιά» του σπιτιού προκαλώντας την οργή των γονέων του. Τα παιδιά μας είναι άγγελοι που μας στάλθηκαν για να εστιάσουμε την προσοχή μας στις απωθημένες μας, μη αξιαγάπητες πλευρές, μέχρι να καταλάβουμε ότι πρέπει να τις αποδεχθούμε και να τις εγκολπωθούμε.

Πέμπτο βήμα:
Κάνε μια επιλογή! Η δύναμη της απόφασης.

Έχεις κάθε στιγμή την ελευθερία της επιλογής! Σε όποιο σημείο του δρόμου και να βρίσκεσαι συνειδητοποίησε το εξής: «Μπορώ να κάνω μια νέα επιλογή!» Όσα μέχρι σήμερα βίωσες στη ζωή σου εσύ τα έχεις επιλέξει, τα περισσότερα βέβαια μη συνειδητά. Αν επιθυμείς κάτι άλλο, κάνε μια νέα επιλογή. Πάρε την απόφαση να κάνεις νέες σκέψεις. Σκέψεις ελαφρότητας, ειρήνης και χαράς. Πάρε την απόφαση να αποκτήσεις συνείδηση, να δημιουργήσεις συνειδητά με αγάπη! Πάρε την απόφαση να αποκτήσεις δύναμη, εξουσιοδότησε πάλι τον εαυτό σου ως θεϊκό δημιουργό της ζωής σου. Αποφάσισε να επαναφέρεις στη μνήμη σου αυτό που πραγματικά είσαι: το θεϊκό, ατέλειωτο, δημιουργικό, αξιαγάπητο και γεμάτο αγάπη ον, ενσάρκωση του Θεού, ο θεάνθρωπος. Εσύ είσαι ΑΓΑΠΗ. Αποφάσισε να είσαι πάλι η αγάπη που ήδη ήσουν και πάντα θα είσαι.

Η δύναμη της απόφασης γίνεται συνειδητή σε ελάχιστους ανθρώπους. Παίρνουμε συνεχώς αποφάσεις δίχως να το συνειδητοποιούμε. Το πρωί σηκώνεσαι από το κρεβάτι και βγαίνεις στον κόσμο. Πριν ακόμη συναντήσεις τον πρώτο άνθρωπο – ίσως στο μπάνιο – έχεις ήδη αποφασίσει να περάσεις την ημέρα σου έτσι ή αλλιώς, συνειδητά ή μη συνειδητά, να φερθείς με ή χωρίς αγάπη στον εαυτό σου, να είσαι φιλικός ή σκυθρωπός, περίεργος ή αδιάφορος για ό,τι καινούριο. Ο τρόπος που βιώνεις την ημέρα σου αντικατοπτρίζει τέτοιες εσωτερικές αποφάσεις. Διασαφήνισε, παρακαλώ, για τον εαυτό σου: Όλη σου η μέρα και όλη σου η ζωή αποτελείται από μια ατέλειωτη αλυσίδα αποφάσεων. Και η βασική απόφαση είναι ποιο πνεύμα θέλεις να ακολουθήσεις, με ποια θεμελιώδη στάση απέναντι στον εαυτό σου, στη ζωή και στους συνανθρώπους σου θέλεις να βαδίσεις στη ζωή σου.

Για τον ουρανό ή τη ζωή είναι αδιάφορο πώς παίρνεις τις αποφάσεις σου, αν το κάνεις συνειδητά ή μη. Χρησιμοποιείς κάθε ώρα και κάθε λεπτό την ατέλειωτα διαθέσιμη ενέργεια της ζωής για να δώσεις με τη βοήθειά της σχήμα σε κάτι, να δημιουργήσεις κάτι. Τι δημιουργείς με αυτή; Κάθε ημέρα της ζωής σου, τη σωματική σου κατάσταση, όλες τις συναντήσεις, τις καταστάσεις και τα γεγονότα, τα συναισθήματά σου, τις σκέψεις σου, τις αισθήσεις του σώματός σου, την κατάσταση έλλειψης ή πλεονασμού σε επίπεδο τόσο υλικό όσο και πνευματικό. Δημιουργείς διαύγεια ή σκοτάδι, ειρήνη ή διαμάχη, ελευθερία ή δεσμά, χαρά ή κατάθλιψη, φόβο ή αγάπη. Όλα αυτά είναι επιλογή σου. Συνειδητοποίησε ποια δύναμη σου έχει δώσει η ζωή. Και τι κάνεις εσύ με αυτήν τη δύναμη;

4.

Η ελευθερία της επιλογής.
Τι θέλεις να επιλέξεις;

Αφού τώρα γνώρισες μια σειρά εργαλείων και δρόμων που σου δείχνουν το πώς να αναγνωρίσεις τα παλιά και να τα αφήσεις πίσω σου – προγράμματα, συναισθήματα, συγκρούσεις, διχόνοιες – θέλω να κοιτάξω μαζί σου προς τα εμπρός, προς μια νέα κατεύθυνση, στη δημιουργία μιας ζωής όπως την επιθυμεί η καρδιά σου. Το κομμάτι αυτό μου αρέσει να το ονομάζω «Τροφή» αντί για «Διευκρίνιση.» Μπορείς επίσης να το συγκρίνεις με το σπόρο που σπέρνεις τώρα, σήμερα, κάθε μέρα στη ζωή σου. Πρόκειται για το γεγονός ότι συνειδητά επιλέγεις από τώρα το σπόρο σου και συνειδητά τον σπέρνεις έτσι ώστε το αποτέλεσμα να σε κάνει ευτυχισμένο. Έτσι δε θέλεις να είσαι; Ή μήπως όχι; Μπορείς να επιλέξεις ποιο σπόρο θέλεις να σπείρεις και σε ποια κατεύθυνση θέλεις να οδηγήσεις τη ζωή σου. Ας δούμε ακριβέστερα ποιες δυνατότητες έχουμε στη διάθεσή μας, μεταξύ ποιων δυνατοτήτων μπορείς να επιλέξεις, να επιλέγεις κάθε μέρα. Γιατί είναι αδύνατο να μην επιλέγεις. Επιλέγεις είτε συνειδητά είτε ασυνείδητα. Η πρώτη σου δυνατότητα επιλογής είναι, λοιπόν, αυτή. Σε προσκαλώ: Να επιλέγεις όλο και πιο συνειδητά ποια ζωή θέλεις να ζήσεις. Τα παρακάτω σημεία ελπίζω να σε βοηθήσουν να αντιληφθείς τι επέλεξες μέχρι σήμερα.

Το μεγάλο δώρο της ζωής το λέμε: Ελευθερία της επιλογής. Για την ελευθερία αυτή μπορούμε να συζητάμε ώρες και ώρες, παρόλ᾽ αυτά δεν πρόκειται να μάθουμε αν αυτή όντως υπάρχει. Υπάρχει μόνο ένας δρόμος για να μάθουμε αν μπορείς να επιλέξεις: με το να επιλέξεις. Η πραγματική γνώση προκύπτει μόνο από την εμπειρία.

⊞　**Η επιλογή σου: Συνειδητότητα ή μη συνειδητότητα.**

Αποφάσισε για τη συνειδητότητα. Τι ακριβώς σημαίνει συνειδητότητα στη ζωή; Με αυτό εννοώ πως είμαι πραγματικά παρών και σε εγρήγορση όταν κάνω κάτι και, μάλιστα, ανεξάρτητα από τι είναι αυτό το κάτι. Οι περισσότεροι άνθρωποι δεν είναι παρόντες, δεν είναι εδώ, δεν είναι ξύπνιοι, δε βρίσκονται πραγματικά στο αντικείμενο με το οποίο ασχολούνται. Το σώμα τους είναι μεν παρόν, το πνεύμα τους όμως βρίσκεται κάπου αλλού ή κοιμάται. Πολλοί άνθρωποι είναι εργατικοί και πολύ απασχολημένοι στη ζωή τους, αλλά εσωτερικά δεν είναι κοντά στον εαυτό τους, δεν αισθάνονται τον εαυτό τους. Έτσι, λοιπόν, μοιάζουν με ρομπότ ή κενές μορφές ανθρώπων που τρέχουν.

Το να είσαι ξύπνιος και συγκεντρωμένος, να έχεις επίγνωση του τι κάνεις, να βρίσκεσαι στο παρόν, να δείχνεις την παρουσία σου είναι καταστάσεις συνώνυμες της συνειδητότητας.

Πόσο ξύπνιος, πόσο παρών είσαι σε αυτό που κάνεις; Πόσο παρών είσαι τώρα κατά το διάβασμα αυτών των σειρών; Είσαι κι εσύ ο ίδιος εδώ ή μήπως μόνο το μυαλό σου; Νιώθεις αυτή τη στιγμή το σώμα σου, την αναπνοή σου; Αυτή τη στιγμή, κατά την ανάγνωση αυτών των σειρών, είσαι αρκετά παρών, δεν κοιμάσαι, δε σκέφτεσαι κάτι άλλο. Αλλά πόσο συγκεντρωμένος είσαι σε ό,τι συμβαίνει ΤΩΡΑ – όταν καθαρίζεις πατάτες ή πλένεις τα πιάτα, όταν κατεβάζεις τα σκουπίδια ή όταν κοιτάζεσαι στον καθρέφτη του μπάνιου;

Σε προσκαλώ να αποφασίσεις να κερδίσεις τη συνειδητότητα στην καθημερινή σου ζωή. Γιατί κάθε λεπτό της ζωής που βίωσες - ανεξάρτητα από αυτό που κάνεις - είναι μοναδικά πολύτιμος χρόνος ζωής. Το ουσιαστικό στη ζωή δεν είναι αυτό που κάνεις, αλλά το πώς το κάνεις, ξύπνιος ή κοιμισμένος, συγκεντρωμένα ή αφηρημένα, συνειδητά ή μη συνειδητά. Η απόφαση για τη συνειδητότητα σημαίνει: «Θέλω να εξασκηθώ, ώστε ό,τι κάνω να το κάνω όλο και πιο συνειδητά. Θέλω να πλένω τα δόντια μου, να χαιρετώ το γείτονά μου, να κάνω την πρωινή μου γυμναστική, να διαβάζω την εφημερίδα, να περιμένω στην ουρά ή να μιλώ με το σύντροφό μου εξίσου συνειδητά.»

Κάνε όλο και πιο πολύ συνήθεια το να σκέφτεσαι συνειδητά, για να σου γίνουν συνειδητές οι σκέψεις σου, για να συνειδητοποιήσεις τι σκέφτεται αυτό το κάτι τη στιγμή αυτή μέσα σου. Και αναρωτήσου τότε: «Είναι αυτό που θέλω να σκέφτομαι;» Κι αν η καρδιά σου σε αφήνει να νιώσεις πως αυτές εδώ οι σκέψεις δεν είναι ειρηνικές σκέψεις, ούτε σκέψεις κατανόησης, υποστήριξης και αγάπης, τότε σκέψου εκ νέου, κάνε μια νέα σκέψη προς την κατεύθυνση στην οποία σε οδηγεί η καρδιά σου.

Εάν δεν αποφασίσεις συνειδητά για την κατεύθυνση που παίρνουν οι σκέψεις σου, τότε αφήνεις τους άλλους να αποφασίσουν, τότε αυτόματα σκέφτεσαι τι σκέφτονται οι άλλοι, τότε σκέφτεσαι με τη μάζα και καθοδηγείσαι από αυτή τη συλλογική συνείδηση. Ή τότε τα παλιά σου πρότυπα σκέψης, το παρελθόν σου συνεχίζει να αποφασίζει σχετικά με το ποια κατεύθυνση θα πάρεις. Διευκρίνισε για ακόμη μια φορά:

Οι σκέψεις σου είναι το πλέον πολύτιμο οικοδομικό υλικό της ζωής σου. Όλα τα δημιουργείς με αυτές. Επίλεξε μόνο αυτό που κατά τη γνώμη σου είναι το βέλτιστο υλικό. Και ό,τι δεν πληροί τις ποιοτικές σου απαιτήσεις ευλόγησέ το και άφησέ το να φύγει. Κάνε την ανώτατη σκέψη που μπορείς να σκεφτείς για σένα. Και μετά βίωσέ την.

⊞ **Η επιλογή σου: Αυτοσυγκέντρωση ή Εσυμανία.**[1]

Οι περισσότεροι άνθρωποι έχουν διαρκώς προσκολλημένη τη σκέψη τους στους άλλους. Είναι μεγαλωμένοι έτσι ώστε να πιστεύουν πως πρέπει να φροντίζουν συνεχώς τους άλ-

---

1 Ο όρος τίθεται σε αναλογία με τον όρο εγωμανία (egomanie). Αν και δεν απαντάται στα ελληνικά, η λέξη «εσυμανία» θεωρήθηκε ως η καταλληλότερη για να μεταφραστεί η γερμανική λέξη Du-Sucht.

λους. Έτσι έχουν το νου τους πάντα στις υποθέσεις των άλλων. Όποιος το κάνει αυτό δεν μπορεί ταυτόχρονα να βρίσκεται στον εαυτό του και να φροντίζει τις δικές του υποθέσεις. Κι έτσι δημιουργεί εμπλοκές και βάσανα στις δικές του σχέσεις. Είναι θαυμάσιο να μπορούμε να υποστηρίζουμε άλλους ανθρώπους. Υπάρχει, όμως, ένα είδος υποστήριξης – ιδιαίτερα εκ μέρους των γυναικών – το οποίο είναι μάλλον μια συνεχής ενασχόληση με τις υποθέσεις των αντρών τους, των παιδιών τους, των γονέων τους, των γειτόνων. Όποιος δεν μάθει να διαφοροποιεί ποιες είναι οι δικές του υποθέσεις και ποιες οι υποθέσεις των άλλων - ή τι είναι υπόθεση του Θεού -, αυτός προκαλεί στον εαυτό του μεγάλα βάσανα.

Το αν βρέχει, χιονίζει ή έχει λιακάδα είναι υπόθεση του Θεού· αυτό δεν μπορείς να το επηρεάσεις. Πολλοί άνθρωποι, όμως, κατηγορούν ήδη από το πρωί τον «παλιόκαιρο.» Αυτό τους καταθλίβει ενώ θα μπορούσαν να κάνουν κάτι καλύτερο: να ανακαλύψουν την ομορφιά της βροχής, της ομίχλης ή του χιονιού.

Το αν ο σύντροφός σου φροντίζει για τον εαυτό του και την υγεία του είναι δική του υπόθεση, έτσι όπως είναι υπόθεση δική σου, το αν και πώς φροντίζεις το δικό σου σώμα. Το όριο όμως αυτό το υπερβαίνει συνεχώς το επιχείρημα πως δήθεν ο άλλος δεν είναι σε θέση να το κάνει ή είναι τεμπέλης κλπ. Το να αναλαμβάνεις υποθέσεις άλλων ανθρώπων, που ανήκουν δηλαδή στον τομέα της αρμοδιότητάς τους είναι μια καλή μέθοδος να αποδυναμώσεις τον άλλο, να τον εξαρτήσεις και να προβάλεις τον εαυτό σου.

Οι περισσότεροι άνθρωποι σε όλη τη διάρκεια της ημέρας δεν αφιερώνουν τις σκέψεις τους στον εαυτό τους. Δεν συγκεντρώνονται σε αυτό που τη δεδομένη στιγμή είναι το πλέον σημαντικό γι' αυτούς. Χάνονται στην *εσυμανία*: χρησιμοποιούν τον άλλο ως θεραπεία αυτοαπασχόλησης. Πολλοί άνθρωποι δεν είναι καν σε θέση να συγκεντρωθούν και να ασχοληθούν πραγματικά με τον εαυτό τους. Δεν το έμαθαν ποτέ ή δεν ξέρουν τι να κάνουν με τον εαυτό τους. Πολλοί εκμεταλλεύονται τη φροντίδα των άλλων π.χ. του συντρόφου τους ή των παιδιών τους για να αποφύγουν τον ίδιο τους τον εαυτό.

Αν κι εσύ ανήκεις σε αυτούς τους «φροντίζοντες ανθρώπους», τότε πάψε πλέον να το κάνεις. Αν φροντίζεις συχνά και συνέχεια τους άλλους, αν δεν ασχολείσαι με τον εαυτό σου, τότε μέσα σου έχεις ένα κενό, γιατί κανένας δεν είναι μέσα σου για να φροντίζει εσένα. Το πρώτο σου άγιο καθήκον είναι να είσαι παρών για τον εαυτό σου και να φροντίζεις καλά για σένα. Έτσι θα είσαι το καλύτερο παράδειγμα προς μίμηση για τους συναθρώπους σου και ιδιαίτερα για τα παιδιά σου και το σύντροφό σου. Φρόντισε γι' αυτό που στη ζωή σου είναι το ουσιαστικό, δηλαδή για τον εαυτό σου, τις σκέψεις σου, τα συναισθήματά σου, το σώμα σου, τις μύχιες επιθυμίες σου, τη χαρά σου, την αγάπη σου. Αυτό δεν έχει καμία σχέση με εγωισμό αλλά αντίθετα είναι εξυπνάδα και αγάπη. Όποιος δε φροντίζει καλά τον ίδιο του τον εαυτό θα γίνει μακροπρόθεσμα βάρος για το περιβάλλον του, καθώς δεν είναι ευτυχισμένος και σπάνια είναι υγιής. Και θα δημιουργήσει σίγουρα βάσανα και προβλήματα και στον εαυτό του και στους συνανθρώπους του.

Πάρε την απόφαση για αυτοσυγκέντρωση, θέσε ως κέντρο τον εαυτό σου και πες: «Στρέφω από τώρα όλη μου την προσοχή σε εμένα τον ίδιο και φροντίζω για τις δικές μου υποθέσεις. Κοιτάζω τα εσωτερικά και τα εξωτερικά μου "εργοτάξια" και τακτοποιώ το ένα μετά το άλλο. Δεν δραπετεύω από τα δυσάρεστα συναισθήματά μου, αλλά αφιερώνω χρόνο σε αυτά και στρέφω την προσοχή μου μέσα μου. Θα φροντίσω να είμαι καλά και θα φροντίσω επίσης εγώ ο ίδιος για την ευτυχία και την ευεξία μου. Θα αγαπώ τους συνανθρώπους μου, θα τους δείχνω όμως εμπιστοσύνη και θα θεωρώ ότι είναι σε θέση να κανονίσουν οι ίδιοι τις δικές τους υποθέσεις. Σέβομαι το δρόμο του καθένα. Θα προσφέρω την υποστήριξή μου στους άλλους αλλά δε θα την επιβάλλω με το ζόρι και δεν θα παρεμβαίνω πλέον.»

▣ Η επιλογή σου: Χαρά ή κατάθλιψη.

Πόση χαρά υπάρχει μέχρι τώρα στη ζωή σου; Πόσο πολύ γελάς στην καθημερινή σου ζωή; Χαίρεσαι κάθε πρωί για την καινούρια μέρα; Χαίρεσαι για την οικογένειά σου; Χαίρεσαι για τη δουλειά σου; Χαίρεσαι για τον πλούτο και την ομορφιά που σου προσφέρει η ζωή; Απολαμβάνεις τα χίλια δυο μικροπράγματα της ζωής; Αν νιώθεις πως δεν υπάρχει αρκετή χαρά στη ζωή σου, τότε ανάλαβε, σε παρακαλώ, την ευθύνη γι' αυτό. Δεν είναι ο γιος σου ή η κόρη σου αυτοί που σου κλέβουν τη χαρά. Δεν είναι η πεθερά σου, δεν είναι ο άντρας σου ή η γυναίκα σου. Εσύ ο ίδιος δεν έχεις αποφασίσει (ακόμη) για μια ζωή χαρούμενη αλλά για το αντίθετο. Φυσικά, πήρες την απόφασή σου αυτή χωρίς να το συνειδητοποιήσεις. Όποιος δεν αισθάνεται πολλή χαρά στη ζωή του και δεν έχει αποφασίσει συνειδητά να έχει χαρά έχει εμπλακεί σε πολλές αναληθείς σκέψεις για τον εαυτό του και τη ζωή. Σε καλώ να πάρεις μια βασική απόφαση λέγοντας: «Αποφασίζω να έχω μεγάλη χαρά, ναι, γέλιο και ενθουσιασμό στη ζωή μου.» Αυτή την απόφαση μπορείς να την πάρεις τελείως ανεξάρτητα από το πόση χαρά υπάρχει σήμερα στη ζωή σου.

Όπως είναι λογικό, το μυαλό θέλει να μάθει πολύ γρήγορα πώς θα γίνει αυτό. Πώς μπορεί ένας άνεργος να χαρεί; Πώς μπορεί μια μητέρα τεσσάρων παιδιών να χαρεί; Πώς μπορεί να χαρεί κάποιος που είναι άρρωστος; Πώς μπορεί να χαρεί εκείνος που δεν έχει αρκετά χρήματα για να ζήσει; Ναι, σε τέτοιες περιπτώσεις είναι ιδιαίτερα σημαντικό και χρήσιμο να θυμηθούμε τη χαρά της ζωής και να αποφασίσουμε ότι θέλουμε να ζήσουμε τη ζωή της χαράς. Κάνε με τον ίδιο σου τον εαυτό μια συμφωνία, την αυτοδέσμευση:
«Αποφασίζω να γίνω ανοιχτός στην ενέργεια της χαράς. Προσκαλώ την χαρά ως κατάσταση ενέργειας στη ζωή μου.»
Αυτό δεν είναι «θετική σκέψη», αλλά μια βασική απόφαση για την οποία εσύ δεσμεύεις τον εαυτό σου. Μπορείς, επίσης, να πεις: «Προσκαλώ τον άγγελο της χαράς στη ζωή

μου.» Άγγελος είναι μια άλλη λέξη για την ενέργεια. Κάθε κατάσταση θετικής ενέργειας είναι ένας άγγελος.

Μπορείς να πεις: «Δεν είμαι πλέον πρόθυμος να προσφέρω στον εαυτό μου μια ζωή δίχως χαρά. Υποχρεώνω τον εαυτό μου να ζει από σήμερα μια ζωή στην οποία η χαρά και το γέλιο θα έχουν το χώρο τους. Θέλω να ανακαλύψω ποιες περιστάσεις είναι αναγκαίες για να έχω χαρά στη ζωή μου και θέλω να φροντίσω εγώ ο ίδιος για τις περιστάσεις αυτές. Δε θέλω πια να συνεχίζω να ρίχνω την ευθύνη σε άλλους ανθρώπους για το γεγονός ότι δεν υπάρχει πολλή χαρά στη ζωή μου, αλλά παίρνω εγώ ο ίδιος τα ηνία γι᾽ αυτό. Δεν είναι καθήκον της γυναίκας μου, του άντρα μου, των παιδιών μου ή του προϊσταμένου μου να μου δίνουν χαρά, αλλά είναι αποκλειστικά δικό μου καθήκον.

Είμαι πρόθυμος να απολαμβάνω όχι μόνο τα μεγάλα γεγονότα, όπως τις διακοπές που θα ᾽ρθουν σε έξι μήνες ή να περιμένω τα γενέθλιά μου σε εννέα μήνες ή τη σύνταξή μου σε δεκαπέντε χρόνια. Θέλω να χαίρομαι τώρα και κάθε μέρα τα μικρά πράγματα της ζωής, το τραπέζι του πρωινού, την απόλαυση του καφέ ή του τσαγιού μου, τους συνανθρώπους μου, τα φυτά και τα ζώα γύρω μου, τη μουσική ή την ησυχία, τη σιωπή, το αυτοκίνητό μου και το σπίτι μου, τη βροχή και τη λιακάδα· θέλω να βιώσω τη χαρά σε όλες τις εμπειρίες μου στη ζωή αυτή ως άνθρωπος.

Θα ρωτήσω την καρδιά μου: «Καρδιά, τι σε χαροποιεί; Καρδιά, τι σε κάνει να τραγουδάς; Και αφουγκράζομαι αυτό που ποθεί η καρδιά μου και αποφασίζω να επιφέρω ακριβώς αυτό στη ζωή μου.»

Αν θέλουμε να επιφέρουμε την κατάσταση της χαράς στη ζωή μας – που σήμερα όμως την καθορίζει μάλλον το αντίθετο, δηλαδή η στενοχώρια, η λύπη ή κι ακόμη η κατάθλιψη – τότε βοηθάει ιδιαίτερα να γνωρίζεις και να εφαρμόζεις *μια αρχή ενέργειας* που είναι η εξής: *Αν θέλω να επιτύχω ένα στόχο, τότε μπορώ να τον επιτύχω μόνο με την αντίληψη, την αναγνώριση και την αποδοχή του αντιθέτου.* Αυτό, αναφορικά με τη χαρά, συγκεκριμένα σημαίνει: Αν

167

θέλω να έχω και να κρατήσω τη χαρά στη ζωή μου, τότε πρέπει να αφιερωθώ με θάρρος και περιέργεια σε όλα εκείνα που σήμερα, μέσα μου και στη ζωή μου, δεν πλαισιώνονται από χαρά. Πρέπει να πάρω το χρόνο και να στραφώ προς το μέσα μου για να αντιληφθώ τα συναισθήματα της μη χαράς, του θυμού, της οργής, της λύπης, της κατάθλιψης, να τα νιώσω βαθιά και καταφατικά και να αναπνεύσω μέσα σε αυτά. Γιατί, ανάμεσα σε μας και στη χαρά βρίσκονται ακριβώς αυτές οι ενέργειες τις οποίες εμείς οι ίδιοι κάποτε σε παλιότερα χρόνια δημιουργήσαμε. Για παράδειγμα, στους περισσότερους άντρες και στις περισσότερες γυναίκες υπάρχει βαθιά μέσα τους μέχρι σήμερα ένα μικρό, λυπημένο, αποθαρρυμένο, εγκαταλελειμμένο παιδί που απλά δεν τους αφήνει μέχρι τώρα να φτάσουν στη χαρά. Το παιδί αυτό μέσα σου περιμένει επίσης να στραφείς μέσα σου, να μάθεις να συμπάσχεις με αυτό ώστε να διαλύσεις τα συναισθήματα της λύπης, της μοναξιάς και της εγκατάλειψής του. Εδώ σου συστήνω τα CD διαλογισμού *Απελευθέρωσε και θεράπευσε το παιδί μέσα σου* και *Πώς να τροποποιήσεις αρνητικά συναισθήματα σε χαρά*, όπως και τη διάλεξή μου *Μετάτρεψε φόβο, οργή, πόνο κλπ. σε χαρά*. Κάνε έναν από τους διαλογισμούς μια φορά την εβδομάδα και άκουσε τη διάλεξη δέκα φορές και γρήγορα θα νιώσεις τι αλλάζει μέσα σου προς την κατεύθυνση της χαράς.

Χιλιάδες άνθρωποι υποφέρουν σήμερα στη Γερμανία από κατάθλιψη και η φαρμακευτική βιομηχανία απολαμβάνει το γεγονός αυτό, γιατί τα αντικαταθλιπτικά τής επιφέρουν δισεκατομμύρια, δεν θεραπεύουν όμως κανενός είδους κατάθλιψη. Μόνο την απομακρύνουν. Πώς όμως προκύπτει η κατάθλιψη; Από πού προέρχεται αλήθεια η κατάθλιψη; Προέρχεται από την άρνηση να νιώσεις δυσάρεστα συναισθήματα, ιδιαίτερα το συναίσθημα της λύπης. Τη λύπη – όπως και άλλα συναισθήματα με πρώτο από όλα το φόβο – τα καταπιέζουμε συστηματικά, τα απωθούμε, τα κρύβουμε, τα απαρνούμαστε. Η λύπη δε χωράει στην κοινωνία μας που είναι μία κοινωνία διασκέδασης. Η λύπη, όμως,

168

είναι ένα βαθιά ανθρώπινο συναίσθημα και όχι κάτι κακό. Καθένας μας έχει βιώσει στη ζωή του, ιδιαίτερα στα παιδικά του χρόνια, πλήθος γεγονότων που του επέφεραν λύπη. Όμως, τη λύπη που δημιουργήθηκε στο παρελθόν και συχνά μας διαπότιζε την απωθούμε στην καθημερινή μας ζωή, γιατί διάφορα πράγματα αποσπούν την προσοχή μας, όπως το «πρόγραμμα διασκέδασης» αυτού του κόσμου· κάτι που στην πραγματικότητα δεν είναι παρά πρόγραμμα αντιπερισπασμού και νάρκωσης του πόνου. Εκατομμύρια άνθρωποι κάθονται κάθε βράδυ μπροστά στην τηλεόραση και βλέπουν τις μεγαλύτερες ανοησίες μόνο και μόνο για να μην πρέπει να αισθάνονται αυτό που μέσα τους κραυγάζει για να το νιώσουν. Και επαναλαμβάνω: Η χρόνια καταπιεσμένη λύπη οδηγεί σε κατάθλιψη, ο χρόνια καταπιεσμένος φόβος σε κρίσεις πανικού. Και αυτά τα συναισθήματα αναπτύσσονται σιγά-σιγά σε «ενδημική νόσο.»

🔳 **Η επιλογή σου: Υγεία ή αρρώστια.**

Νιώθεις πως έχεις την κυριαρχία του σώματός σου; Πιστεύεις πως εσύ είσαι εκείνος που αποφασίζει για την ασθένεια ή την υγεία σου; Φαντάζεσαι πως εσύ είσαι αυτός που αποφασίζει πότε θα εγκαταλείψεις αυτό το σώμα; Αν οι απαντήσεις είναι «όχι», τότε σε προσκαλώ να βγάλεις και αυτό το «παλιό παπούτσι» και να σκεφτείς διαφορετικά. Στο δεύτερο κεφάλαιο διευκρίνισα ότι οι περισσότεροι από εμάς έχουν παραδώσει την υπεράσπιση του σώματός τους σε άλλους, στη νοοτροπία της συλλογικής συνείδησης, στο πεπρωμένο, σε γιατρούς ή σε ειδικούς. «Όσο ακόμη είμαστε σε θέση, θα κάνουμε διακοπές», άκουσα κάποτε να λέει μια γυναίκα. Στην πρόταση αυτή μπορούμε να διακρίνουμε την παραχώρηση που κάνει το πνεύμα της να προσφέρει τη δύναμη του σώματός της και μάλιστα πολύ σαφώς. Γιατί η σκέψη που κρύβεται πίσω από αυτήν την πρόταση είναι:

«Κάποτε δεν θα μπορούμε πλέον!» Βλέπουμε τους πολλούς ηλικιωμένους ανθρώπους, τα γεμάτα γηροκομεία, τα ταλαιπωρημένα σώματα που κάθε μέρα «εφοδιάζονται» με φάρμακα (μεταξύ αυτών με άπειρα καταπραϋντικά και παυσίπονα). Έτσι πρέπει να είναι τα φυσιολογικά γηρατειά; Θα καταλήξουμε κι εμείς κάποια μέρα εκεί; Τι δυσάρεστες αλήθεια προοπτικές!

Αν δεν θέλεις να καταλήξεις έτσι και αντίθετα επιθυμείς κάποια μέρα να φύγεις από το σώμα αυτό υγιής και με καθαρό πνεύμα, τότε μπορείς να το κάνεις. Πώς; Πρώτα πρέπει να αισθανθείς μέσα σου και να εξετάσεις αν εμπιστεύεσαι κι επιτρέπεις στον εαυτό σου να έχει τη δύναμη να αποφασίζει ο ίδιος για τέτοια θέματα αντί να τα αναθέτει στον καλό Θεό ή στο πεπρωμένο. Εφόσον πιστεύεις πως για την κατάσταση του σώματός σου στο τέλος της ζωής σου έχεις μόνο μικρή επιρροή, τότε τα χέρια σου σού είναι ακόμη δεμένα.

Αναρωτήσου σε παρακαλώ: «Πόσων χρονών θέλω κάποτε να γίνω με το σώμα αυτό;» και βρες την απάντηση μέσα σου. Κατάγραψε όλες τις σκέψεις που σου έρχονται κατά την αναζήτηση της απόφασης. Νιώσε επίσης τα συναισθήματα που εμφανίζονται και κοίταξε τις εικόνες που βρίσκονται σε γλυκό λήθαργο μέσα σου σχετικά με την ηλικία, τις ασθένειες, την ανημπόρια και το θάνατο. Εγώ ισχυρίζομαι: Αν έχεις όρεξη, αν πράγματι έχεις όρεξη να παραμείνεις σε αυτό το σώμα για εκατό χρόνια, αν συνδέεις αυτή την ηλικία με μια εικόνα υγείας, χαράς για τη ζωή και πνευματικής διαύγειας, τότε μπορείς εσύ να αποφασίσεις γι' αυτό. Αυτή η απόφαση δεν λαμβάνει χώρα έξω από εσένα αλλά μέσα σου και μάλιστα στο πνεύμα σου. Γι' αυτό θεωρείται πολύ ουσιαστικό να αφουγκράζεσαι όλο και καλύτερα ποιες βασικές σκέψεις κάνει «αυτό» μέσα μας σχετικά με το σώμα και την κατάστασή του. Το πώς φαίνεται το σώμα σου, το πόσο υγιές είναι και πόσο θα παραμείνει έτσι ή το αν και πόσο γρήγορα θα γίνεις πάλι υγιής εφόσον το σώμα σου είναι προς στιγμήν άρρωστο αυτό οφείλεται πρώτα απ' όλα σε σένα τον ίδιο, στη βασική διανοητική σου στάση και στις μη συνειδητές σου αποφάσεις σχετικά με το θέμα αυτό.

Όταν αρρωσταίνει το σώμα μας, τότε λέμε και σκεφτόμαστε: «Είμαι άρρωστος!» Μόνο η σκέψη αυτή συμβάλλει στο να αρρωστήσει πραγματικά το σώμα μας. Όσο σκεφτόμαστε κάτι τέτοιο κρύβεται πίσω από αυτό η σκέψη: «Εγώ είμαι το σώμα μου.» Αν αυτό ίσχυε, τότε θα ήσουν ένα θνητό ον το οποίο σε μερικά χρόνια ή δεκαετιες θα εξαφανιζόταν από το προσκήνιο και θα έχανε την ύπαρξή του. Η καρδιά μου μού λέει πως αυτό είναι μια αυταπάτη. Ναι, το σώμα μια μέρα θα αποσυντεθεί και θα γίνει πάλι χώμα, από το οποίο θα δημιουργηθεί νέα ζωή, αλλά ακόμη κι αυτό δεν είναι καταστροφή αλλά μια μεταμόρφωση. Εσύ όμως δεν είσαι αυτό το σώμα. Η δική σου, η δική μας φύση λέγεται ΠΝΕΥΜΑ. Είμαστε πνευματικά όντα που προς στιγμή κατοικούν σε αυτό το σώμα κι έχουν τη δύναμη να καθορίζουν όσα σχετίζονται με την υγεία του, τον γηρασμό ή τη διατήρηση της νεότητάς του· επίσης, όσα σχετίζονται με τον τρόπο και τη χρονική στιγμή της εξόδου από αυτό το σώμα. Μόνο που αυτό το έχουμε ξεχάσει.

Όταν πρόκειται για το δικό μας σώμα, για υγεία ή ανάρρωση, τότε επιτρέπεται να γίνουμε πάλι απλό πνεύμα. Η κλασική ιατρική και η «υγειονομική περίθαλψη» –που καλύτερα να ονομαζόταν «ασθενική περίθαλψη» – έχουν κάνει τα πράγματα τόσο πολύπλοκα ώστε ο απλός άνθρωπος να μην τολμάει πλέον να αναπτύξει στον τομέα αυτό αρμοδιότητα και αυτοπεποίθηση. Σε αυτή τη βιομηχανία παραγωγής αρρώστιας υπάρχουν στο μεταξύ πάνω από δέκα εκατομμύρια θέσεις εργασίας. Έτσι, ο άρρωστος και η αρρώστια είναι σήμερα αναγκαία για να διατηρείται αυτός ο οικονομικός κλάδος. Και χρειαζόμαστε όλο και περισσότερους ασθενείς ώστε στον κλάδο αυτό να παραμείνει σταθερή η «ανάπτυξη.» Ακούγεται ίσως διεστραμμένο και όντως είναι.

Αυτή την άθλια κατάσταση την έχουμε δημιουργήσει όλοι μαζί και τη διατηρούμε στη ζωή, γιατί συνεργαζόμαστε και

171

με το πνεύμα μας και με τις καθημερινές πράξεις. Ένας συνηθισμένος άνθρωπος, όταν έχει πονοκέφαλο, παίρνει ασπιρίνη ή κάτι παρόμοιο για να του φύγει ο πόνος. Για τη θεραπεία των αιτιών του πόνου του, η οποία θα συσχετιζόταν με την αλλαγή της νοητικής του στάσης και συμπεριφοράς, δεν ενδιαφέρεται καθόλου ή μόνο σε ελάχιστο βαθμό.

Σε προσκαλώ με την καρδιά μου σε μια νέα σχέση και συμπεριφορά απέναντι στο θαυμάσιο σώμα σου. Το σώμα σου είναι ένα τόσο θαυμάσιο έργο που εμένα με εκπλήσσει όλο και πιο πολύ το πόσο αυτονόητα το μεταχειριζόμαστε, το πόσο λίγο το θαυμάζουμε, το εκτιμούμε, το σεβόμαστε και το ότι δεν έχουμε κατανόηση γι' αυτό. Αυτό το σώμα σου αποτελείται από ένα τετρακισεκατομμύριο ζωντανών κυττάρων, τα οποία αλληλεπιδρούν με μεγάλη ακρίβεια και αρμονία. Προσπάθησε για μια μόνο φορά να φανταστείς μια ορχήστρα με ένα τετρακισεκατομμύριο μουσικών όντων να παίζουν μαζί μια μεγαλειώδη, θαυμάσια, τέλεια συμφωνία. Αυτό δεν μπορούμε καν να το φανταστούμε. Αλλά στο σώμα σου κάτι τέτοιο συντελείται. Αυτό το θαυμάσιο έργο που λέγεται σώμα κυβερνάται, έχει σφυγμό και αναπνέει από μια πηγή – πες τη ζωή,

Θεό ή καθολικό πνεύμα. Με αυτήν την πηγή δεν είναι μόνο το σώμα σου συνδεδεμένο αλλά και το πνεύμα σου που είναι υπεύθυνο για όλα. Είσαι πνεύμα του πνεύματός σου και δεν είσαι χωρισμένος από αυτό αλλά άρρηκτα συνδεδεμένος, ναι, είσαι ένα με αυτό. Αυτό το πνεύμα που είναι για όλα υπεύθυνο έδωσε στο πνεύμα σου δύναμη για να δημιουργήσει, να διατηρήσει τη ζωή, να την ομορφύνει ή να την καταστρέψει. Αυτή τη δύναμη τη χρησιμοποιούμε –καθένας μας– κάθε μέρα, μόνο που αυτό γίνεται σχεδόν πάντα μη συνειδητά. Δημιουργούμε συνεχώς, ασταμάτητα, αλλά σχεδόν πάντα μη συνειδητά. «Δεν ξέρουν τι κάνουν», θα μπορούσε να είναι ο τίτλος της ανθρωπότητας. Μπορείς, αν το θέλεις, να ακολουθήσεις πάλι τα ίχνη των πράξεών σου, της μη συνειδητής δημιουργίας σου κι επί-

σης των αιτιών που προκαλούν την υγείας και την ασθέ-
νειά σου. Τα αμέτρητα κύτταρα του σώματός σου ξέρουν
ακριβώς ποιου πνεύματος είσαι παιδί. Ακούνε τι είδους
σκέψεις κάνεις μέσα σου. Διαισθάνονται τι είδους αισθή-
ματα υπάρχουν μέσα σου, γιατί είναι άρρηκτα δεμένα μαζί
σου και εξαρτώνται από το πνεύμα σου. Αν στο πνεύμα σου
υπάρχουν σκέψεις ενάντια στη ζωή π.χ. «Δεν είναι χαρά το
να ζεις!» ή «Η ζωή είναι δύσκολη!», τότε προκύπτουν αντί-
στοιχα συναισθήματα στεναχώριας, λύπης ή και κατάθλι-
ψης. Το σώμα σου αρχίζει στη συνέχεια να απεικονίζει τις
σκέψεις και τα συναισθήματά σου.

Το σώμα σου δεν έχει δική του δύναμη και δική του θέληση.
Η απόφαση για το αν είναι άρρωστο ή υγιές δε λαμβάνεται
στο σώμα σου αλλά στο πνεύμα σου.
Εξέτασε μόνο πρώτα το αν μέσα σου, σε αυτό το δικό σου
σώμα, κάτι λέει ένα μεγάλο, χαρούμενο «ΝΑΙ!» στη ζωή.
Λες αδέσμευτα «ΝΑΙ» στον εαυτό σου και σε αυτή τη ζωή;
Εκπέμπεις αυτό το «ΝΑΙ!», τότε μπορεί να το διαβάσει κα-
νείς καθημερινά στο πρόσωπό σου και στο περπάτημά σου,
να το ακούσει από την ομιλία σου και τις πράξεις σου. Χρει-
άζεσαι μόνο πέντε λεπτά για να ανακαλύψεις αν μέσα σου
έχεις ένα «ΝΑΙ», ένα «ΟΧΙ» ή ένα «ΝΟΧΙ.» Στο «ΝΑΙ» σου,
στο «ΟΧΙ» ή στο «ΝΟΧΙ» (δηλ. και Ναι και Όχι) αντιδρά το
σώμα σου διαρκώς. Αντιδρά στο Ναι που προφέρεται πε-
ριορισμένα και προκύπτει μετά από επιφυλακτική σκέψη.
Και μόνο αυτό αρκεί ως αιτία για την περιορισμένη και εν
μέρει κατεστραμμένη υγεία του σώματός μας.

Οι σκέψεις και τα συναισθήματά σου δεν είναι τίποτε άλλο
από δονήσεις και ακριβώς έτσι είναι και το σώμα σου, προ-
πάντων δόνηση. Όλη η ύλη και όλα τα αιμοφόρα αγγεία
και τα αιμοκύτταρά σου βρίσκονται σε δόνηση. Η δυνατή
σαν μπιλιάρδο ορχήστρα του σώματός σου είναι ένα μονα-
δικό μεγάλο σώμα δόνησης ή ήχου αποτελούμενο από
άπειρες υπομονάδες δόνησης (όργανα, σύνδεσμοι κυττά-
ρων κλπ.), που είναι εναρμονισμένες μεταξύ τους. Οι δο-

νήσεις των σκέψεων και των συναισθημάτων σου, ιδιαίτερα εκείνων που απευθύνονται σε σένα τον ίδιο και στη ζωή, μεταδίδονται αδιάκοπα στις δονήσεις του σώματός σου. Κάθε σκέψη σου, προπάντων εκείνες που επανειλημμένα σκέφτεσαι, διαμορφώνει κάθε μέρα το εσωτερικό και το εξωτερικό του σώματός σου. Όταν το βλέπεις γυμνό μπροστά σε έναν καθρέφτη, στέκεσαι μπροστά στη δική σου δημιουργία, το έχεις διαπλάσει καθημερινά με τη δύναμη των σκέψεων και των συναισθημάτων σου. Ανάλαβε γι' αυτό την ευθύνη σου, έτσι ώστε να αναλάβεις και πάλι τη δύναμη να το κάνεις και να το διατηρήσεις στο μέλλον υγιές. Ως επί το πλείστον επιβαρύνουν, όμως, αυτό το σώμα όλα τα συναισθήματα ή οι συγκινήσεις τις οποίες έχεις μεν δημιουργήσει και διαρκώς θρέφεις και πολλαπλασιάζεις όμως δε θέλεις μέχρι σήμερα να τις αποδεχθείς ως δικές σου δημιουργίες και να τις νιώσεις καταφατικά. Ασταμάτητη έντονη οργή, μίσος, ανημπόρια, αδυναμία, λύπη, φόβος, κατωτερότητα, ενοχή, ντροπή ή εγκατάλειψη που έχεις δημιουργήσει από την παιδική σου ηλικία και που δεν έχεις όμως αντιμετωπίσει προφανώς μέχρι σήμερα καταφατικά. Όσο αυτό δε συμβαίνει, δεν μπορεί να υπάρξει ροή, όπως περιγράφηκε και στο τρίτο κεφάλαιο. Το φτωχό σου σώμα είναι αναγκασμένο να κουβαλάει για δεκαετίες αυτές τις ενέργειες που το επιβαρύνουν πολύ και τις οποίες εσύ κατάπιες, έφαγες μέσα σου ή τις φορτώθηκες. Αν αρχίσεις να αισθάνεσαι αυτά τα συναισθήματα καταφατικά, τότε συνέρχεται το σώμα σου σε λίγες μόνο ημέρες. Αυτό αντικατοπτρίζεται κάλλιστα σε πολλά πρόσωπα από αυτούς που συμμετέχουν στα σεμινάριά μου.

Αν θέλεις να γίνεις ή να παραμείνεις υγιής, τότε άρχισε να επιφέρεις στο σώμα σου και σε όλα του τα κύτταρα αγάπη κι ευγνωμοσύνη. Σε αυτές τις δύο ενέργειες αντιδρούν τα κύτταρά σου ισχυρότατα. Ο Δρ. Masaru Emoto που δέχτηκε τα τελευταία χρόνια μεγάλη αναγνώριση λόγω της έρευνάς του πάνω στους υδατικούς κρυστάλλους ανακάλυψε ότι το νερό αντιδρά στο συνδυασμό των δύο ενεργειών της «αγάπης» και της «ευγνωμοσύνης» πολύ θετικά και δείχνει σε κατάσταση ψύξης τα πιο όμορφα κρύσταλλα.

Αν, όμως, το νερό ενός ποτηριού αντιδρά στις γραμμένες λέξεις «ευχαριστώ» ή «βλάκας» τόσο ισχυρά ώστε στην πρώτη περίπτωση να γίνεται ορατό κάτω από το μικροσκόπιο ένα θαυμάσιο κρύσταλλο ενώ στη δεύτερη περίπτωση ένα άμορφο συστατικό, τότε πόσο περισσότερο το νερό στο σώμα σου όπως και όλα τα κύτταρα αντιδρούν στην αγάπη και τη ευγνωμοσύνη που τους δείχνεις; (Περισσότερο από το 70% του σώματός σου αποτελείται από νερό.)

Το πείραμα του Emoto με βρασμένο ρύζι επέφερε αποτελέσματα που μπορείς να τα παρακολουθήσεις κι εσύ στο σπίτι σου. Έβαλε λοιπόν αυτός σε τρία βάζα βρασμένο ρύζι, τα έκλεισε και εφάρμοσε σε κάθε βάζο μια διαφορετική «θεραπεία.» Το ένα βάζο δεχόταν καθημερινά τη θεραπευτική λέξη «Ευχαριστώ», το δεύτερο βάζο τη λέξη «βλάκας» και στο τρίτο βάζο δεν έδινε καμία σημασία. Το πείραμα αυτό διεξήχθη εκατοντάδες φορές με τη συμμετοχή παιδιών ή ενηλίκων. Το αποτέλεσμα ήταν πάντα καταπληκτικό: Το αγνοημένο ρύζι μούχλιασε πολύ γρήγορα και εξέπεμπε ανυπόφορη δυσοσμία ήδη μετά από λίγο χρονικό διάστημα. Το ρύζι με τη λέξη «βλάκας» κράτησε πολύ περισσότερες ημέρες, ενώ το ρύζι «ευχαριστώ» δε χάλασε διόλου αλλά υπέστη ζύμωση και τρωγόταν ακόμη και πολλές εβδομάδες αργότερα.

Από αυτό το πείραμα μπορούμε επίσης να μάθουμε πως η χειρότερη μεταχείριση για ένα παιδί είναι να το αγνοούμε ή να το τιμωρούμε με σιωπή. Όσο όμως υπάρχουν μητέρες που φέρουν εσωτερικά τραύματα δεν πρόκειται αυτό το είδος «βασανισμού» να εξαλειφθεί.

Άρχισε λοιπόν να συμπεριφέρεσαι στο σώμα σου, στα κύτταρα και στα όργανά σου με αγάπη κι ευγνωμοσύνη. Έλα σε πολύ προσωπική επαφή με το σώμα σου και να είσαι σίγουρος για το εξής: τα καταλαβαίνει όλα όσα του λες και σκέφτεσαι, αλλά πολύ περισσότερο ό,τι αισθάνεσαι. Ζήτησέ του συγνώμη για τη μακροχρόνια, μη συνειδητή και καταστρεπτική σου στάση, για την εποχή που το χρησιμοποιούσες ή το χειριζόσουν μόνο σαν μια μηχανή. Πες του πως από τη στιγμή αυτή θα βλέπεις σε αυτό έναν αγαπημένο σύντροφο. Ευχαρίστησέ το για τις ατέλειωτες υπηρεσίες του. Ό,τι αποδίδει αυτό το σώμα θα έπρεπε να μας προκαλεί μέγιστο δέος. Είμαστε όμως πολύ κοντά του για να το σεβόμαστε, να το εκτιμούμε και να το αντιλαμβανόμαστε όπως θα έπρεπε. Το αποδεχόμαστε σαν κάτι το αυτονόητο. Όσο πιο κοντά μας συμβαίνουν θαύματα, τόσο λιγότερο προφανώς τα αντιλαμβανόμαστε. Αυτή τη στιγμή διαβάζω σε ένα κείμενο για τα απίστευτα κατορθώματα του πεπτικού μας σωλήνα: Σε μια ζωή 75 χρόνων περνάνε μέσα από αυτόν πάνω από τριάντα τόνοι τροφής και πενήντα χιλιάδες λίτρα υγρών. Σχεδόν αδιανόητο.

Φυσικά και χαίρεται το σώμα μας με την κίνηση, την άθληση, τον καθαρό αέρα, την καλή διατροφή, την απόλαυση του φαγητού και του ποτού, το γεμάτο ενέργεια νερό. Να αποφεύγεις όμως όλα τα προγράμματα εκφοβισμού σχετικά με το φαγητό και το περιβάλλον. Εάν έχεις όρεξη να θρέφεσαι ως χορτοφάγος και σου αρέσει, τότε κάνε το με απόλαυση. Άφησε όμως τους κρεατοφάγους να τρώνε με την ησυχία τους την μπριζόλα ή το λουκάνικό τους. Το φαγητό που τρώμε με αγάπη και απόλαυση δε δημιουργεί τίποτε το κακό στο σώμα μας. Όμως ο φόβος δε ροκανίζει μόνο την ψυχή μας, αλλά και τα κύτταρα του σώματός μας.

Όποιος θέλει να δημιουργήσει μια εντελώς νέα, εγκάρδια και στοργική σχέση με το σώμα του τού συστήνω το CD μου διαλογισμού Θεραπεύω το σώμα μου με αγάπη. Εδώ θα βρεις δύο διαλογισμούς: Έναν για όλο το σώμα και έναν ειδικά για ένα αδύναμο ή άρρωστο όργανο. Με χαροποίησαν ιδιαίτερα τα σχόλια εκείνων που προσέφεραν στο σώμα τους με αυτούς τους διαλογισμούς ένα επωφελές δώρο.

⊞ **Η επιλογή σου: Ειρήνη ή πόλεμος.**

Πολλοί άνθρωποι αναστατώνονται με τους πολέμους στον κόσμο, βρίζουν τους πολεμοκάπηλους και απαιτούν με εξοργισμένη φωνή την ειρήνη. Δε βλέπουν όμως τις δικές τους παρωπίδες. Εξάπτονται εξαιτίας της βίας μεταξύ των νεαρών και των παιδιών, δε βλέπουν όμως τις προφανέστερες σχέσεις. Δε φορούν μόνο παρωπίδες αλλά είναι και τυφλοί για τη βία που ασκούν οι ίδιοι στις σκέψεις και στα συναισθήματά τους. Συχνά ούτε καν νιώθουν πόσο πολύ λείπει η ειρήνη από μέσα τους και από τις οικογένειές τους. Πόσες οικογένειες απολαμβάνουν αλήθεια μια ειρηνική σχέση; Σε ποια οικογένεια δεν υπάρχουν μέλη τα οποία αγνοούνται επειδή είναι διαφορετικά ή επειδή έχουν «κακό χαρακτήρα»; Πόσα αδέλφια δεν μιλιούνται εδώ και χρόνια; Τέλος, όταν πρόκειται για κάποια κληρονομιά, ξέρουμε πόσο ισχύει η δική μας ειρήνη.

Σ' αυτή τη ζωή συνηθίζουμε σε κατάσταση μη-ειρήνης ήδη από τα παιδικά μας χρόνια. Τα μικρά παιδιά παρατηρούν με μεγάλη ακρίβεια τους γονείς τους. Ακούνε και νιώθουν πώς κρίνει κι επιτίθεται η μητέρα στον πατέρα και ο πατέρας στη μητέρα. Ακούνε και βιώνουν την εμπειρία αυτή από πρώτο χέρι, πώς δηλαδή ο ένας αποδίδει την ευθύνη στον άλλο για τη δική του δυστυχία, πώς ο ένας παίζει το θύμα και ο άλλος το θύτη. Σε κανένα σχολείο δε διδάσκεται το μάθημα «Ειρήνη.» Και όταν τα παιδιά βιώνουν μια τέτοια συμπεριφορά κατάκρισης, αναγκάζονται να πιστεύουν ότι αυτό είναι φυσιολογικό και σωστό και ότι έτσι λειτουργεί η ζωή. Σε πόσα σχολεία διδάσκεται το πώς διευθετούνται οι διαφωνίες, το από πού προέρχεται η επιθετικότητα και το πώς μετατρέπεται η διαμάχη σε ειρήνη; Αντ' αυτού μαθαίνουν οι μαθητές πολλά πράγματα που ποτέ στη ζωή τους δε θα τα χρειαστούν ή που θα είναι ήδη παρωχημένα όταν θα αρχίσουν την επαγγελματική τους σταδιοδρομία. Και εκπαιδεύονται στο πνεύμα του ανταγωνισμού, στο πνεύμα διαχωρισμού, όπου υπάρχουν νικητές και ηττημένοι. Πόσο μακριά είμαστε αλήθεια από μια κοινότητα με κατανόηση, με συγχώρεση και στοργή!

Τη σημασία της ειρήνης και της σύναψης ειρήνης για την προσωπική ευτυχία στη ζωή την κατανοούν αρχικά μόνο πολύ λίγοι. Στους περισσότερους ανθρώπους και στις περισσότερες οικογένειες κυριαρχεί πόλεμος, όχι ειρήνη. Πολλοί έχουν πόλεμο με τον εαυτό τους. Όταν κυριαρχεί στο πνεύμα, στην σκέψη και στα συναισθήματα των ανθρώπων η μη ειρήνη, αναγκαστικά αντικατοπτρίζεται αυτό και προς τα έξω.

Μαθαίνουμε από πολύ νωρίς να κατακρίνουμε τον ίδιο μας τον εαυτό, να τον υποβιβάζουμε, να τον κατακρίνουμε και να τον προσβάλλουμε. Συνέπεια αυτού είναι να μας βασανίζουν ενέργειες όπως συναισθήματα ενοχής, ντροπής, κατωτερότητας, μικρότητας, αδυναμίας, οργής, ζήλειας, θυμού, φθόνου, απληστίας κλπ. Κανείς δε μας τις εμφύσησε. Εμείς οι ίδιοι τις καλλιεργήσαμε και τώρα δεν ξέρουμε πλέον πώς να αντισταθούμε. Ελάχιστοι από μας συνειδητοποιούν ότι κατακρίνουν και υποβιβάζουν τον εαυτό τους. Γι' αυτό ο νους προβάλλει αυτή την αυτοκαταδίκη σε άλλους ανθρώπους: ο πόλεμος διατηρείται έξω, μεταξύ μελών της οικογένειας, κρατών ή εθνοτήτων, θρησκευτικών ομάδων ή επιχειρήσεων. Επειδή αυτός ο εσωτερικός πόλεμος, η εσωτερική καταδίκη είναι η αιτία για τις διαμάχες στην εξωτερική πραγματικότητα, πρέπει να ασχοληθούμε και με αυτό το σημείο για να δημιουργήσουμε ειρήνη. *Είναι αδύνατο να δημιουργήσουμε την ειρήνη έξω αν δεν είμαστε σε θέση να δημιουργήσουμε ειρήνη μέσα μας.*

Κι εσύ κάνεις κάθε πρωί την επιλογή «Πόλεμος ή Ειρήνη.» Οι περισσότεροι επιλέγουν τον πόλεμο δίχως να το συνειδητοποιούν. Δεν κατανοούν καν πως κατακρίνουν συνέχεια με τις σκέψεις τους τους άλλους και τον εαυτό τους. Αυτό το ασυναίσθητο παιχνίδι πολέμου μπορείς να το σταματήσεις με μια σαφή απόφαση, με μια νέα επιλογή. Θα μπορούσε να ήταν η εξής: *«Αποφασίζω για την ειρήνη. Αποφασίζω για μια ζωή σε ειρήνη. Θέλω να συνάψω ειρήνη* με τον εαυτό μου, με όλους τους συνανθρώπους μου, με αυτό που τελικά σημαίνει ζωή - και με το Θεό.» Πρέπει να αποφασίσεις, γιατί δε γίνεται να βρίσκεσαι «λίγο» σε ειρήνη ή «λίγο» σε διαμάχη. Στη ζωή σου μπορεί να υπάρχει ή ειρήνη ή διαμάχη.

Όπως σου το συνέστησα και σε άλλο σημείο αυτού του βιβλίου: Κατάρτισε μια λίστα με τα ονόματα όλων των ανθρώπων με τους οποίους μέχρι σήμερα δεν ήσουν σε πλήρη ειρήνη, των οποίων τη συμβολή σε ό,τι αφορά την ανάπτυξή σου και την διαμόρφωσή σου ως συνειδητού δημιουργικού όντος δεν έχεις αναγνωρίσει και ούτε εκτιμήσει μέχρι σήμερα. Και επιδίωξε με καθέναν από αυτούς την ειρήνη. Γράψε ένα γράμμα, στείλε μια κάρτα, παρακάλεσέ τους εσωτερικά ή επίσης, αν είναι δυνατόν, σε μια εξωτερική σας συνάντηση να σε συγχωρήσουν και συγχώρεσέ τους κι εσύ. Τότε δεν μπορούσαν να πράξουν διαφορετικά, ακόμη κι αν αυτό σε πόνεσε. Όμως, και η δική σου συμπεριφορά απέναντί τους δεν θα ήταν αγγελική. Όταν αλληλοπληγωνόμαστε, τότε αυτό συμβαίνει ασυναίσθητα και πηγάζει από τα εσωτερικά μας τραύματα. Αν αναγνωρίσουμε τη δική μας ασυναίσθητη συμπεριφορά και αναλάβουμε την ευθύνη γι' αυτή, τότε αναπτύσσεται μέσα μας η κατανόηση για τον άλλο.
Το να συνάψεις ειρήνη δεν είναι μια ενιαία δράση. Δε συμβαίνει πατώντας ένα κουμπί, αλλά είναι μια πορεία, μια διαδικασία. Κανένας δεν θα μεταμορφωθεί ξαφνικά από τον Σαούλ στον Παύλο, αν κι αυτό συμβαίνει μερικές φορές ακόμη και σήμερα. Ο αποτελεσματικός δρόμος για την ειρήνη αρχίζει με την προταση που προφέρουμε δυνατά: «Εύχομαι εγκάρδια ειρήνη με … και παρακαλώ για καθοδήγηση και υποστήριξη κατά την πορεία αυτή.»

Τα μεγαλύτερα εργοτάξια διαμάχης μέσα μας είναι η μητέρα κι ο πατέρας των παιδικών μας χρόνων. Γι' αυτό και τους ονομάζω και τις μεγαλύτερές μας θύρες προς την ελευθερία. Μόνο εφόσον η εσωτερική μου σχέση με αυτούς τους δύο πρώτους ανθρώπους της ζωής μου, από των οποίων τη σεξουαλική πράξη προήλθα εγώ ως ανθρώπινο ον, βρίσκεται σε διαύγεια, σε ειρήνη και σε ελευθερία, απαλλαγμένη από όλες τις αντιφάσεις, τότε μόνο είμαι ένας νέος άνθρωπος. Ναι, είναι η δεύτερη γέννηση σε αυτή τη ζωή, η πραγματική γέννησή μου ως ελεύθερου, δημιουργικού και στοργικού όντος. Μόνο όταν συνάψεις βαθιά ειρήνη και με τους δύο και κατορθώσεις τη μεγάλη αλληλεγγύη της καρδιάς, τότε μόνο παντρεύονται εκ νέου οι δυο τους στην καρδιά σου. Από αυτό το εσωτερικό πάντρεμα της μητέρας και του πατέρα δημιουργείσαι εσύ από την αρχή. Περισσότερες πληροφορίες σχετικά με αυτό, πώς δηλαδή μπορούμε να κατορθώσουμε να έχουμε ειρήνη με τους γονείς μας, θα βρεις στο κεφάλαιο «Απελευθέρωση από το παρελθόν.»

▦ Η επιλογή σου: τάξη ή χάος.

Βάλε τάξη στη ζωή σου, γιατί η τάξη είναι ο πρώτος νόμος του σύμπαντος. Η ζωή, το σύμπαν, ο κόσμος εμφανίζουν ένα σύστημα σε πλήρη τάξη. Όλα βρίσκονται σε απόλυτη αρμονία, διαφορετικά δε θα πετούσαμε με ταχύτητα μεγαλύτερη των 100.000 χιλιομέτρων την ώρα με τη μητέρα γη στο σύμπαν χωρίς να το αντιλαμβανόμαστε. Και δε θα λειτουργούσε τόσο εξαιρετικά το θαυμάσιο εργαλείο του σώματός σου εδώ και δεκαετίες και μάλιστα αδιάκοπα, έστω κι αν κάποτε κατάφερες να το οδηγήσεις στα πρόθυρα της κατάρρευσης.

Με την τάξη και την ακαταστασία οι περισσότεροι άνθρωποι διατηρούν ιδιαίτερα περίεργη σχέση. Επιθυμούν απελπισμένα την τάξη, δημιουργούν, όμως, διαρκώς όλο και περισσότερη ακαταστασία. Αυτό οφείλεται σε διαφορετικούς λόγους. Για παράδειγμα, πολλοί δε βλέπουν πως η ακαταστασία εξωτερικά (στο σαλόνι σου, στις σχέσεις σου ή στις οικονομικές σου υποθέσεις) δημιουργείται στο πνεύμα, δηλαδή στο μυαλό σου. Συνεπώς, εδώ βρίσκεται και το σημείο που πρέπει να εξετάσουμε αν θέλουμε να δημιουργήσουμε τάξη. Έχω ήδη πει πολλά για την ακαταστασία των σκέψεών μας, που με τη βοήθεια μολυβιού, χαρτιού, βιβλίων (όπως π.χ. του «The Work» της Byron Katie) ή ίσως και ενός σεμιναρίου μπορεί αποτελεσματικά να μετατραπεί σε τάξη.

Επίσης, στα συναισθήματά μας επικρατεί ακαταστασία μεγάλου βαθμού, γιατί δε διατηρούμε ξεκάθαρη σχέση με αυτά και υποφέρουμε από αυτά. Σχετικά με αυτό έχω αναφέρει ήδη μερικά ουσιαστικά πράγματα στο κεφάλαιο: «Τέταρτο βήμα: Νιώσε το συναίσθημα συνειδητά και καταφατικά!» Είναι δεδομένο ότι πρέπει να ελέγχω την αλήθεια των σκέψεων και μόνο αν είναι αληθινές μπορώ στη συνέχεια να αποφασίσω εκ νέου τι θέλω να σκέφτομαι και να πιστεύω. Συναισθήματα που μέχρι τώρα μας έκαναν να υποφέρουμε μπορώ να μάθω να τα αισθάνομαι καταφατικά και να τα μετατρέπω. Με τον τρόπο αυτό προκύπτει τάξη εσωτερικά, στη λεπτή ύλη.
Το σώμα μου επιζητά, επίσης, την τάξη. Αυτήν την επαναφέρουμε συνειδητοποιώντας την ευθύνη που έχουμε για την κατάστασή του. Και με μια νέα, στοργική σχέση ευγνωμοσύνης, με την εκδήλωση κάποιων στοργικών σκέψεων για τη φροντίδα του, με συναισθήματα και πράξεις απέναντί του και με τη μετατροπή της ακαταστασίας σε τάξη στη λεπτή ύλη.

Μια από τις μεγαλύτερες δυσκολίες να δημιουργήσουμε τάξη στη ζωή μας προκύπτει εξαιτίας της περίπλοκης σχέσης μας με την ακαταστασία. Η στρατηγική πολλών ανθρώπων να δημιουργήσουν τάξη έγκειται στην καταπολέμηση της ακαταστασίας. Η στρατηγική αυτή αναγκαστικά, όμως, διαρκώς αποτυγχάνει. Γιατί άραγε; Δεν μπορούμε να διαχωρίσουμε την τάξη από την ακαταστασία, γιατί είναι αναπόσπαστες, ακριβώς όπως το καλό και το κακό, το αρσενικό και το θηλυκό.

Φαντάσου για λίγο το εξής: Η κουζίνα σου είναι πεντακάθαρη και τακτοποιημένη, όλα τα φλυτζάνια είναι στο ντουλάπι, δεν υπάρχουν υπόλοιπα φαγητών, ούτε ψίχουλο. Τι ομορφιά και απόλαυση για την εργατική νοικοκυρά και τον φιλόδοξο νοικοκύρη! Τώρα σου έρχεται η όρεξη να πιεις ένα φλυτζάνι καφέ. Βγάζεις το φλυτζάνι, το πιατάκι, ένα κουταλάκι, τον καφέ, το γάλα, τη ζάχαρη, το φίλτρο κλπ. από το ντουλάπι κι αρχίζεις να κάνεις καφέ. Τι έχεις τώρα στην κουζίνα σου; Ναι, προκλήθηκε ακαταστασία. Η κατάσταση της τάξης δεν ισχύει πλέον. Είτε υπάρχει ένα βρώμικο φλυτζάνι είτε πέντε ή δέκα, αυτές είναι ποσοτικές διαφορές της ακαταστασίας. Τι σκέφτεσαι ή τι αισθάνεσαι βλέποντας την ακατάστατη κουζίνα σου; Τι σκέφτεσαι και πώς αισθάνεσαι όταν βλέπεις το χάος στο δωμάτιο του παιδιού σου; Πώς αισθάνεσαι σαν γυναίκα, όταν ο άντρας σου αφήνει πάντα τις κάλτσες του εκεί, όπου τις έβγαλε; Συνεχίζει να σε εκνευρίζει το γεγονός αυτό; Το γεγονός αυτό, ότι δηλαδή σε ενοχλεί η ακαταστασία, είναι πολύ σημαντικό για σένα και το χρειάζεσαι για να βρεις το δρόμο σου με διαύγεια, ειρήνη και τάξη. Και δεν το λέω αυτό κυνικά. Στο παράδειγμα της κουζίνας μπορείς πολύ γρήγορα να δεις: Σπάνια βρίσκονται όλα τα φλυτζάνια στο ντουλάπι, σπάνια κυριαρχεί η κατάσταση της πλήρους τάξης. Έχεις κάποιο πρόβλημα με αυτό;

Σε ρωτώ: Αγαπάς την ακαταστασία; Επιτρέπεται να είσαι ακατάστατος; Είσαι ακατάστατος; Εάν απαντήσεις σε μια από τις ερωτήσεις αυτές «Όχι», τότε δε με εκπλήσσει το γεγονός ότι δυσκολεύεσαι να τηρήσεις τάξη στη ζωή σου και να βρεις ειρήνη με την ακαταστασία των συνανθρώπων σου.

Οι περισσότεροι άνθρωποι κατακρίνουν την ακαταστασία έξω αλλά και μέσα τους λέγοντας: «Δεν επιτρέπεται και δε θέλω να είμαι ακατάστατος! Θέλω να είμαι τακτικός!» Αυτό προέρχεται από τα παιδικά μας ακόμη χρόνια, όταν μας επέβαλλαν την τάξη, την επιμέλεια και την καθαριότητα, από τις οποίες και εξαρτιόταν το πόσο μας επαινούσαν και μας αγαπούσαν. Αυτή ήταν η μονόπλευρη ανατροφή της διαχωριστικής σκέψης. Μάθαμε να ξεχωρίζουμε μεταξύ ακαταστασίας και τάξης, μεταξύ νωθρότητας κι επιμέλειας και μεταξύ λύπης και χαράς. Την ακαταστασία, τη νωθρότητα και τη λύπη δεν τις θέλαμε κι ούτε τις θέλουμε και ταυτόχρονα παραξενευόμαστε που δε βρίσκουμε τόσο συχνά όσο θα το θέλαμε στη ζωή μας την τάξη, την επιμέλεια και τη χαρά. Στην πραγματικότητα, είναι αναγκαίο να αγαπήσουμε και τα δύο: και την ακαταστασία αλλά και την τάξη. Όποιος επιτρέπει στον εαυτό του να είναι ακατάστατος έχει μικρό ή κανένα πρόβλημα με την ακαταστασία των συνανθρώπων του. Αυτό, όμως, που απορρίπτω στον εαυτό μου, αυτό αναγκαστικά με ενοχλεί στον άλλο. Η νοικοκυρά και μητέρα που επιδιώκει σχολαστικά την τάξη και δε βλέπει στον εαυτό της (π.χ. στα συναισθήματα και στις σκέψεις της) την ακαταστασία ή την απωθεί επιβάλλει στον άντρα ή στα παιδιά της αυτή την κατάσταση. Εκείνοι τότε οφείλουν να βιώσουν και να τηρήσουν την ακαταστασία, την οποία καταπολεμά η σύζυγος και μητέρα. Σύναψε ειρήνη με την ακαταστασία σου και πες: «Επιτρέπεται να είμαι και ακατάστατος, γιατί το επιτρέπω εγώ ο ίδιος στον εαυτό μου.» Και πες από μέσα σου στη μητέρα σου: «Μαμά, αποφασίζω εδώ και τώρα για τον δικό μου δρόμο της τάξης και της ακαταστασίας. Παύω πλέον να εκπληρώνω τις προσδοκίες σου, γιατί ζω τώρα τη δική μου ζωή. Κι αν δε με αγαπάς έτσι όπως είμαι, τότε αυτό είναι δικό σου πρόβλημα. Εγώ αγαπώ τον εαυτό μου και με την ακαταστασία μου.» Αν νιώθεις πως ο εξαναγκασμός τάξης προέρχεται από την μητέρα σου, σού συνιστώ να εφαρμόσεις μερικές φορές το διαλογισμό μου με τίτλο: *Η μητέρα της παιδικής μου ηλικίας - μια συνάντηση μαζί της για περισσότερη διαύγεια, ειρήνη και ελευθερία.* Με το διαλογισμό αυτό μπορείς να αποβάλεις όλες αυτές τις ενέργειες εκ μέρους της μητέρας σου, μεταξύ άλλων τις προσδοκίες της, τις επιθυμίες, τις απαιτήσεις, τις πεποιθήσεις της, τα ρητά και τις παροιμίες. Τότε τις «είχες φορτωθεί», γιατί δεν ήσουν ελεύθερος να παίρνεις τις δικές σου αποφάσεις.

Επαναλαμβάνω: Η τάξη και η ακαταστασία είναι αχώριστες, ακριβώς όπως και η χαρά με τη λύπη. Όποιος απορρίπτει τη μια δεν μπορεί να βρει την άλλη. Είναι οι δύο πλευρές ενός νομίσματος: Όταν απορρίπτεις τη μια πλευρά και πετάς το νόμισμα, τότε έχεις χάσει και την πλευρά που είχες προτιμήσει. Ίσως σε βοηθήσει η πεποίθηση πως: Δεν υπάρχει στην πραγματικότητα ακαταστασία, υπάρχουν μόνο διαφορετικές μορφές τάξης. Κι όπως είπαμε, ποιος έχει όλα του τα φλυτζάνια στο ντουλάπι (γερμανική παροιμία που μεταφορικά σημαίνει «ποιος τά 'χει όλα δεκατέσσερα»);

▦ Η επιλογή σου: Ελευθερία ή Μη-Ελευθερία;

Ποιον ήχο δημιουργεί μέσα σου η λέξη Ελευθερία; Αισθάνεσαι την ορμή ή τον πόθο για μια ζωή σε ελευθερία; Ή μήπως αισθάνεσαι ήδη ελεύθερος; Η ελευθερία δημιουργεί σε πολλούς ανθρώπους φόβο, γιατί δεν μπορούν καν να φανταστούν μια ελεύθερη ζωή. Όλα τα χρόνια συνηθίσαμε να τηρούμε χιλιάδες κανόνες και περιορισμούς της καθημερινής ζωής που αντικατοπτρίζονται μεταξύ άλλων στις σκέψεις: «Εδώ δεν μπορεί ο κάθένας να κάνει ό,τι θέλει!» ή «Πού θα φτάναμε αν ο καθένας έκανε ό,τι ήθελε;» Τέτοια λόγια βασίζονται σε μια αντίληψη για τον άνθρωπο που τον θεωρεί ένα άξεστο, άστεργο ον, το οποίο πρέπει να εκπαιδευτεί, να δαμαστεί και να συμπιεστεί σε ένα πλέγμα από κανόνες και νόμους, με την έννοια του: «Ο άνθρωπος είναι κατά βάση κακός. Πρέπει να εκπαιδευτεί στο να είναι καλός.»

Είναι ενδιαφέρον πως τη σκέψη αυτή δεν την κάνουν μόνο εκείνοι που τους αρέσει να ασκούν εξουσία στους άλλους, αλλά σχεδόν όλοι οι άνθρωποι. Όπως εξήγησα λεπτομερειακά και σε προηγούμενο σημείο, ένας κανονικός άνθρωπος έχει αναπτύξει μια φοβερή εικόνα για τον εαυτό του. Έμαθε να μισεί βαθιά τον εαυτό του, πρέπει όμως αυτό το βαθύ μίσος να το απωθεί καθημερινά και να το διοχετεύει σε άλλους, γιατί διαφορετικά δε θα το άντεχε. Παρατήρησε, σε παρακαλώ, στον ίδιο σου τον εαυτό πόση αγάπη στερείς καθημερινά από σένα τον ίδιο με τις σκέψεις σου, τα λόγια σου και τις πράξεις σου. Και θα αναγνωρίσεις πόσο πολύ ανήκεις στην κοινότητα των μη ελεύθερων ανθρώπων. Πόσο ευτυχισμένος, πόσο υγιής είσαι; Και πόσο στοργικός απέναντι στον εαυτό σου;

Αν πούμε σε ένα πουλάκι που μέχρι σήμερα ζούσε σε ένα κλουβί ότι είναι τώρα ελεύθερο και μπορεί να πετάξει έξω ή σε ένα δελφίνι, που από μικρό κολυμπούσε σε δελφινάριο ότι οι απέραντοι ωκεανοί το περιμένουν, τότε σίγουρα θα τα κυριαρχούσε ο φόβος. Γι' αυτό πρέπει πριν από την ελευθερία να υπάρχει διαύγεια. Πριν επιλέξω και βιώσω την ελευθερία, πριν ξεκινήσω να ζω ό,τι και όπως θέλω, πρέπει να έχω το ελάχιστο μέτρο διαύγειας για το ποιος είμαι και τι θέλω. Η ζωή που οι περισσότεροι βιώνουν μπορεί μεν να είναι περιορισμένη, γεμάτη κανόνες, με πολλά «πρέπει», «θα έπρεπε» και «δεν μπορώ», μας είναι όμως οικεία. Σε ρωτώ το εξής: Πώς εγκαταστάθηκες στον κόσμο σου; Πόσο στενά είναι τα τείχη τριγύρω σου, πόσο ανοικτός είσαι για καινούρια πράγματα στη ζωή σου; Ξέρεις ήδη από το πρωί πώς θα διαμορφωθεί προφανώς το απόγευμά σου; Πόσο ελεύθερος αισθάνεσαι στη ζωή σου, στις σχέσεις σου, στις φιλίες σου, στη συμβίωσή σου με το σύντροφο, στη δουλειά σου, στο σώμα σου και γενικά στη ζωή σου; Το μέτρο της μη ελευθερίας που μέχρι σήμερα ζούσες καθημερινά το έχεις ασυνείδητα επιλέξει, πράγμα που στο μεταξύ πρέπει να το έχεις συνειδητοποιήσει. Αυτό δεν ήταν λάθος, αλλά έγινε γιατί επιθυμούσες να σε αναγνωρίσουν και να σε αγαπήσουν οι άλλοι. Αυτή η μανία για αναγνώριση, έπαινο κι επιβεβαίωση είναι πιθανώς η κύρια αιτία για τη μη ελευθερία στη ζωή μας. Πώς μπορούμε να μετατρέψουμε αυτή τη μη ελευθερία σε ελευθερία; Με το να παίρνουμε νέες αποφάσεις: Πρώτον, την απόφαση να χαρίζουμε σε εμάς τους ίδιους όλη την αναγνώριση και όλη την αγάπη που επιθυμούμε. Και να στρέφουμε όλη μας την προσοχή στην ευτυχία της ζωής μας και να δεσμευθούμε για αυτήν την ευτυχία. Δεύτερον, την απόφαση να αφήσουμε την ελευθερία στους άλλους να σκέφτονται και να λένε για εμάς ό,τι θέλουν. Αυτή είναι η μεγάλη δήλωση ελευθερίας που ο καθένας πρέπει να κάνει κάποια στιγμή. Η οποία θα μπορούσε να είναι κάπως έτσι:

«Αγαπητοί μου συνάνθρωποι! Επιτρέπεται να σκέφτεστε και να λέτε για μένα ό,τι θέλετε και όπως το θέλετε. Επιτρέπεται να με κατηγορείτε και να με περιφρονείτε, επιτρέπεται να με αποκλείετε από τους κύκλους σας και να με ειρωνεύεστε, να με περιγελάτε - και δεν θα σας εκδικηθώ ούτε στις σκέψεις μου αλλά ούτε στις πράξεις μου. Σας δίνω αυτή την ελευθερία, όπως χαρίζω και στον εαυτό μου την ελευθερία να βαδίζω τον δικό μου δρόμο και να είμαι πιστός στην καρδιά μου. Ψάχνω την αλήθεια μου μέσα μου και τη βιώνω και, σε όποιον με ρωτάει μου αρέσει να του αφηγούμαι γι' αυτήν. Δε ζω για να ικανοποιώ τις απαιτήσεις των άλλων, αλλά αποκλειστικά και μόνο για να ακολουθώ την εσωτερική μου φωνή, τη φωνή της καρδιάς μου.»

Η ζωή μας μάς προσφέρει έναν μεγαλειώδη δρόμο που οδηγεί από τη μη διαύγεια στη διαύγεια, από τη μη ειρήνη στην ειρήνη και από τη μη ελευθερία στην ελευθερία. Τα εργαλεία γι' αυτό θα τα βρεις στα βιβλία μου, στις διαλέξεις και στους διαλογισμούς μου, όπως και στα βιβλία άλλων συγγραφέων. Αλλά, όπως είπα και πριν, αυτό είναι μια προσφορά της ζωής και πρέπει να πάρεις συνειδητή απόφαση για να βαδίσεις αυτόν το δρόμο και να βιώσεις αυτές τις αλλαγές. Πολλοί άνθρωποι στο περιβάλλον μας πεθαίνουν μέσα σε κατάσταση σύγχυσης, άγνοιας ή με συμπτώματα αλτσχάιμερ. Και πολλοί άνθρωποι φεύγουν από αυτό το σώμα δίχως να έχουν εξασφαλίσει την ειρήνη με τον εαυτό τους και με τον κόσμο. Αυτό που βιώνουν οι περισσότεροι άνθρωποι στο τέλος της ζωής τους δεν αποτελεί κατάσταση ελευθερίας. Τα πολλά «παλιά παπούτσια», τα προγράμματα και τα δείγματα σκέψης, ομιλίας και πράξης στα οποία εξασκηθήκαμε τόσα χρόνια, αν δεν τους φωνάξουμε κάποτε δυνατά «Τώρα φτάνει πια!» και δεν αποφασίσουμε να πάρουμε νέες αποφάσεις, μάς κρατάνε δέσμιους στα όρια που τέθηκαν κάποτε.

Η ελευθερία είναι ένα δώρο που πρέπει να πάω να το παραλάβω, το οποίο επιτρέπεται και μπορώ να το βιώσω. Δε μας το φέρνουν δωρεάν στο σπίτι. Αν έχεις το θάρρος και την περιέργεια για μια ελεύθερη ζωή εντός αυτής της κοινότητας των κατά πλειοψηφία μη ελεύθερων ανθρώπων, τότε αποφάσισε γι' αυτό. Όμως μην περιμένεις οι άλλοι να σε αγαπήσουν και να σε επαινέσουν γι' αυτό. Αυτοί που μέχρι τώρα ήταν κοντά σου ίσως να σε εγκαταλείψουν, γιατί ξεφεύγεις από τη γραμμή τους. Μην ανησυχείς, θα συναντήσεις νέους ανθρώπους με τους οποίους θα μοιραστείς την επιθυμία για την ελευθερία. Όταν ανταμώνουν άνθρωποι που απελευθερώνονται από τα παλιά τους δεσμά, τότε μετατρέπεται η ζωή σε μεγάλη γιορτή. Όταν ανταμώνουν άνθρωποι που αγαπούν τον εαυτό τους, τότε η αντάμωση γίνεται γιορτή, θεία κοινωνία ελεύθερων, στοργικών ανθρώπων.

⊞   **Η επιλογή σου: Αγάπη ή φόβος.**

Έχε το θάρρος και αποφάσισε γι' αυτόν τον νέο, αυτόν τον ριζικά νέο δρόμο. Δώσε στην καρδιά σου την αρμοδιότητα της καθοδήγησης, κάνε την καρδιά σου βασιλιά μέσα σου. Όποτε στη ζωή σου προκύπτει το ερώτημα: «Τι να κάνω;», τότε ρώτα την καρδιά σου. Αυτή γνωρίζει ήδη την απάντηση. Η πρώτη αυθόρμητη ώθηση που αντιλαμβάνεσαι προέρχεται από την καρδιά σου. Λίγο αργότερα κινητοποιείται η λογική και σου παρουσιάζει τις αμφιβολίες, τους φόβους της, τα μέτρα ασφαλείας, την κριτική αυτού που πρότεινε η καρδιά σου. Έτσι έχεις εκπαιδεύσει τη λογική σου. Μη θυμώνεις μαζί της, μάθε όμως να ξεχωρίζεις σαφώς τη φωνή της από τη φωνή της καρδιάς σου. Κι όταν αντι-

187

ληφθείς τη φωνή του φόβου, λέγε κάθε φορά: «Όχι, ευχαριστώ, αποφασίζω για την εμπιστοσύνη. Η ζωή με αγαπά. Κι εγώ ποντάρω στην ψήφο της αγάπης.»

Μπορείς να αναρωτιέσαι σε κάθε κατάσταση: «Τι θα έκανε ή θα σκεφτόταν τώρα η αγάπη;» Και το εσωτερικό σου συναίσθημα, η καρδιά σου σού λέει αμέσως και αυθόρμητα τι ευωδιάζει αγάπη και τι μυρίζει φόβο. Το μυαλό σου, η σκέψη σου, η λογική σου ως επί το πλείστον είναι με την πλευρά του φόβου και θα σου παρουσιάσει πολλές εύλογες αιτίες της λογικής και της ασφάλειας. Κάνε την επιλογή σου συνειδητά. Την αγάπη την αναγνωρίζεις σε ό,τι σχετίζεται με τη χαρά. Αυτό που πραγματικά επιφέρει τη χαρά δεν μπορεί ποτέ να είναι εσφαλμένο. Η χαρά και η αγάπη είναι αδέλφια. Το ίδιο συμβαίνει και με την αλήθεια και την αγάπη. Ό,τι σου φαίνεται αληθινό σχετίζεται πάντα με την αγάπη. Η χαρά, η αλήθεια και η αγάπη είναι τρία θεϊκά κριτήρια με τα οποία καθοδηγείς τις σκέψεις σου και μπορείς να πάρεις τις αποφάσεις σου.

Η λογική σου είναι μαέστρος της ανάλυσης, της οργάνωσης, της κατάταξης. Χρησιμοποίησέ την γι' αυτό. Άφησέ την να απαντήσει στην ερώτηση: «Πώς μπορώ τώρα να το εφαρμόσω αυτό;» Τη βασική ερώτηση για το ΤΙ θέσε την στην καρδιά σου, για το ΠΩΣ ρώτα τη λογική σου. Σχετικά με το πόσο αποφασιστική είναι η σκέψη, ιδιαίτερα οι βασικές σου σκέψεις, έχουν ήδη ειπωθεί πολλά. Αλλά αυτό που αφήνεις να σκέφτεται η λογική σου - τα περιεχόμενα της σκέψης σου -, γι' αυτά άφησε πάντα να αποφασίζει η καρδιά σου.

Αγάπη ή φόβος; Ιδού η μεγάλη ερώτηση που μπορείς να θέσεις πριν από κάθε σου απόφαση για να την εξετάσεις. *Η αγάπη και ο φόβος είναι οι δυο βασικές ενέργειες μεταξύ των οποίων πρέπει και μπορείς κάθε μέρα να παίρνεις μια απόφαση. Γιατί βασικές ενέργειες; Γιατί στην αγάπη βασίζεται ό,τι ανήκει στη φύση σου, ό,τι σε ενδυναμώνει, ό,τι είναι αληθινό: η αλήθεια, η διαύγεια, η χαρά, η ευρύτητα, η ειλικρίνεια, το θάρρος, η ομορφιά, η ανεκτικότητα, η αποδοχή,* η δύναμη, το κύρος, η υπομονή, η επιμονή, η τρυφερότητα, η φιλία και η υγεία. Όλες αυτές οι ιδιότητες και οι ενέργειες δημιουργούνται και τρέφονται από την αγάπη. Ό,τι βασίζεται στο φόβο σε αποδυναμωνει και δεν είναι η φύση σου. *Συχνά σου φαίνεται αληθινό αλλά στην πραγματικότητα είναι κούφιο εσωτερικά, δεν έχει πραγματική δύναμη.* Ο φόβος δημιουργεί και τρέφει μεταξύ άλλων την αδυναμία, την οργή, το μίσος, την κατάθλιψη, την ενοχή, τη μικρότητα, την ντροπή, τη ζήλεια, το φθόνο, την απληστία και την αρρώστια.

Η αγάπη και ο φόβος, αυτοί είναι οι μεγαλύτεροι αντίπαλοι μέσα μας. Οι περισσότεροι άνθρωποι έχουν αποφασίσει προ πολλού και διάλεξαν το φόβο. Δεν εμπιστεύονται την αγάπη, πιστεύουν πως η αγάπη είναι αδύναμη. Κι όμως κάνουν λάθος. Η αναλογία μεταξύ αγάπης και φόβου είναι όπως η αναλογία μεταξύ φωτός και σκοταδιού. Στην αρχή μάς φαίνονται σαν αντίρροπες δυνάμεις. Είναι όμως ισοδύναμες; Όχι. *Το φως κερδίζει πάντα. Φέρε το φως σε όποιο σκοτάδι και κάθε σκοτάδι αναγκάζεται να αποδράσει.* Γιατί το σκοτάδι δεν έχει δύναμη από μόνο του. Το σκοτάδι δεν είναι τίποτε άλλο παρά απουσία του φωτός. Είναι μόνο ο τόπος όπου δεν έχει φτάσει ακόμη το φως. Πήγαινέ το εκεί και θα δεις ότι υποχωρεί κάθε σκοτάδι. Το σκοτάδι είναι ψευδαίσθηση, το φως είναι πραγματικότητα.

Ακριβώς ίδια είναι η αναλογία μεταξύ της αγάπης και του φόβου. Η μια κατάσταση αποκλείει εντελώς την άλλη, η μια ενέργεια αποκλείει την άλλη. *Όπου είναι η αγάπη, όπου αγαπάει ο ένας τον άλλο, ο φόβος δεν έχει τόπο. Όπου κυριαρχεί ο φόβος, κάτι δεν αγαπιέται, δεν είναι αποδεκτό.* Όσο και να μας φοβίζει, να μας στραγγαλίζει, να μας παίρνει την αναπνοή και να παραλύει το σώμα μας, ο φόβος δεν είναι αληθινός. Τον δημιουργήσαμε εμείς οι ίδιοι με τη σκέψη μας. Γι' αυτό δεν τον αισθανόμαστε πολύ πραγματικό, όπως και τα παρακλάδια του την οργή, το μίσος, το φθόνο, την αδυναμία κλπ. Όμως, όλα αυτά μπορείς να τα αντιστρέψεις με την αγάπη. Ο φόβος είναι η κατάσταση κατά την οποία κάτι δε γίνεται αποδεκτό και δεν αγαπιέται. Φόβος σημαίνει απουσία αγάπης, είναι ο τόπος όπου δεν υπήρξε ακόμη αγάπη. Αν επιφέρεις αγάπη εκεί όπου υπάρχει φόβος, αυτός αναγκάζεται να αποδράσει και να μετατραπεί - σε αγάπη. Οι συμμετέχοντες σε κάθε σεμινάριό μου βιώνουν αργότερα στη ζωή τους την εμπειρία αυτή. Η απόφασή σου βρίσκεται σε εκκρεμότητα. Όχι μόνο μια φορά, αλλά κάθε μέρα. Τι θέλεις να επιλέξεις; Πάλι το φόβο ή μήπως την αγάπη; Αυτή μπορεί να είναι η μεγαλύτερη απόφαση της ζωής σου. Όλες οι δυσάρεστες καταστάσεις στη ζωή σου, ιδιαίτερα όλα δυσάρεστα για εσένα συναισθήματα, βασίζονται στους φόβους σου. Όλα αυτά τα συναισθήματα δεν περιμένουν τίποτε άλλο παρά την αποδοχή σου, την αγάπη σου. Πότε είσαι πρόθυμος γι αυτό;

▨ **Η επιλογή σου: να το κρατήσω ή να το αφήσω.**

Γνωρίζεις την εικόνα με το ποτάμι της ζωής. Πολλοί πνευματικοί δάσκαλοι μας κάλεσαν να αφεθούμε να μας παρασύρει το ποτάμι της ζωής. Η ζωή ως ποτάμι εκφράζει *την αδιάκοπη κίνηση και την ακατάπαυστη αλλαγή.* Η ζωή εν κινήσει δε γνωρίζει κανένα διάλειμμα. Προχωρά όλο και πιο πέρα, άλλοτε ίσως βραδύτερα και άλλοτε γρηγορότερα, δεν υπάρχει όμως στάση. Άφησε να σε παρασύρει το ποτάμι της ζωής. Όποιος το θελήσει αυτό πρέπει να αναρωτηθεί αν έχει όρεξη και αν είναι πρόθυμος για διαρκή κίνηση, διαρκή πρόοδο.

Ένα μεγάλο ποσοστό του ανθρώπινου πόνου και του βάρους της ζωής προέρχεται από το ότι δεν αποδεχόμαστε αυτή τη συνεχή κίνηση και δε θέλουμε να την παραδεχθούμε. Συμπεριφερόμαστε έτσι, σαν να έπρεπε να εκπληρώσουμε τους στόχους μας και από τη στιγμή εκείνη και μετά να παρέμεναν όλα αναλλοίωτα. Συμπεριφερόμαστε έτσι, σαν να μπορούσαμε να σταματήσουμε και να παραμείνουμε σε ένα σημείο στη ζωή. Ναι, πολλοί από μας φοβούνται τη συνεχή αλλαγή στη ζωή.

Όταν βρούμε τον σωστό σύντροφο, τότε θέλουμε να μείνει μαζί μας και να είναι όλα ωραία και καλά μαζί του ή μαζί της. Όταν βρούμε δουλειά, τότε θέλουμε να την κρατήσουμε μέχρι να βγούμε στη σύνταξη. Κι όταν κοντεύουμε να πεθάνουμε, τότε πολλοί θέλουν το σώμα τους και όλη την επίγεια ζωή, το σύντροφό τους, τα παιδιά τους, τα εγγόνια τους και ό,τι αγάπησαν να το κρατήσουν. Και τότε δημιουργούμε στις τελευταίες στιγμές της ζωής μας για ακόμη μια φορά βάρος και πόνο και ο θάνατος γίνεται τραγωδία και διαρκεί συχνά πολύ. Σίγουρα θα έχετε ακούσει για τέτοιους ανθρώπους ή ίσως και να τους γνωρίζατε.

Η λογική μας θέλει να μας πείσει πως είναι φοβερό, άσχημο, τρομερό, λυπηρό το γεγονός ότι η ζωή δεν είναι στάσιμη σε ένα σημείο. Όμως, αυτό που δημιουργεί αυτό το δυσάρεστο, το οδυνηρό συναίσθημα στη ζωή μας είναι αυτή η κατακριτική στάση απέναντι στη ζωή, αυτό το ΟΧΙ σε καθετί που ρέει. Το γεγονός ότι η ζωή αιώνια ρέει ή προχωρά είναι μεγάλη ευλογία κι εγώ εύχομαι σε όλους μας να λάβουμε αυτή την ευλογία και να τη χαιρόμαστε. Ο άνθρωπος συχνά θέλει να κρατήσει και να σταματήσει κάτι. Αυτή είναι μια αντίσταση κατά της ζωής, αντίσταση που δημιουργεί πόνους. Και μετά κατηγορεί τη ζωή που είναι τόσο δύσκολη. *Η καρδιά μου μού λέει πως δεν υπάρχει τίποτε πιο ελαφρύ, πιο καλωσυνάτο και πιο φιλικό από την ίδια τη ζωή.*

Αν δούμε τη ζωή σαν ένα ποτάμι που διαρκώς ρέει, μπορεί αυτό να μας βοηθήσει στο δρόμο μας προς μια εύκολη ζωή. Γιατί υφίσταται αυτό, το να θέλουμε, δηλαδή, να κρατούμε σφιχτά κάτι; Πώς δημιουργούμε την αντίσταση απέναντι στη ζωή;

Η λέξη-κλειδί είναι εδώ το ΟΧΙ. Λέμε «Όχι» σε ό,τι είναι δυνατό στη ζωή μας. Λέμε «Όχι» σε αυτό που ήδη υφίσταται. Και αυτό το «Όχι» μας είναι εκείνο που προκαλεί το βάρος, τον πόνο και τα βάσανα στη ζωή μας.

Γιατί η ίδια η ζωή δεν γνωρίζει το «Όχι», λέει «ΝΑΙ, έτσι είναι!» *Δεν είναι καλό, δεν είναι κακό. Είναι αυτό που είναι.*

Τελεία και παύλα. Αυτό το «Είναι αυτό που είναι» μπορούμε να το αφομοιώσουμε στη σκέψη μας και στη στάση μας απέναντι στη ζωή. Είναι η εκτίμηση της ζωής εκ μέρους μας και συμπεριλαμβάνει τις σκέψεις: «Ό,τι υπάρχει πρέπει να έχει κάποιο νόημα.» Και πάντα ένα καλό νόημα, γιατί κακό νόημα δεν υπάρχει. Ό,τι υπάρχει και συμβαίνει πρέπει να έχει νόημα, ακόμη κι αν η περιορισμένη λογική μας δεν μπορεί να το αναγνωρίσει. Για μένα, δεν υπάρχει τίποτε χωρίς νόημα σε αυτόν τον κόσμο εκτός από καταστάσεις, τις οποίες εμείς οι άνθρωποι ακόμη δεν κατανοούμε. Έχουμε την ελεύθερη επιλογή, μπορούμε να χλευάσουμε κάτι ως εντελώς ανόητο ή να πούμε: «*Ποιος ξέρει τι νόημα έχει αυτό;*» Ή: «*Ποιος ξέρει για ποιο λόγο να είναι αυτό καλό;*» Και αυτήν την επιλογή την κάνουμε όλοι μας κάθε μέρα, πολλές φορές στη σκέψη μας.

Ενώ η ζωή συνεχίζει να ρέει, εμείς έχουμε την επιλογή να ρέουμε μαζί της, να βαδίζουμε μαζί της ή να στεκόμαστε στο ίδιο σημείο. Στεκόμαστε σε πολλά σημεία στα οποία η ζωή μας φωνάζει: «*Εμπρός, ξεκίνα! Προχωράμε!*» Ίσως ένας πόθος μας το θυμίζει, ο πόθος της καρδιάς μας, πως ήρθε ο καιρός να βαδίσουμε προς νέες όχθες. Ίσως πάλι είναι το συναίσθημα της ασυνέπειας απέναντι σε μια κατάσταση που μου ψιθυρίζει: «*Εσύ εδώ, δεν ταιριάζει αυτό πλέον σε σένα. Παλιά μπορεί να σου ταίριαζε, τώρα όμως όχι.*» Θέλω να σε προσκαλέσω και να σε παρακινήσω να δώσεις μεγάλη προσοχή σε αυτά τα σινιάλα της ζωής σου και να προετοιμαστείς για την αλλαγή.

Η αλλαγή μπορεί να εκδηλωθεί εξωτερικά ή εσωτερικά. Πόσοι άνθρωποι ζουν σε μια σχέση δίχως αγάπη; Δίχως αλληλοεκτίμηση, δίχως περιέργεια για τον άλλο; Μόνο η συνήθεια, τα κοινά ασφαλιστήρια και οι απωθημένοι φόβοι μήπως μείνουν μόνοι είναι συχνά η κολλητική ουσία που κάνει δύο ανθρώπους να μένουν κάτω από την ίδια στέγη. Οι εσωτερικές αλλαγές, όμως, είναι για τους περισσότερους ανθρώπους πιο σημαντικές από τις εξωτερικές. Οι περισσότεροι έχουν παραλύσει στις συνήθειες της σκέψης, των λέξεων και πράξεων. Δεν είναι λοιπόν παράξενο πως και το σώμα τους καταλαμβάνεται από την παράλυση και την ακαμψία όλο και πιο πολύ, προπάντων στις αρθρώσεις που προορίζονται για την ευελιξία και την κίνηση. Οι άνθρωποι αυτοί ζουν τις μέρες τους σε μια ρουτίνα. Έχουν λίγη φρεσκάδα, λίγα νέα, γιατί είναι πεπεισμένοι πως τα πράγματα επαναλαμβάνονται και πως δεν έχουν να περιμένουν πολλά. Όταν όμως σκέφτομαι έτσι, δεν μπορώ να περιμένω ή να αντιληφθώ τίποτε καινούριο, όλα φαίνονται σαν μια αλυσίδα επαναλήψεων.

Το ποίημα «Σκαλοπάτια» του Χέρμαν Έσσε παρακινεί όσο κανένα άλλο να προχωρήσουμε στη ζωή:

Σκαλοπάτια

Όπως κάθε άνθος μαραίνεται και κάθε νιότη
Από το γήρας ξεφεύγει, ανθίζει κάθε σκαλοπάτι της ζωής,
Ανθίζει και κάθε σοφία και κάθε αρετή
Στην ώρα της και δεν κάνει να διαρκεί αιώνια.
Πρέπει η καρδιά σε κάθε της ζωής κάλεσμα
Πρόθυμη για αποχαιρετισμό να είναι και για νέο ξεκίνημα,
Για να δοθεί με θάρρος και δίχως λύπη
Σε άλλες, νέες σχέσεις.
Και σε κάθε αρχή κατοικεί μια μαγεία,
Που μας προστατεύει και μας βοηθάει να ζούμε.

Θα έπρεπε να διαπερνάμε χώρο με χώρο,
Να μην κολλάμε σε τίποτε όπως σε μια πατρίδα,
Του κόσμου το πνεύμα δε θέλει να μας δεσμεύσει και να μας πιέσει,
Θέλει σκαλί-σκαλί να μας ανεβάσει, να μας διευρύνει.

Και μόλις συνηθίσουμε σε έναν κύκλο ζωής
Και μας είναι οικείος, απειλεί η χαλάρωση,
Μόνο εκείνος που είναι πρόθυμος για αναχώρηση και

ταξίδι, θέλει να δραπετεύσει από τη συνήθεια.
Ίσως επίσης και η ώρα του θανάτου
να μας στείλει νέους χώρους καινούριους,
Της ζωής η φωνή προς εμάς δε θα σβήσει ποτέ ....
Εμπρός, λοιπόν, καρδιά, πάρε τον ύστατο αποχαιρετισμό
και ανάρρωσε!

*Έρμαν Έσσε**

Το να αποχαιρετήσουμε ένα ωραίο γεγονός ή έναν αγαπη-
μένο άνθρωπο μάς φαίνεται συχνά πολύ δύσκολο. Το να
αποχωριστούμε κάποιον ή κάτι είναι για πολλούς από μας
συνδεδεμένο με πόνο και λύπη. Αν μετά από πολλά χρόνια
γάμου ή συντροφικής σχέσης ο ένας από τους δύο γνωρί-
σει έναν νέο σύντροφο ή ο ένας από τους δύο πεθάνει, τότε
για εκείνον που απομένει μόνος αυτό αποτελεί μια μεγάλη
ψυχική δοκιμασία. Η αποφασιστική ερώτηση είναι: «Πώς
αντιδρά αυτός ή αυτή στο ότι ο/η σύντροφος ξαφνικά δεν
είναι πλέον κοντά του/ της;» Αντιστέκεται και φωνάζει
μέσα του: «Όχι, δε θέλω να φύγει!»; Τότε δημιουργεί ο ίδιος
πόνο, γιατί τέτοια αντίσταση πονάει, σε κάνει δυστυχι-
σμένο κι άρρωστο. Όμως το μυαλό δε θέλει να δει τη δια-
δικασία αυτή έτσι· και σκέφτεται ότι, επειδή ο άλλος
φεύγει, πρέπει αυτός να βασανίζεται, να πονάει. Όχι όμως,
αυτό δεν ισχύει. Επειδή αντιστέκεται, επειδή δε θέλει να το
πάρει απόφαση, επειδή φωνάζει «Όχι», γι' αυτό πονάει
μέσα του.
Άλλες φορές, εκείνος που τον εγκατέλειψαν λέει: «Ευχαρι-
στώ για τα πολλά χρόνια συμβίωσης και χαράς. Αν θέλει η
καρδιά σου ή η ψυχή σου να φύγει, τότε σε αφήνω ελεύ-
θερο. Σου εύχομαι ό,τι καλύτερο. Να είναι ο δρόμος σου ευ-
λογημένος. Και σε ευχαριστώ για όλα.» Στην αντίδραση
αυτή δεν προκύπτει πόνος, αλλά λύπη. Η λύπη δεν έχει

* Από το έργο του Έρμαν Έσσε: Άπαντα, Τόμος 10: Τα ποιήματα,
Εκδόσεις Suhrkamp Verlag, Frankfurt am Main 2002

καμία σχέση με τον πόνο. Η λύπη είναι ένα ανθρώπινο συναίσθημα που θέλει να το νιώθουμε. Το να λυπάται κάποιος δεν τον σκοτώνει και δεν τον αρρωσταίνει. Η λύπη μπορεί να είναι ένα πράγματι ωραίο, βαθύ συναίσθημα. Παρακαλώ, διαφοροποίησε τον πόνο (που σημαίνει «Όχι») από τη λύπη (που σημαίνει «Ναι»).

Πρέπει η καρδιά σε κάθε της ζωής κάλεσμα
Πρόθυμη για αποχαιρετισμό να είναι και για νέο ξεκίνημα.

Γιατί έχουμε αλήθεια τόσο μεγάλα προβλήματα κατά τον αποχαιρετισμό; Γιατί υποφέρουμε, όταν μας εγκαταλείπουν; Είναι φυσιολογικό αυτό που το μυαλό μας θέλει να μας πουλήσει; Εγώ ισχυρίζομαι: Όχι. Οι περισσότεροι άνθρωποι έχουν συχνά αντιληφθεί στην παιδική τους ηλικία πως αγαπημένοι τους άνθρωποι τους άφησαν μόνους, τους εγκατέλειψαν ή τους άφησαν στην τύχη τους. Αυτό δημιούργησε σε πολλούς από μας ανασφάλεια και οδήγησε σε πεποιθήσεις όπως: «Πρόσεχε, μην σε εγκαταλείψουν πάλι!» Ή: «Σε αυτόν τον κόσμο δεν μπορείς να βασιστείς σε κανέναν!» Ή σχετικά με το εκάστοτε φύλο: «Στους άντρες δεν μπορείς να βασιστείς!» Πόσα παιδιά αλήθεια έζησαν από κοντά την εμπειρία να φεύγει ο μπαμπάς (συνέχεια) για να πάει είτε στη δουλειά του, είτε στα χόμπυ του είτε στην ερωμένη του; Ή να φεύγει για πάντα μετά το διαζύγιο ή το θάνατο;
Ο άνθρωπος που σκέφτεται κάτι τέτοιο: «Δεν μπορείς να βασιστείς πραγματικά σε κανέναν. Συχνά σε εγκαταλείπουν», αυτός προσελκύει την εμπειρία αυτή επανειλημμένα στη ζωή του. Το τραύμα της εγκατάλειψης θέλει να επουλωθεί.

Και μόλις συνηθίσουμε σε έναν κύκλο ζωής
και μας γίνει οικείος απειλεί η χαλάρωση,
Μόνο εκείνος που είναι πρόθυμος για αναχώρηση και
ταξίδι θέλει να δραπετεύσει από τη συνήθεια.

Σε ρωτώ λοιπόν: «Είσαι έτοιμος για αναχώρηση και ταξίδι στη ζωή σου; Πόσο καλά στρώθηκες και εγκαταστάθηκες στη γωνιά σου; (οι εκπαιδευτές motivational trainer θα έλεγαν «στη γωνία των ανέσεών σου.» Για πολλούς όμως αυτή είναι η γωνία των βασάνων τους.)

Αυτή η εσωτερική προθυμία να προχωρήσεις και να αφήσεις να φύγει το παρελθόν δε σημαίνει ότι σχετίζεται με άγχος και φόβους. Επίσης, δε λέω πως πρέπει να αλλάζεις κάθε χρόνο το σύντροφό σου για να μη σου γίνεται βαρετός – ούτε ο Έρμανν Έσσε λέει κάτι τέτοιο. Λέει όμως: «Εξέτασε, σε παρακαλώ, πώς είναι η κατάσταση μέσα σου. Είσαι ξύπνιος στη γωνιά σου ή στη συντροφική σου σχέση ή στο επάγγελμά σου ή εκεί όπου μένεις; Συνεχίζουν να είναι όλα εντάξει για σένα και για την καρδιά σου; Όταν ξυπνάς το πρωί δίπλα στο σύντροφό σου, είναι ακόμη η καρδιά σου γεμάτη χαρά και αγάπη και λέει: "Τι ωραία, που είσαι ακόμη στη ζωή μου"; Όταν μπαίνεις στο σπίτι σου, σού λέει η καρδιά σου: "Αχ, τι ωραία που είναι εδώ. Ευχαριστώ γι αυτό το ωραίο σπίτι"; Συνεχίζεις να αισθάνεσαι στο σπίτι σου οικεία; Αν όχι, γιατί μένεις ακόμη εκεί;»

Ο πιο ωραίος στίχος όμως σε αυτό το θαυμάσιο ποίημα είναι για μένα:

Και σε κάθε αρχή κατοικεί μια μαγεία
που μας προστατεύει και μας βοηθάει να ζούμε.

Αυτή η μαγεία της κάθε αρχής κατοικεί σε κάθε νέα μέρα, σε κάθε σούρουπο, σε κάθε ξημέρωμα. Όπως δεν είναι κάθε ανατολή του ήλιου ίδια με την άλλη, έτσι δεν υπάρχει μέρα που να μοιάζει με την άλλη. Είναι πάντα μια εντελώς νέα μέρα.

Κάθε πρωί, σε παρακαλώ, κάνε μια νέα αρχή. Και να κατανοείς όλο και περισσότερο πως σήμερα τίποτε δεν είναι όπως ήταν χτες. Πως η ζωή θέλει σήμερα να σου κάνει νέα δώρα και πως μπορείς να δημιουργήσεις κάτι νέο. Πως μπορείς να επιλέξεις εκ νέου τι και πώς θέλεις να ζήσεις σή-

μερα και ποιος θέλεις να είσαι σήμερα. Προετοίμαζε τον εαυτό σου κάθε πρωί για τα δώρα που σήμερα θέλει να σου κάνει η ζωή, για κάθε νέα συνάντηση, για κάθε νέα εμπειρία. Να αποφασίζεις κάθε πρωί για ένα νέο βίωμα στο ποτάμι της ζωής. Προετοιμάσου για αλλαγές, για εκπλήξεις. Πες στον εαυτό σου: «Είμαι περίεργος για το ποιον θα συναντήσω σήμερα και πώς θα τον συναντήσω. Είμαι περίεργος για το πώς θα συνοδεύσω εγώ ο ίδιος σήμερα τον εαυτό μου. Είμαι περίεργος για το πώς θα αντιδράσω σήμερα σε αυτά που θα βιώσω. Είμαι περίεργος για το ποιος θα είμαι σήμερα το απόγευμα ... Όχι μόνο είμαι περίεργος, αλλά εγώ ο ίδιος είμαι σήμερα καινούριος άνθρωπος. Το ποιος ήμουν χτες έχει πλέον περάσει.»
Όποιος πάντα το πρωί κάνει μια νέα αρχή δικαιώνει τη ροή της ζωής, συμβαδίζει σε αρμονία με τη ζωή, απελευθερώνεται από παλιές αντιστάσεις και δεσμεύσεις, φροντίζει για χαρά και ελαφρότητα στη ζωή του. Όποιος, όμως, κρατιέται συνέχεια στα παλιά – στο χτες, στο παρελθόν – δεν έχει χέρια ελεύθερα προκειμένου να μπορέσει να λάβει τα δώρα της ζωής.

Η ζωή δε λαμβάνει χώρα χτες ούτε και αύριο, η ζωή δεν λαμβάνει χώρα σε μια ώρα, ούτε σε ένα λεπτό, αλλά πάντα ακριβώς ΤΩΡΑ. Η ζωή λαμβάνει χώρα τώρα, σ' αυτό το λεπτό που αντιλαμβανόμαστε. Το χτες δεν υφίσταται πλέον, είναι ανάμνηση, είναι σκέψη. Το αύριο δεν ήρθε ακόμη. Αυτή η στιγμή του ΤΩΡΑ είναι τόσο μικρή που δεν μπορούμε καν να την μετρήσουμε, δεν έχει καμία χρονική επέκταση, είναι μικρότερη ακόμα και από μιλιδευτερόλεπτο· κι όμως, η ύπαρξή μας βρίσκεται μόνο σε αυτές τις πολλές, άπειρες στιγμές του ΤΩΡΑ στη ροή της ζωής.
Μία και μόνη ημέρα έχει τόσες ατέλειωτες στιγμές ζωής, είναι τόσο άπειρα πλούσια σε στιγμές του ΤΩΡΑ, ώστε κανένας δεν μπορεί να τις μετρήσει. Αυτό είναι για τη λογική μας συχνά τρομακτικό, γιατί αυτή θέλει να μπορεί να μετράει, να συλλαμβάνει, να οριοθετεί. Η ζωή όμως δεν μετριέται, δε συλλαμβάνεται και δεν περιορίζεται. Είναι δίχως

σύνορα, είναι ατέλειωτη. Κάθε μέρα είναι ένα σύμπαν, το οποίο κρύβει άπειρες ζωές μέσα του, εκ των οποίων μόνο ελάχιστες συνειδητοποιούμε.

Όποιος θέλει να αφιερωθεί στη ζωή και να αφήσει να τον στηρίζει η ροή της ζωής πρέπει να πάρει μια απόφαση που θα είναι η εξής: «Αποφασίζω για την εμπιστοσύνη. Εμπιστεύομαι τον εαυτό μου στη ζωή.» Κάθε πρωί δίνω μία ψήφο εμπιστοσύνης στη ζωή και είμαι ανοικτός σε σκέψεις όπως: «*Η ζωή θέλει να με γεμίσει δώρα. Η ζωή θέλει μόνο το καλό μου. Η ζωή με αγαπά κι εγώ αγαπώ τη ζωή. Κι ακόμη κι αυτό που με στενοχωρεί ή μου φέρνει λύπη δε θέλω να το κατηγορήσω, αλλά θέλω να το αφήσω έτσι, όπως είναι κι απλά να το αντιληφθώ, για να αναγνωρίσω το νόημά του ίσως αργότερα …*» Με τον τρόπο αυτό κάθε πρωί μπορούμε να κουβεντιάζουμε με τη ζωή. Αυτό το λέμε προσευχή. Δώστε στη ζωή κάθε πρωί εκ νέου την εμπιστοσύνη σας. Η προσευχή συσχετίζεται με την προσφορά.

Κι επειδή στην εμπιστοσύνη κρύβεται η λέξη πίστη, είναι κι αυτή μια πρόσκληση για να δείξεις θάρρος και να παραδοθείς με θάρρος στη ζωή. Και το θάρρος αυτό δε το κερδίζουμε από κανέναν εξωτερικό παράγοντα. Το θάρρος αυτό βρίσκεται ήδη μέσα μας. Γιατί είμαστε πολύ θαρραλέα όντα, διαφορετικά δε θα ήμασταν εδώ. Το θάρρος αυτό βρίσκεται στην καρδιά μας. Ο άνθρωπος με θαρραλέα καρδιά και γεμάτος εμπιστοσύνη λέει ΝΑΙ στη ζωή, δεν καθορίζει την πορεία της και δεν λέει ΟΧΙ σε αυτά που έρχονται στη ζωή. Επιτρέπει στη ζωή να ξεδιπλωθεί μπροστά του και της εκμυστηρεύεται τις επιθυμίες και τις αποφάσεις του. Αυτός ο άνθρωπος εξηγεί στη ζωή ποιος θέλει να είναι. Λέει στη ζωή ότι αγαπάει τον εαυτό του και θέλει να τον συνοδεύσει αυτή στοργικά. Της λέει τι είδους ζωή θέλει να ζήσει.

⊞ Η επιλογή σου: Συνειδητά με το Θεό ή χωρίς αυτόν.

Ποιος ή τι σε αφήνει να ζεις; Ποιος σου δίνει πνοή, ποιος πάλλει το σφυγμό στο σώμα σου; Ποιος ή τι τα κρατάει όλα αυτά μαζί και φροντίζει τη μεγαλειώδη συμφωνική ορχήστρα που υπάρχει στο σώμα σου και αφήνει δισεκατομμύρια κύτταρα να συναρμονίζονται με τη μέγιστη ακρίβεια; Ποιος σε ξυπνάει το πρωί, ποιος σε συνοδεύει τη νύχτα; Ποιος σε εμψυχώνει; Από πού προέρχονται οι ήχοι, τα χρώματα; Ποιος εμπνέει τους ποιητές, τους ζωγράφους, όλους τους καλλιτέχνες και αρχιτέκτονες, τους μηχανικούς και τους μουσικούς; Ποιος σου λέει μέσα σου τι ισχύει για σένα και τι όχι;

Ονόμασέ τον/ την/το όπως θέλεις. Για μένα είναι πατέρας-μητέρα-θεός-θεά, η πηγή για ό,τι υπάρχει, αυτό που συμπεριλαμβάνει τα πάντα, που διεισδύει στα πάντα, από το πιο μικρό στο πιο μεγάλο, από το μικρόβιο μέχρι το γαλαξία. Μπορείς να το αγνοήσεις. Δεν πειράζει. Μπορείς να είσαι υπέρ του ή κατά του. Δεν τον νοιάζει καθόλου, δεν του καίγεται καρφί. Αυτός πράττει εντελώς ανεξάρτητα από αυτό και σε συνδέει με το σύμπαν. Θεός είναι για μένα αυτό από το οποίο προήλθαν τα πάντα, ό,τι συγκρατεί, δίνει πνοή και ενορχηστρώνει τα πάντα, όλη τη ζωή.

Την εικόνα του Θεού για την οποία σύμφωνα με τη δυτική εκκλησία έπρεπε εκατομμύρια άνθρωποι να δώσουν τη ζωή τους – γεγονός που μέχρι σήμερα επέφερε πολύ πόνο στον κόσμο και που οι Αμερικανοί πρόεδροι το χρησιμοποιούν για να ρημάξουν το Ιράκ, για να καταπολεμήσουν «το κακό στον κόσμο» – οι περισσότεροι από εμάς την έχουμε πλέον βαρεθεί. Είναι ένα πολύ «παλιό παπούτσι», που πολύ πίστευαν πως το έχουν βγάλει. Όμως, στο σημείο αυτό οι περισσότεροι απατώνται. Αυτό που για πολλούς αιώνες κηρύσσεται και διδάσκεται ακόμη και με το ξύλο στα παιδιά είναι βαθιά εγκατεστημένο στα κύτταρα ακόμη κι εκείνων που δεν έχουν πατήσει ποτέ το πόδι τους σε εκκλησία. Τι σκέφτεται και τι αισθάνεται αυτό το κάτι μέσα σου για το

Θεό; Ή δεν ασχολείσαι καν με το θέμα αυτό; Σου είναι μήπως δυσάρεστο; Συνειδητοποίησε, σε παρακαλώ, για τον εαυτό σου πως έχεις κάνει μια επιλογή που είναι η εξής: «Με το Θεό ή χωρίς αυτόν.» Ακόμη και οι άνθρωποι εκείνοι που θεωρούν το Θεό θέμα φιλοσοφικό για το οποίο μπορεί κανείς να συζητά ώρες ατέλειωτες, έχουν ήδη αποφασίσει. Ζουν τη ζωή τους δίχως συνειδητή αναφορά στην πηγή της. Κι αυτό έχει συνέπειες. Το αν υπάρχει ή δεν υπάρχει Θεός μπορείς να το εξακριβώσεις μόνο σε αυτό το σώμα, όταν, δηλαδή, αρχίσεις να αντιλαμβάνεσαι την ύπαρξη του Θεού σε όλα, σε σένα και στον περίγυρό σου – στο άνθος της τριανταφυλλιάς, σε ένα νεογέννητο μωρό, σε ένα ρυάκι, στη συμπονετική καρδιά ενός ανθρώπου, στην έκρηξη ενός ηφαιστείου ή σε κάποια έκρηξη οργής – παντού βλέπεις και αισθάνεσαι ενέργεια σε ποικίλη μορφή και συχνότητα. Τη στιγμή αυτή ο Θεός σε κάνει να αναπνέεις· κλείσε τα μάτια σου και διαπίστωσέ το. Ή μήπως πιστεύεις πως θα μπορούσες να αναπνεύσεις μόνος σου; Σου δίνεται η αναπνοή και σου δίνεται ο σφυγμός. Ο Θεός είναι η καθολική ενέργεια που δίνει σε όλα σφυγμό, που είναι στη διάθεση του καθένα μας απεριόριστα και αδιάκοπα. Το τι κάνουμε με αυτήν την ενέργεια στην διάρκεια μιας ανθρώπινης ζωής και πάνω σε αυτή τη γη αυτό μας το αναθέτει ο Θεός. Ο Θεός είναι η καθολική αγάπη και ο Θεός είναι τελείως απρόσωπος. Ο Θεός είναι μόνο αγάπη και ξέρει μόνο ένα «ΝΑΙ, μακάρι να είναι έτσι!»

Η γη μου φαίνεται σαν μια παιδική χαρά προορισμένη για μια ανθρωπότητα που βρίσκεται ακόμη στα σπάργανά της, η οποία στέλνει μεν δορυφόρους στον Άρη, δεν ξέρει όμως πώς να επιφέρει την ειρήνη. Που μπορεί να κλωνοποιεί ζώα και ίσως στο μεταξύ και ανθρώπους, δεν ξέρει όμως πώς να μετατρέψει το φόβο σε χαρά. Καθένας μας, χριστιανός ή μωαμεθανός, ινδουιστής ή αθεϊστής, είναι ζωντανό κύτταρο στον Σύνδεσμο Κυττάρων που ονομάζεται Ανθρωπότητα, ο οποίος πάλι είναι ένα μικρό κύτταρο στο άπειρο ΣΥΜΠΑΝ, σε ό,τι υπάρχει. Και σε κάθε ένα από αυτά τα κύτταρα εμπεριέχεται το σύμπαν, το συναντάμε στα πάντα. Ο Θεός σε συναντάει σε κάθε φύσημα του αέρα, σε κάθε ακτίνα του ήλιου, σε κάθε άνθρωπο και σε κάθε ζώο. Εγώ ο ίδιος εκπλήσσομαι για το υπέροχο της δημιουργίας στα μικρά και στα μεγάλα πράγματα και κάθε μέρα λέω: «Ευχαριστώ, ευχαριστώ, ευχαριστώ!» Όποιος αρχίζει να βλέπει τον κόσμο και τους ανθρώπους με τα μάτια της καρδιάς ανακαλύπτει έναν νέο, εντελώς διαφορετικό κόσμο από τον συνηθισμένο. Το αν ζεις το παρόν σου στον ουρανό ή στην κόλαση εξαρτάται μόνο από το πώς βλέπεις αυτό τον κόσμο.

Προερχόμενοι από αυτήν την πηγή είμαστε κι εμείς και παραμένουμε αναπόσπαστο μέρος του Θεού κι όχι μόνο έχουμε πολλά κοινά με αυτόν, αλλά είμαστε ΕΝΑ μαζί του, είτε το θέλουμε είτε όχι. Ούτε τη σταγόνα στον ωκεανό τη ρώτησαν αν θέλει να γίνει μέλος της θάλασσας. Ως τμήμα της πηγής έχουμε θεϊκή κληρονομιά μέσα μας και αυτή συμπεριλαμβάνει: το άπειρο, το απεριόριστο, τη δύναμη της δημιουργίας και την αγάπη. Ξεχάσαμε πως είμαστε θεϊκά, άγια όντα· όμως εδώ, τώρα, στην ανθρώπινή μας ζωή, έχουμε τη δυνατότητα να θυμηθούμε και πάλι ποιοι είμαστε πραγματικά. Γι' αυτό προσφέρονται στον καθένα μας κάθε μέρα πολλές ευκαιρίες. Η ζωή σε ρωτάει κάθε μέρα: «Ποιος θέλεις να είσαι σήμερα; Ακούς τη λογική ή την καρδιά σου; Ποντάρεις σε μία στοργική κοινότητα ή σε έναν οδυνηρό ανταγωνισμό; Θέλεις να φυλακιστείς ή να αφεθείς ελεύθερος; Θέλεις να συνεχίσεις να κοιμάσαι ή να ξυπνήσεις; Θέλεις να συνεχίσεις να σκέφτεσαι με μικρότητα ή να συνεχίσεις σε μεγαλείο;»

Μπορώ μονάχα να σε ενθαρρύνω να ρίξεις μια ματιά στα βιβλία *Συνομιλίες με το Θεό* του Neale Donald Walsch και να απολαύσεις τις διασκεδαστικές ερωταπαντήσεις. Εμένα με ενέπνευσαν τα βιβλία αυτά σε μεγάλο βαθμό. Την προσωπική μου στάση απέναντι στο Θεό και το ρόλο του στη ζωή μου θα τη βρεις παρακάτω στο δικό μου «Πάτερ ημών» το οποίο και σου αφιερώνω:

Πάτερ ημών ...

Πατέρα-μητέρα-δημιουργέ-Θεέ, ω εσύ πηγή μας,
που είσαι η καθολική αγάπη, η καθολική δύναμη, η
καθολική σοφία
και το καθολικό παρόν,
που είσαι μέσα μας και τριγύρω μας και παντού,
που μας δίνεις πνοή, μας αγαπάς, μας στηρίζεις και μας
θρέφεις,
που μας καθοδηγείς, μας προστατεύεις, μας εμπνέεις κι
αποκαλύπτεσαι μέσω ημών,
αγιασθήτω το όνομά σου
με τη σκέψη μας, τα λόγια και τις πράξεις μας.
Η βασιλεία σου ας έλθει τώρα ως ουράνιο βασίλειο μέσα μας,
ως εγγύηση της θεϊκότητάς μας.
Γενηθήτω το θέλημά σου ως εν ουρανώ κι επί της γης έτσι
και στη δική μας ζωή.
Βοήθησέ μας να αναγνωρίσουμε τη θέλησή σου, να την
υμνήσουμε, να την αγαπήσουμε, γιατί η θέλησή σου είναι η
βέλτιστη θέληση για εμάς.
Και άφησέ μας να την αναγνωρίσουμε μέσω της φωνής της
καρδιάς μας,
γιατί αυτή είναι η φωνή σου που μας καθοδηγεί κάθε μέρα.
Δος ημίν σήμερον τον άρτον ημών τον επιούσιον και τη
διάκριση των αναγκαίων.
Βοήθησέ μας να κατανοήσουμε όλες τις αναληθείς σκέψεις
που κάνει αυτό το κάτι μέσα μας
και να αναγνωρίσουμε την αλήθεια και να την ακολουθή-
σουμε.
Βοήθησέ μας να αναγνωρίσουμε όλες τις κατηγορίες με τις
οποίες επιβαρύναμε τον εαυτό μας και τους άλλους και να
τις ανακαλέσουμε.
Χάρισέ μας την επιείκεια και τη δύναμη της συγχώρεσης.
Το πνεύμα σου, το θείο πνεύμα, ας καθοδηγεί όλες μας τις
σκέψεις
στην πραγματική παρουσίαση, στην εξέλιξη του πνεύματός
μας,

σε μια σκέψη πέρα από όλες τις σκέψεις έλλειψης,
χωρισμού και κατάκρισης,
αλλά στη συνειδητοποίηση της ενότητας μας με ό,τι
υπάρχει.
Στη συνειδητοποίηση της αγάπης.
Γιατί δική σου είναι η βασιλεία και κάθε δύναμη και όλη η
δόξα στην αιωνιότητα. Ας είναι έτσι και έτσι είναι. Αμήν.

Ρόμπερτ Μπετς

▦   **Η επιλογή σου: Παράδεισος ή κόλαση.**

Τι θέλεις να επιλέξεις εδώ στη ζωή σου, τον παράδεισο ή την κόλαση; Οι περισσότεροι άνθρωποι επέλεξαν την κόλαση, ακόμη κι εκείνοι με την μονοκατοικία και τα δύο αυτοκίνητά τους. Η κόλαση είναι μια ζωή δίχως νόημα, γεμάτη ασχολίες, με πολλή δουλειά για να τα βγάλετε πέρα ή για να διατηρήσετε την ευημερία σας και με λίγη χαρά, μόνο όταν έχετε ρεπό. Η κόλαση είναι μια ζωή όπου συναντιούνται σώματα, των οποίων οι καρδιές είναι κλειστές, άνθρωποι που χρειάζεται ο ένας τον άλλο και εκμεταλλεύεται ο ένας τον άλλο. Η κόλαση είναι μια ζωή στην οποία άνθρωποι πεινασμένοι για αγάπη διαβαίνουν τον κόσμο με ένα πλήθος αναληθών σκέψεων στο μυαλό τους και συναντούν άλλους πεινασμένους ανθρώπους με τους οποίους ενώνονται. Αυτό το λένε γάμο, στην πραγματικότητα, όμως, πρόκειται για συνενώσεις ανάγκης, κατά τις οποίες ο ένας προσπαθεί να πάρει από τον άλλο ό,τι δε διαθέτει ο ίδιος. Μόνο μετά από πολλά χρόνια κατανοεί πως ο άλλος έχει επίσης να δώσει τόσο λίγα όσο και αυτός ο ίδιος. Η κόλαση είναι μια ζωή, στην οποία εκατομμύρια άνθρωποι κάθε πρωί ξυπνάνε με τη σκέψη «Πρέπει να δουλέψω!», περατώνουν ανόρεκτα τη δουλειά τους και το απόγευμα τη βγάζουν βλέποντας τηλεόραση.

Εφόσον έχεις διαβάσει αυτό το βιβλίο μέχρι εδώ, θα ξέρεις πως δεν την έχεις πλέον ανάγκη αυτήν την κόλαση. Κοίταξε, σε παρακαλώ, ακριβώς ποιος τομέας της ζωής σου δε χαροποιεί την καρδιά σου και κάνε μια νέα επιλογή. Αυτό που διαφέρει μεταξύ παράδεισου και κόλασης είναι ο τρόπος που βλέπεις τα πράγματα, είναι οι βασικές σου σκέψεις που κάνεις και τις πιστεύεις και η δύναμη και η αποφασιστικότητα της επιλογής σου. Η πρώτη απόφαση είναι συνήθως η εξής: «Φτάνει πια!» Η λέξη-κλειδί που αποφασίζει μεταξύ παράδεισου και κόλασης είναι όμως η αγάπη, η αγάπη για σένα τον ίδιο, για όλους τους άλλους ανθρώπους και για τη ζωή. Όπου υπάρχει αγάπη, εκεί δεν χωράει ο φόβος. Όπου υπάρχει (ακόμη) φόβος, εκεί κάτι ακόμη δεν αγαπιέται.

Όποιος ακόμη και σήμερα βιώνει μια «κολασμένη» ζωή, όποιος δεν αγαπάει τον εαυτό του, όποιος επιτρέπει να τον χρησιμοποιούν ή να τον εκμεταλλεύονται, όποιος παραχωρεί τη δύναμή του σε άλλους και ταυτίζεται μόνο με το σώμα του, ας αναρωτηθεί πόσο καιρό ακόμη θέλει να το συνεχίσει αυτό.

Το «βασίλειο του ουρανού» είναι μέσα μας. Είναι μια άλλη κατάσταση συνειδητότητας. Είναι η ευαισθητοποίηση πως δεν είμαστε μόνο σάρκα, αίμα και οστά. Είναι η αντίληψη πως μας στηρίζουν, μας καθοδηγούν και μας αγαπούν. Όμως εδώ δε μας κάνουν με το ζόρι ευτυχισμένους ανθρώπους. Εμείς έχουμε την επιλογή: περαιτέρω κόλαση ή επιτέλους παράδεισος. Ο στόχος της ζωής μας είναι να ξυπνήσουμε και να κατανοήσουμε πόσο υπέροχα και θαυμάσια όντα είμαστε, γεμάτα θησαυρούς και γεμάτα αγάπη και πως με την αγάπη κατέχουμε τη μέγιστη δύναμη που μπορεί να μετατρέψει τα πάντα. Πρέπει απλά να αρχίσουμε να αγαπάμε. Η αγάπη είναι το κλειδί για τον ουρανό επί γης.

Κανένας άνθρωπος και κανένας θεός δε σε βγάζει από την κόλαση που εσύ ο ίδιος δημιούργησες· δε γίνεται, αυτό είναι δική σου δουλειά. Είσαι όμως, όπως μου αρέσει να λέω, περικυκλωμένος από αγάπη. Όποιος κάνει ο ίδιος τα αποφασιστικά βήματα (βλέπε στο κεφάλαιο: «Πέντε βήματα προς μια νέα ζωή») αυτός λαμβάνει βοήθεια από όλες τις πλευρές: εδώ ένα βιβλίο, εκεί ένα κινηματογραφικό έργο, κάπου αλλού μια συνομιλία ή κάποιο νέο πρόσωπο στη ζωή σου. Τη μεγαλύτερη υποστήριξη, όμως, την αντλούμε από μέσα μας. Όποιος στρέφεται τακτικά προς το μέσα του και το αφουγκράζεται, θα έρθει σε επαφή με την εσωτερική του φωνή που συνέχεια του μιλάει. Σου λέει τώρα ήδη, κάθε μέρα, τι είναι σωστό και τι όχι, τι ταιριάζει και τι όχι. Το αντιλαμβάνεσαι σε πολύ μικρά πράγματα, όπως όταν μπαίνεις σε ένα εστιατόριο. Μέσα σε πέντε δευτερόλεπτα ξέρεις αν θέλεις να μείνεις εδώ, αν αισθάνεσαι όμορφα ή όχι. Την ίδια διαίσθηση μπορείς, επίσης, να εφαρμόσεις και σε καταστάσεις, ανθρώπους, θέσεις εργασίας, βιβλία, κινηματογραφικά ή τηλεοπτικά έργα, όπως και στις ίδιες σου τις σκέψεις. Αν μια σκέψη μου φαίνεται μη αρμόζουσα και λανθασμένη, μπορώ να πω: «Όχι, δεν το πιστεύω. Θα σκεφτώ μια νέα σκέψη.»

Για όλους εμάς ο δρόμος αυτός είναι ένας δρόμος από την κόλαση στον παράδεισο, από το σκοτάδι στο φως, από τη λήθη για το ποιοί είμαστε στη θύμηση αυτού που πράγματι είμαστε. Η καρδιά μου λέει πως έχουμε επιλέξει αυτόν το δρόμο. Γιατί άραγε επιλέξαμε κάτι τέτοιο περίεργο; Αυτό θα το ξέρουμε προφανώς μόνο τότε, όταν θα έχουμε εγκαταλείψει αυτό το σώμα. Υποθέτω όμως: Μόνο εκείνος που πέρασε από την κόλαση μπορεί να απολαύσει τον παράδεισο.

Ζήσε τον παράδεισό σου εδώ στη γη και θα είσαι καλά προετοιμασμένος για τον ουρανό μετέπειτα. Όποιος ελπίζει πως θα τον απαλλάξει και θα τον λυτρώσει ο θάνατος από την επίγεια κόλαση, σε αυτόν συνιστώ επειγόντως να εξετάσει λεπτομερέστατα αυτή τη σκέψη για ακόμη μια φορά. Η καρδιά μου μού λέει: Φτάνεις «εκεί απέναντι στην άλλη όχθη» με την πνευματική, ψυχική, συναισθηματική και διανοητική κατάσταση, με την οποία φεύγεις από τον επίγειο κόσμο και από το σώμα σου. Όποιος δεν εκπλήρωσε τις υποχρεώσεις του για το σπίτι του, δεν ανέλαβε την ευθύνη για τις δημιουργίες του, θα πρέπει να το κάνει σε ένα άλλο επίπεδο και η καρδιά μου λέει πως είναι ευκολότερο να διεκπεραιώσεις αυτό το καθήκον σου εδώ στη γη.

⊞ **Το πρώτο μάθημα της αγάπης.**

«Το πρώτο μάθημα της αγάπης έγκειται στο να μη ζητάμε την αγάπη, αλλά μόνο να τη δίνουμε. Γίνε δότης. Οι άνθρωποι κάνουν, όμως, ακριβώς το αντίθετο. Ακόμη κι αν δίνουν, το κάνουν με την υστεροβουλία να πάρουν την αγάπη πίσω. Πρόκειται για αντιπραγματισμό. Δεν την εκπέμπουν, δεν τη χαρίζουν γενναιόδωρα. Τη μοιράζουν, όχι όμως άνευ όρων. Λοξοκοιτάζουν για να δουν αν υπάρχει ανταπόκριση ή όχι. Καημένοι άνθρωποι ... δεν έχουν ιδέα για το νόμο της φύσης σχετικά με την αγάπη. Όποιος εκπέμπει αγάπη, σε αυτόν αυτή θα επιστρέψει.

Κι αν δεν έρθει, μην ανησυχείτε. Αυτός που αγαπάει ξέρει πως το να αγαπάς σε κάνει ευτυχισμένο. Αν ανταποκριθεί η αγάπη σου, καλώς· τότε πολλαπλασιάζεται η ευτυχία. Όμως, ακόμη κι αν δεν ανταποκριθεί, η πράξη της αγάπης σε κάνει πολύ ευτυχισμένο κι εκστατικό· οπότε, τι σε νοιάζει αν βρει η αγάπη ανταπόκριση.

Η αγάπη έχει τη δική της εγγενή ευδαιμονία. Εμφανίζεται όταν αγαπάς. Δε χρειάζεται να περιμένεις το αποτέλεσμα. Απλά αρχίστε να αγαπάτε και θα δείτε σιγά-σιγά πόση αγάπη σάς ανταποδίδεται. Μπορεί κανείς να βιώσει και να μάθει τι είναι η αγάπη με το να αγαπάει. Ακριβώς όπως μαθαίνεις κολύμπι με το να κολυμπάς, έτσι μαθαίνεις την αγάπη με το να αγαπάς.

Οι άνθρωποι, όμως, είναι πολύ σπαγγοραμμένοι. Περιμένουν τη μεγάλη αγάπη – τότε, ναι, τότε θα αγαπήσουν. Παραμέ-

νουν κλεισμένοι στον εαυτό τους. Και περιμένουν. Κάποτε, κάπου θα εμφανιστεί η Κλεοπάτρα τους και τότε θα ανοίξουν την καρδιά τους. Αλλά, μέχρι να έρθει εκείνη η μέρα, έχουν ξεχάσει να ανοίγουν την καρδιά τους.

«Μην αφήνετε καμία ευκαιρία να περνάει δίχως να αγαπάτε! Ακόμη και στο δρόμο, περπατώντας, μπορείτε να είστε στοργικός. Ακόμη και σε έναν ζητιάνο μπορεί κανείς να είναι στοργικός. Δεν είναι ανάγκη να του δώσετε κάτι, αλλά μπορείτε να του χαμογελάσετε. Δεν κοστίζει τίποτε. Όμως, το χαμόγελό σας ανοίγει την καρδιά σας, φέρνει ζωή στην καρδιά σας. Πάρτε κάποιον από το χέρι - έναν φίλο, έναν ξένο. Μην περιμένετε μέχρι να έρθει ο σωστός, ο μοναδικός που θα μπορέσετε να αγαπήσετε. Γιατί, έτσι, δε θα έρθει ποτέ ο σωστός. Απλά να αγαπάτε. Κι όσο περισσότερο αγαπάτε, τόσο μεγαλύτερη είναι η πιθανότητα να βρει ο σωστός άνθρωπος το δρόμο προς εσάς, γιατί η καρδιά σας αρχίζει να ανθίζει. Μια καρδιά σε πλήρη άνθηση προσελκύει πολλές μέλισσες, πολλούς που αγαπούν ...»

Osho*

*Από: Osho, Το βιβλίο των γυναικών, Εκδόσεις Ullstein Verlag, Βερολίνο 2004
(πλάγια έμφαση στο κείμενο είναι παρατηρήσεις του Ρόμπερτ Μπετς)

5.

Απελευθέρωση από το Παρελθόν.

«Χωρίς το παρελθόν σου είσαι αμέσως ελεύθερος!»
(Ένα μάθημα σε θαύματα)

⊞ **Σέβομαι το παρελθόν.**

Αν θέλουμε να αποδεσμευτούμε από το παρελθόν μας, επιτρέπεται να μάθουμε να το βλέπουμε με έναν εντελώς νέο τρόπο. Μ' αυτόν τον νέο τρόπο σχετίζεται η εξής σκέψη: «Ό,τι βίωσα είχε την καλή του πλευρά, ακόμη κι αν ίσως σήμερα δεν μπορώ να κατανοήσω το νόημα που είχε. Τίποτε στη ζωή μου δεν ήταν άσκοπο. Όλα ήταν αναγκαία και σημαντικά, κάθε μηδαμινή λεπτομέρεια».

Η καρδιά μου μού λέει ότι και η μικρότερη νιφάδα του χιονιού δεν πέφτει άσκοπα από τον ουρανό και ότι ακόμη και το πιο ασήμαντο χορταράκι δε φυτρώνει άσκοπα σε αυτή τη γη. Ούτε ένα μυρμήγκι δεν περιφέρεται άσκοπα στη γη αυτή και ούτε ένα κύμα δεν κυματίζει άσκοπα. Ούτε η πιο μηδαμινή λεπτομέρεια δεν είναι ασήμαντη ή περιττή ή άσκοπη στο σύμπαν. Όλα σχετίζονται μεταξύ τους κι όλα έχουν βασικά το δικαίωμα ύπαρξης. Πώς έχουμε το θράσος να σκεφτόμαστε πως συγκεκριμένες διαδικασίες στη ζωή μας δεν έχουν τάχα κάποιο σκοπό; Όλα είχαν και έχουν κάποιο σκοπό στη ζωή μας. Οι συνεχείς ρήξεις με τους γονείς μας, το χρόνιο έκζεμα, οι μεγάλοι φόβοι μήπως μας εγκαταλείψουν ή οτιδήποτε άλλο, η απώλεια χρήματος, της θέσης εργασίας ή όλοι οι οδυνηροί αποχαιρετισμοί από αγαπημένους ανθρώπους.

Και μόνο κάνοντας τη σκέψη: «Αφήνω τον εαυτό μου να σκεφτεί πως τα πάντα στη ζωή μου είχαν κάποιο βαθύ νόημα», αρχίζει μια φάση της ανάρρωσης και της ειρήνης. Και μόνο εκείνος που μπορεί να σκεφτεί έτσι, εκείνος που αποφασίζει να σκεφτεί έτσι, θα μπορέσει να αναγνωρίσει με τον καιρό το νόημα όλων αυτών των συμβάντων στη ζωή του. Όταν μια μέρα θα έχουμε βγει από αυτό το σώμα, θα μπορέσουμε όλοι εμείς – δίχως εξαίρεση – να δούμε αυτή τη ζωή με άλλα μάτια, με μάτια κατανόησης. Αυτήν την κατανόηση μπορούμε να την αποκτήσουμε και σε αυτό το σώμα. Σε αυτήν την κατανόηση σε προσκαλώ εγκάρδια!

Ανεξάρτητα από το πόσο οδυνηρά, πόσο δυστυχισμένα κυλάει μια ζωή ή κάποιες μεγάλες φάσεις της ζωής, για την καρδιά ή για την ψυχή δεν υπάρχει «άσχημη» ζωή. Στο σύμπαν δεν υπάρχει τίποτε άσχημο και τίποτε καλό, αυτό υπάρχει μόνο στη λογική μας, στο μυαλό μας, αλλά όχι στη φύση. Υπάρχουν μόνο καταπληκτικές εμπειρίες από καταπληκτικά, θεϊκά όντα, τα οποία δεν έχουν ακόμη κατανοήσει πόσο μοναδικά και θεϊκά είναι. Πρόκειται για τις εμπειρίες *πριν* το ξύπνημα, *πριν* τη θύμηση της πραγματικής μας, της θεϊκής μας φύσης.

Σε προσκαλώ: Κάνε μια ανασκόπηση όλων των δημιουργιών σου σε όλο το φάσμα της ζωής σου και άρχισε να λες ΝΑΙ σε αυτές, σε όλες τις εμπειρίες, στις καλές και στις άσχημες. Τίποτε δεν ήταν άσκοπο, όλα ήταν πολύτιμα. Το σύνολο της ζωής μας είναι ένα πολύτιμο συνολικό έργο τέχνης, ένα πολύτιμο αντικείμενο που απαιτεί να το εκτιμήσουμε. Για φαντάσου έναν ζωγράφο, όπως τον Ρενουάρ, να είχε ζωγραφίσει έναν πίνακα που μέχρι σήμερα θα βρισκόταν σε μια γωνία δίχως να τον είχε ανακαλύψει κάποιος. Ή τον Γκαίτε, να είχε γράψει ένα μυθιστόρημα που δε θα το γνώριζε μέχρι σήμερα κανένας, γιατί ο συγγραφέας θα το είχε κρύψει. Δε θα σκεφτόσουν «τι κρίμα για τον πίνακα ή για το μυθιστόρημα»; Σε τι χρησιμεύει το μυθιστόρημα, αν δεν το διαβάσει κανένας, σε τι χρησιμεύει ο πίνακας, αν δεν τον θαυμάζει κανένας; Ακριβώς το ίδιο συμβαίνει και με την ομορφιά, με το δέος που προκαλεί το μεγαλείο όλων των δημιουργιών της ζωής σου. Η ζωή σου ποθεί το θαυμασμό, την αναγνώριση και την εκ νέου παρατήρηση, θέλει να την αποδεχτούμε και να την εκτιμήσουμε ως μια και μοναδική, ως τη δική σου μεγάλη δημιουργία.

Σε παρακαλώ, μην αρνείσαι από τη ζωή σου αυτόν το σεβασμό. Όλα τα έκανες καλά, τα έκανες τόσο καλά, όσο μπορούσες. Και αυτό αξίζει τη μέγιστη εκτίμηση, το σεβασμό και την αναγνώρισή σου. Πότε θέλεις να αναγνωρίσεις, να αποδεχθείς και να ευλογήσεις το μυθιστόρημα της ζωής σου, τον πίνακα ζωγραφικής της ζωής σου; Ο Θεός τα έχει ευλογήσει προ πολλού – τώρα είναι η σειρά σου.

Μόνο εκείνος που βαδίζει αυτό το δρόμο και αποδέχεται τη ζωή του απελευθερώνεται από το παρελθόν του. Με την αποδοχή σου και με την ευλογία σου λύνεις τα οδυνηρά δεσμά με τα οποία σε κρατάει ακόμη δέσμιο το παρελθόν σου. Το παρελθόν μας μάς αποδεσμεύει, όταν συνάψουμε ειρήνη μαζί του και ξεκινήσουμε με νέες σκέψεις γι' αυτό και για μας. Όπως ακριβώς ο λωτός δε θα μπορούσε να ανθίσει στην πλήρη ομορφιά και μεγαλοπρέπειά του αν οι ρίζες του δεν βρίσκονταν μέσα στις ακαθαρσίες και στη λάσπη, έτσι κι εμείς δε θα ήμασταν σε θέση να αναγνωρίσουμε τον εαυτό μας ως λαμπρό ον αν δεν υπήρχε στο παρελθόν μας το σκοτάδι του μη συνειδητού, η άγνοιά μας σχετικά με το θεϊκό μεγαλείο μας, η οδύνη της ανούσιας θυματοποίησης και ο φόβος μήπως είμαστε αδύναμοι και μη αγαπητοί. Με τον τρόπο αυτό βαδίζει η ζωή μας από τον περιορισμό στην επέκταση, από το σκοτάδι στο φως.

▦ Οι γονείς της παιδικής σου ηλικίας ζουν μέσα σου.

Αν επιθυμείς μια άλλη ζωή και θέλεις να βγεις από τα «παλιά σου παπούτσια», η εσωτερική σου σχέση με τους γονείς σου πρέπει να είναι το θέμα-κλειδί για σένα. Κι αυτό ισχύει ακόμη κι αν σήμερα είσαι ήδη ογδόντα χρονών. *Η πλήρης εσωτερική ειρήνη με τους γονείς μας είναι η πύλη, την οποία πρέπει να διαβούμε για να αποκτήσουμε ειρήνη, χαρά, αφθονία κι εκπλήρωση στη ζωή μας.*

Τα τελευταία χρόνια, το θέμα της σχέσης μεταξύ γονέων και παιδιού καταλαμβάνει όλο και μεγαλύτερη σημασία. Όμως, στους περισσότερους ανθρώπους δεν είναι μέχρι σήμερα διόλου σαφές ότι οι εσωτερικοί τους γονείς, δηλαδή οι γονείς της παιδικής τους ηλικίας, τους κάνουν ακόμη και σήμερα τη ζωή δύσκολη. Πολλοί έχουν συνάψει ειρήνη με τους βιολογικούς τους γονείς, τον γηραιό πατέρα τους, τη γηραιά μητέρα τους. Αυτό είναι ένα όμορφο βήμα. Μερικοί συνόδευσαν μάλιστα τους γονείς τους μέχρι το θάνατό τους, κρατώντας τους το χέρι στον στερνό τους δρόμο. Ευλογημένη να είναι αυτή η πράξη τους. Κι όμως, ελάχιστοι έχουν συνάψει ειρήνη με τους γονείς της παιδικής τους ηλικίας. Τι εννοώ με αυτό; Στον καθένα μας οι γονείς μένουν ζωντανοί, έτσι όπως τους ζήσαμε από τη γέννησή μας, ναι, ακόμη και από τη σύλληψή μας. Κάθε στιγμή, κάθε συναίσθημα – όμορφο ή μη – είναι αποθηκευμένο μέσα μας και επιδρά μέχρι σήμερα. Ακόμη κι αν δεν το συνειδητοποιούμε, μέσα μας είναι όλα τόσο ζωντανά διατηρημένα, σαν να έχουν τώρα μόλις συμβεί. Τα συναισθήματα δε γνωρίζουν χρόνο. Ή υπάρχουν ή όχι. *Κάθε χάδι, κάθε καλή λέξη, κάθε υποστήριξη, αλλά και κάθε απόρριψη, κάθε απογοήτευση, κάθε οργή και κάθε θυμός, κάθε κατηγορία και κάθε εικόνα που είχα σαν παιδί από τους γονείς μου είναι αποθηκευμένα μέσα μου με όλη την συναισθηματική τους ποιότητα.*

Μεταξύ όλων των γονέων και των παιδιών κατά τη διάρκεια χρόνια της συμβίωσής τους διεξάγεται μια τρομερή ανταλλαγή ενέργειας. Κάθε λέξη που προφέρουν οι γονείς είναι μια ενέργεια που το παιδί δεν την αντιλαμβάνεται μόνο. Επιπλέον, απορροφά την ενέργεια αυτή βαθιά μέσα του. Κάθε σκέψη που κάνει και κάθε συναίσθημα που νιώθει το παιδί σαν αντίδραση απέναντι στους γονείς του είναι ενέργεια, την οποία δημιουργεί και διατηρεί μέσα του. Όλες οι προσδοκίες των γονέων προς το παιδί, όλοι οι όροι από τους οποίους εξαρτάται η στοργή και η αγάπη τους είναι ενέργειες που αφομοιώνει το παιδί. Όλες οι εικόνες και οι ιδέες που έχουν οι γονείς για τα παιδιά τους είναι ενέργειες που αποθηκεύει το παιδί. Με λίγα λόγια: Μεταξύ γονέων και παιδιών επέρχεται πάντα – ακόμη και στα καλύτερα σπίτια – ένα σύμπλεγμα ενεργειών που καθιστούν και τους δύο, γονείς και παιδιά, σε μη ελεύθερους ανθρώπους. Το παιδί βλέπει τον εαυτό του όλο και περισσότερο μέσα από τα γυαλιά των γονέων του. Αυτό που ακούει συχνά για τον εαυτό του αρχίζει να το πιστεύει και το ίδιο. Τις προσδοκίες των γονέων, τους όρους αγάπης, τα αφομοιώνει και προσπαθεί να τα εκπληρώσει το παιδί. Η εικόνα για τον εαυτό του, όπως και η συμπεριφορά του, καθορίζονται από τις ενέργειες των γονέων.

Το αποτέλεσμα: Το παιδί ξεχνάει ποιο είναι πραγματικά και προσανατολίζει την εικόνα του εαυτού του όλο και περισσότερο σε αυτό που του λένε οι γονείς του γι' αυτό και στο πώς συμπεριφέρονται απέναντί του.

Εδώ αποδίδονται όλα τα συναισθήματα που αναπτύσσει και αποθηκεύει κατά τη διάρκεια της συμβίωσης και της διαμάχης με τους γονείς: όλη η αγάπη, αλλά επίσης η οργή, το μίσος, η άρνηση, η απόρριψη, τα «Όχι», οι αντιφάσεις, η αδυναμία, η μοναξιά, η εγκατάλειψη, η απογοήτευση, η εκδίκηση – όλες οι σκέψεις και όλα τα συναισθήματα που δεν επιτρέπεται να δείχνει στους γονείς του, γιατί δεν τα αποδέχονται. Αυτά πρέπει το παιδί να τα αποθηκεύσει μέσα του και να τα απωθήσει. Έτσι αναπτύσσουν αμέτρητα παιδιά μια σχέση αγάπης και μίσους ιδιαίτερα με τη μητέρα τους, με την οποία το μικρό παιδί περνάει τον περισσότερο χρόνο του και από την οποία εξαρτάται πλήρως.

Δεν υπάρχουν στη γη αυτή γονείς που αποδέχονται και αγαπούν τα παιδιά τους δίχως όρους. Δεν υπάρχουν γονείς που συντροφεύουν εντελώς συνειδητά τα παιδιά τους, γονείς που γνωρίζουν, δηλαδή, ποιοι πραγματικά είναι, που έχουν σχέση αγάπης και ειρήνης με τον εαυτό τους και με το παρελθόν τους, σχέση ειρήνης με όλα όσα υφίστανται και που έχουν συνείδηση της θεϊκότητάς τους. Και πώς να γίνει αλήθεια αυτό; Οι γονείς αυτοί δεν έχουν επίσης αγαπηθεί χωρίς όρους.

Όλες αυτές οι ενέργειες της παιδικής μας ηλικίας βρίσκονται μέσα μας. Η ενέργεια δε γνωρίζει χρόνο, η ενέργεια γνωρίζει μόνο διαφορετικές καταστάσεις. Όλες οι επιπλοκές στη σχέση με τους γονείς μας, κάθε εσωτερική μη-ειρήνη επιδρά έντονα στη ζωή σου: στις σχέσεις σου, στη δουλειά σου και στη συνολική θεώρηση της ζωής. Σε κρατάνε δέσμιο και περιορισμένο. Και επίσης οι γονείς σου, ακόμη κι αν έχουν πεθάνει ως σώμα, συνεχίζουν να διατηρούν μαζί σου σχέσεις που έχουν τις ίδιες επιπλοκές. Οι ψυχές μας ποθούν απελευθέρωση, επέκταση, συμφιλίωση και ειρήνη.

Παρόλο που εδώ και καιρό πολλές γυναίκες και άντρες έχουν αποκτήσει παιδιά κι εγγόνια, τρέφουν ακόμη απέναντι στους γονείς τους τα ίδια ανάμικτα συναισθήματα που νιώθουν ήδη από την παιδική τους ηλικία. Είτε πρόκειται για το παράδειγμα της κατάκοιτης μητέρας, που την φροντίζει στοργικά η κόρη της, είτε του ηλικιωμένου πατέρα στον οίκο ευγηρίας που τον επισκέπτονται ο γιός και η κόρη του, μπροστά στους γονείς τα παιδιά πολύ γρήγορα ολισθαίνουν πίσω στο ρόλο του μικρού παιδιού και αισθάνονται παραδομένα στις προσδοκίες και στις κατηγορίες του γηραιού γονέα. Έτσι, πολλά ενήλικα «παιδιά» μειώνουν την επικοινωνία με τους γονείς τους στο ελάχιστο και όχι σπάνια μάλιστα τη διακόπτουν τελείως. Αλλά από αυτό δεν ωφελείται κανείς. Από τις ψυχικές εξαρτήσεις μας δεν απελευθερωνόμαστε με την εξωτερική αποστασιοποίηση αλλά με την εσωτερική προσέγγιση.

⊞ **Παραδείγματα για επιπλοκές στις σχέσεις μεταξύ γονέων και παιδιών.**

Πολλοί άνθρωποι πιστεύουν ότι το κεφάλαιο «Γονείς» θα έπρεπε κάποτε επιτέλους να κλείσει. Η επιθυμία αυτή εκφράζεται ως επί το πλείστον από ανθρώπους που προσπαθούν να αφήσουν τους γονείς τους «πίσω τους». *Όμως: Το κεφάλαιο «Γονείς» δεν κλείνει ποτέ σε αυτή τη ζωή, γιατί σε αυτή τη ζωή είσαι το προϊόν των γονέων σου, τα κύτταρά σου προέρχονται από τα κύτταρά τους. Μέσα σου υπάρχει ο πατέρας σου και η μητέρα σου, είτε σου ταιριάζει, είτε όχι.* Μερικοί αισθάνονται σχεδόν αηδία μόνο με τη σκέψη πως είναι το αποτέλεσμα της σεξουαλικής συνένωσης του πατέρα και της μητέρας τους, ένα αληθινό σεξουαλικό προϊόν τους. Αυτό καταδεικνύει με σαφήνεια το πόσο λίγη ειρήνη νιώθουν μέσα τους γι' αυτούς.

Πολλοί επιθυμούν να απελευθερωθούν από τους γονείς, όμως η απελευθέρωση ολοκληρώνεται μόνο μαζί με την ειρήνη. Και με τη λέξη «ειρήνη» δεν εννοούμε τη «μέλι-γάλα» ειρήνη, αλλά μια πραγματικά εγκάρδια, στοργική σχέση ευγνωμοσύνης με τη μητέρα και τον πατέρα. Κάτι τέτοιο χρειάζεται χρόνο. Πολλοί πίστεψαν πως με μια οικογενειακή αναπαράσταση, που τα τελευταία χρόνια έγινε πολύ δημοφιλής, μπορεί να αποκατασταθεί η ειρήνη. Αυτό μπορεί βέβαια να είναι μόνο ένα βήμα, συχνά ένα πολύ σημαντικό βήμα. Όμως, κατά την οικογενειακή αναπαράσταση γίνεται ιδιαίτερα σαφές πόσο ζωντανά είναι ακόμη η μη-ειρήνη, η απόσταση, το ψύχος, η οργή ή άλλα συναισθήματα μεταξύ γονεά και παιδιού. Η διαδικασία προς την πραγματική εσωτερική ειρήνη χρειάζεται χρόνο ωρίμανσης.

Στην αρχή έχουμε την εξής επιθυμία: «Επιθυμώ μια τρυφερή, εγκάρδια σχέση με τους γονείς μου. Επιθυμώ πραγματική ειρήνη με τον πατέρα και τη μητέρα μου και απελευθέρωση από τις παλιές επιπλοκές». Όταν ζωντανέψεις μέσα σου αυτή σου την επιθυμία και με το χρόνο τη φροντίσεις, τότε αρχίζει η διαδικασία της ειρήνης. Τότε θα σου προσφέρονται όλο και περισσότερες ευκαιρίες για να μπορέσεις να διαμορφώσεις αυτή την ειρήνη όλο και πιο βαθιά. Τότε μπορεί να ωριμάσει μια νέα σχέση με τους γονείς σου.

Η εσωτερική σου σχέση με τους γονείς σου διεισδύει μέχρι σήμερα σε κάθε τομέα της ζωής σου, είτε προωθητικά κι ενισχυτικά είτε κουράζοντάς σε και αποδυναμώνοντάς σε. Και στους περισσότερους ανθρώπους συμβαίνει το τελευταίο. Να τέσσερα παραδείγματα του πώς συμβαίνει αυτό:

1. Σαν παιδί είχες αποφασίσει να εκπληρώνεις τις επιθυμίες των γονέων σου. Για παράδειγμα, αποφάσισες να είσαι φρόνιμος, αξιοπρεπής, ευπρεπής, υπάκουος κι εργατικός, γιατί

αυτό απαιτούσαν πολύ εμφανώς από σένα. Αργότερα, δεν αμφισβήτησες ποτέ την απόφασή σου. Ακόμη κι όταν έφυγες από το σπίτι σου αλλά και μετά, στον έγγαμό σου βίο, προσπαθούσες μέσα σου να εκπληρώνεις αυτές τις προσδοκίες. Γιατί τις έχεις υιοθετήσει βαθιά μέσα σου. Συνεχίζεις να υπακούς τους εσωτερικούς σου γονείς. Ίσως να τοποθέτησες στη ζωή σου στη θέση τους κάποιον, με τον οποίο συνεχίζεις να ζεις αυτό το παλιό πρόγραμμα και κοπιάζεις ώστε να είσαι φρόνιμος, ευπρεπής, υπάκουος κι εργατικός.

Αυτές οι προσδοκίες είναι ενέργειες που μπορείς να επιστρέψεις στους γονείς σου. Ανήκουν σε αυτούς κι όχι σε σένα. Τότε έπρεπε αναγκαστικά να τις υιοθετήσεις. Σαν παιδί δεν είχες άλλη επιλογή, εξαρτιόσουν από αυτούς. Σήμερα, όμως, σε δεσμεύουν. Αποφάσισε σήμερα ο ίδιος τι θέλεις να βιώσεις.

2. Εάν ποθούσες ζεστασιά, τρυφερότητα ή αγάπη από την πλευρά του πατέρα σου, για παράδειγμα, όμως η επιθυμία σου αυτή ποτέ δεν εκπληρώθηκε πραγματικά, καθώς αυτός σπάνια σε αγκάλιαζε ή δεν σε αγκάλιαζε ποτέ, καθώς ποτέ σου δεν άκουσες: «Είμαι περήφανος για σένα. Τι ωραία που υπάρχεις», τότε αυτός ο ανεκπλήρωτος πόθος σου βρίσκεται σήμερα ακόμη μέσα σου. Και προφανώς δίχως να το συνειδητοποιείς έχεις ήδη κάνει μερικές προσπάθειες για να πάρεις αυτή την αγάπη, τη ζεστασιά ή την αναγνώριση από άλλους στη ζωή σου, ίσως από τους συντρόφους σου ή τους εκάστοτε προϊσταμένους σου. Όμως, αυτό που ποθούσες από τον πατέρα σου, μόνο αυτός μπορεί να το ικανοποιήσει. Κι αν ακόμη αυτός έχει εγκαταλείψει το ανθρώπινο σώμα του, ωστόσο δεν είναι αργά. Αν θέλεις, μπορείς να το πάρεις ακόμη και σήμερα.

3. Πολλά παιδιά έχουν ζήσει πολύ περισσότερο χρόνο με τη μητέρα τους παρά με τον πατέρα τους. Κορίτσια και αγόρια ήταν πολύ κοντά στη μητέρα τους, έζησαν πολλές από τις σκέψεις και τα συναισθήματά της, τους φόβους και

συχνά και τα βάσανά της. Ήδη στους πρώτους εννέα μήνες σε αυτή τη γη, στην κοιλιά της μητέρας μας, αποκτούμε σχέση οικειότητας και γνωρίζουμε τον άνθρωπο αυτό. Το παιδί αντιλαμβάνεται ήδη ως έμβρυο ό,τι αισθάνεται και σκέφτεται η μητέρα του για τον εαυτό της, για τη ζωή κι επίσης για το παιδί στην κοιλιά της. Τα πρώτα παιδικά χρόνια εμπιστεύεται η μητέρα στο παιδί συχνά και τις ανησυχίες και τους φόβους της. Κι όχι σπάνια, υποχρεώνεται το μικρό αγόρι ή το μικρό κορίτσι να ακούει τα παράπονα της μητέρας για τον πατέρα. Η εικόνα των περισσότερων παιδιών για τον πατέρα τους είναι επηρεασμένη από τη γνώμη της μητέρας τους. Βιώνει την μητέρα του συχνά ως άτομο που υποφέρει, ως πιο αδύναμη. Θα μπορούσαμε βέβαια αυτό να το ονομάσουμε κατάχρηση, δίχως όμως να αλλάζουμε κάτι παρά μόνο να προκαλούμε ακόμη περισσότερα συναισθήματα ενοχής στις μητέρες. Ας αφήσουμε λοιπόν αυτή τη μανία, να ψάχνουμε παντού την κατάχρηση.

Τα παιδιά προσπαθούν ενστικτωδώς να δημιουργήσουν εδώ μια ισορροπία. Ταυτίζονται με τον πιο αδύναμο στην οικογένεια και προσπαθούν να κουβαλήσουν μαζί με αυτόν τα φορτία του, δίχως να κοιτάζουν τις πραγματικές τους δυνατότητες. Τα παιδιά πάντα είναι «μεγαλομανή» στις σκέψεις τους. Επειδή είναι παιδιά. Και το παιδί παίρνει, για παράδειγμα, την εσωτερική απόφαση: «Πρέπει να βοηθήσω ή να σώσω τη μαμά». Εάν πρόκειται για αγόρι, συχνά υιοθετεί ασυνείδητα και στην ενήλικη ζωή του την εικόνα της γυναίκας που υποφέρει και προσπαθεί μια ζωή στο πρόσωπο της εκάστοτε συντρόφου του να σώσει τη μαμά του. Αν πρόκειται για κορίτσι, ίσως αυτό πάρει την απόφαση μέσα του: «Τέτοιον (ψυχρό, αποστασιοποιημένο, κακό) άντρα σαν τον μπαμπά δεν θέλω να έχω ποτέ!» και παραξενεύεται μερικές δεκαετίες αργότερα για την ομοιότητα μεταξύ του άντρα και του πατέρα της. Ή σκέφτεται: «Πρέπει να προσέχω τους άντρες. Οι άντρες είναι όλοι τους ...» Αυτές οι αποφάσεις των παιδιών – αδιάφορο σε ποια ηλικία τις παίρνουν – είναι το ίδιο σημαντικές όπως και οι αποφάσεις των ενηλίκων. Μας δεσμεύουν τόσο καιρό μέχρι να τις ανακαλέσουμε και να αποφασίσουμε να αλλάξουμε το σκεπτικό μας. Γι' αυτό είναι εύκολο να αντιληφθεί κανείς πόσο δεσμευμένοι είμαστε κατά την επιλογή του συντρόφου μας και κατά τη συμβίωση μαζί του. Στις σχέσεις μας προσπαθούμε να ξαναζήσουμε ασυνείδητα τα διδάγματα των γονέων μας.

4. Αν δούμε τον εαυτό μας, με ποιο τρόπο φύγαμε από το πατρικό μας σπίτι, τότε πολλοί από εμάς θα κατανοήσουν την εσωτερική σχέση με τους γονείς τους. Πολλοί γύρισαν τότε στους γονείς τους την πλάτη και ήταν υπερευτυχισμένοι που επιτέλους έφευγαν από το σπίτι. Έφυγαν σε μηειρήνη, δίχως την ευχή του πατέρα και της μητέρας, δίχως καμία τελετή αποχαιρετισμού, δίχως γιορτή, δίχως ευγνωμοσύνη. Πολλοί δεν μπορούν να φανταστούν μέχρι σήμερα τι σημαίνει η ευχή των γονέων. Όταν η μητέρα κι ο πατέρας σού δίνουν την ευχή τους, τότε σου λένε: «Πάρε τώρα το δρόμο σου. Σου έδωσα ό,τι ήμουν σε θέση να σου δώσω. Κάνε τώρα κάτι εσύ με αυτά που σου έδωσα. Θα τα καταφέρεις, θα βρεις το δρόμο σου. Κι εγώ με το νου μου και την αγάπη μου θα είμαι πάντα κοντά σου. Θα σε συνοδεύω ευχαρίστως και θα σου δίνω δύναμη. Να μας σκέφτεσαι με αγάπη, αν μπορείς».

Όμως, τα περισσότερα «παιδιά» δραπετεύουν από το σπίτι τους, δε γυρίζουν καν το κεφάλι τους να κοιτάξουν πίσω κι ελπίζουν να κάνουν κάπου την τύχη τους. Πιστεύουν πως είναι ελεύθεροι και μόνο πολύ αργότερα θα ανακαλύψουν ότι δεν είναι έτσι. Μερικοί μετακομίζουν πολύ μακριά, μερικοί πάνε σε ξένη χώρα, πάντα με την εσωτερική επιθυμία να ξεφύγουν από το σπίτι που μισούν και από τους γονείς τους. Αυτό όμως είναι αδύνατο, γιατί οι γονείς σου είναι μέσα σου, είτε βρίσκεσαι μαζί τους σε ειρήνη είτε σε μη ειρήνη· δεν μπορείς να τους αποχωριστείς πραγματικά.

Αν δεν έχεις πάρει μέχρι σήμερα την ευχή του πατέρα ή της μητέρας σου ή αν δεν την ήθελες, τότε μην παραξενεύεσαι που διάφορα πράγματα στη ζωή δεν τα κατάφερες, που μερικές φορές σου έλειπε η δύναμη, η πειθαρχία, η αυτοπεποίθηση, η ικανότητα επιβολής. Χρειαζόμαστε την ευχή των γονέων μας για να πετύχουμε πράγματα, για να απελευθερωθεί η καρδιά μας. Πάρε την ευχή του πατέρα και της μητέρας σου, ανεξάρτητα από την ηλικία ή από το αν οι γονείς σου ζουν ακόμη. Αποφάσισε να έρθεις σε πλήρη ειρήνη μαζί τους.

Ανεξάρτητα από το τι έζησες στο σπίτι σου, ανεξάρτητα από το πόσο πόνο, πόση ψυχρότητα, πόσες πληγές κι επίσης ανεξάρτητα από το πόση αδυναμία, επιρροή και παρεμβάσεις βίωσες, μόνο ένας είναι σε θέση να αποκαταστήσει την ειρήνη – εσύ ο ίδιος. Βάδισε το δρόμο της ειρήνης με τους γονείς σου και θα δημιουργήσεις ειρήνη μέσα σου. Αν δεν τον βαδίσεις, δημιουργείς στις σχέσεις σου πολλές συμφορές, δημιουργείς τα διδάγματα των γονέων σου.

Τότε, το ότι δεν μπορείς να συνάψεις ειρήνη μέσα σου με τη μητέρα ή τον πατέρα σου το πληρώνουν η γυναίκα σου ή ο άντρας σου. Προβάλλεις στο σύντροφό σου τον πόνο σου, τις προσδοκίες σου και τον ανεκπλήρωτο πόθο σου για μητρική ή πατρική αγάπη. Αυτός, όμως, είναι ο λάθος παραλήπτης.

Μπες τότε για λίγο πνευματικά και συναισθηματικά στη θέση των γονιών σου. Κι αυτούς δεν τους είχαν αγαπήσει, επειδή ήταν αυτοί που ήταν. Σου έδωσαν ό,τι μπορούσαν. Πόσο καιρό ακόμη θέλεις να τους κατηγορείς, να τους αποδίδεις την ευθύνη ή να συνεχίζεις να σκέφτεσαι: «Δεν θέλω να γίνω ποτέ όπως η μητέρα ή ο πατέρας μου!»; Σε διαβεβαιώνω πως ήδη τους έχεις αναπαραγάγει μέσα σου. Δεν έχεις ακούσει από κανένα σύντροφό σου ακόμη: «Είσαι ακριβώς όπως η μητέρα σου/ ο πατέρας σου«; Και τι έγινε, αν αυτό αληθεύει; Πριν μπορέσεις να συγχωρέσεις τους γονείς σου με την καρδιά σου, προσπάθησε να τους καταλάβεις όσο καλύτερα μπορείς. Η κατανόηση προηγείται της συγχώρεσης.

▦ Αυτούς τους γονείς εγώ τους διάλεξα;

Μέχρι τώρα μιλήσαμε πολύ για σένα ως δημιουργό και για ό,τι έχεις δημιουργήσει στη ζωή σου. Η ερώτηση που φυσικά προκύπτει είναι πώς έτυχε να έχεις αυτούς τους γονείς, αυτό το πατρικό σπίτι, αυτήν την παιδική ηλικία και όλα τα σχετικά. Ήταν τυχαίο γεγονός, ήταν πεπρωμένο, θέλημα Θεού; Είχες επιρροή πάνω σε αυτό; Όσο δυσκολότερη υπήρξε για μας η παιδική ηλικία και οι εμπειρίες με τους γονείς μας, τόσο δυσκολότερο είναι γενικά να αποδεχτούμε την ιδέα πως αυτοί είναι οι γονείς που εμείς επιλέξαμε.

Έχεις την ελευθερία να σκέφτεσαι γι' αυτό ό,τι θέλεις. Εγώ αποφάσισα να πιστεύω για τον εαυτό μου πως δεν υπάρχει τίποτε το τυχαίο. Η καρδιά μου μού λέει πως όλα έχουν κάποιο νόημα, πως όλα έχουν ένα σκοπό, για τον οποίο και συμβαίνουν. Πρέπει να βρεις για τον εαυτό σου τι θεωρείς σήμερα πως είναι σωστό κι αληθινό. Εγώ σου προσφέρω μόνο τη δική μου εκδοχή.

Σκέφτηκα πως αποφασίζουμε όταν βρισκόμαστε στο επίπεδο της ψυχής (πριν από την ενσάρκωσή μας) για συγκεκριμένες βασικές προϋποθέσεις της ζωής αυτής. Σε αυτές ανήκει η οικογένεια, στην οποία γεννήθηκα, το φύλο μου, όπως και οι βασικές εμπειρίες που βιώνω στο πρώτο κομμάτι αυτής της ζωής. Αυτό σημαίνει πως οι εμπειρίες που βιώνω με τους γονείς μου, τα αδέλφια μου, τους δασκάλους και άλλα άτομα εμπιστοσύνης μου, από τα οποία εξαρτώμαι ως παιδί, είναι σταθερές ευθύς εξ αρχής με τη συγκατάθεση της ψυχής μου ή του «αληθινού μου εαυτού». Όλα αυτά σχηματίζουν τη θέση εκκίνησης από την οποία ξεκινώ για τη ζωή. Και η θέση αυτή είναι για ελάχιστους «η πρώτη θέση εκκίνησης (pole position)», καθώς δεν αρχίζουν όλοι από την πρώτη θέση εκκίνησης της φόρμουλα 1.

Η συνετή λογική μου είναι δύσκολο να παραδεχθεί το ότι η μητέρα με απαρνιέται ή προσπαθεί να με αποβάλει, πως ο πατέρας μου με κακοποιεί, πως τα αδέλφια μου τα αγαπούν περισσότερο από μένα, πως εμένα δεν με αγαπούν, πως με αναγκάζουν να κάνω αυτό ή εκείνο, πως είμαι υποχρεωμένος να μεγαλώσω δίχως γονείς σε ορφανοτροφείο ή μέσα στον πόλεμο ή σε μια πολύ φτωχή χώρα. Βέβαια, η ψυχή μας, όταν μπαίνει σε ένα επίγειο σώμα, στην αρχή της επίγειας ζωής, αυτό ακριβώς που θέλει να μάθει είναι προφανώς όλες αυτές οι συχνά πολύ σκληρές αρχικές εμπειρίες. Όμως, τι νόημα θα είχε αλήθεια κάτι τέτοιο; Όπως άνεφερα ήδη προηγουμένως, είμαι στο πρώτο κομμάτι της ζωής μου πλήρως εξαρτημένος από άλλους, είμαι του χεριού τους. Μόνο εφόσον ενηλικιωθώ έχω τη δυνατότητα να παίρνω δικές μου αποφάσεις. Κάθε ενήλικας είναι ελεύθερος να επιλέγει νέες σκέψεις και νέους δρόμους που σαφώς διαφέρουν από εκείνους των γονέων του. Σε αυτή τη ζωή έχει ο καθένας την ευκαιρία να βγει στην αναζήτηση και να βρει τι πραγματικά θέλει, τι του δίνει χαρά, τι του ταιριάζει και τι τον γεμίζει. Καθένας μπορεί να κάνει όλο και περισσότερες ανακαλύψεις σχετικά με το ποιος είναι και τι θέλει να είναι ο ίδιος. Άσχετο ποιες εμπειρίες έχεις βιώσει ως παιδί στο πατρικό σου σπίτι, αποφάσισε τι θέλεις να αποκομίσεις από αυτές.

Από την άλλη πλευρά, δεν ισχυρίζομαι ότι είναι τελείως φανερό και ότι έγκειται στην επιλογή σου το τι θέλεις να είσαι σ' αυτή τη ζωή, σε ποιο ρόλο θέλεις να έχεις επιτυχία. Είμαι πεπεισμένος πως σε κάθε άνθρωπο υπάρχει κάτι, ένα ιδιαίτερο δυναμικό. Αυτό το δυναμικό παρουσιάζει το σύνολο των δυνατοτήτων ανάπτυξής σου που μπορείς να κατορθώσεις σε αυτή την επίγεια ζωή. Όπως δεν μπορεί από ένα βελανίδι να προκύψει μια σημύδα και ούτε από τον σπόρο της φλαμουριάς μια καστανιά, έτσι έχεις κι εσύ ο ίδιος κάνει μια προεπιλογή πριν την ενσάρκωσή σου για τον ρόλο που θα έχεις και με τον οποίο θα εξελιχθείς. Αν και κατά πόσο θα επιτύχεις αυτή την εξέλιξη, εξαρτάται σε μεγάλο βαθμό από εσένα τον ίδιο και από τις αποφάσεις σου, από το με ποιον τρόπο ζεις αυτή τη ζωή.

Αυτό που κατανοεί η λογική μας πίσω από τη λέξη «επιτυχία» δεν έχει καμία σχέση με αυτό που εννοεί η ψυχή μας. Από τη σκοπιά της ψυχής, δηλαδή από πνευματικής πλευράς, παρουσιάζονται μερικά πράγματα εντελώς διαφορετικά από ότι από την πλευρά της περιορισμένης λογικής μας. Γι' αυτό είναι για το δρόμο μας τόσο σημαντικό να στρεφόμαστε μέσα μας, να ρωτάμε την καρδιά μας και να ελέγχουμε τις αποφάσεις μας ως προς τη συνοχή τους. Έτσι διαμορφώνεται ο δρόμος της ζωής μας ως δρόμος με συγκεκριμένη δομή πορείας. Η ζωή βαδίζει πάντα από την κατάσταση της μη συνειδητότητας προς την συνειδητότητα, από την εξάρτηση προς την ανεξαρτησία και την ελευθερία, από τον περιορισμό προς την επέκταση και την ανάπτυξη. Έτσι, κατά τη διάρκεια της ζωής του έχει ο καθένας την ευκαιρία να αποφασίσει εκ νέου, αντί για την κατηγορία τη συγχώρεση, αντί για το φόβο την αγάπη, αντί για το χωρισμό και τη σύγκρουση την ένωση, την υποστήριξη και την ειρήνη.

Οι περισσότεροι άνθρωποι ηλικίας κάτω των σαράντα ετών λίγο ενδιαφέρονται για τέτοιου είδους ερωτήσεις. Εστιάζουν συχνά την προσοχή τους ολοκληρωτικά στις εξωτερικές τους δραστηριότητες. Αφού φύγουμε από το πατρικό μας σπίτι, πέφτουμε με τα μούτρα πρώτα στη ζωή, στο επάγγελμα, στη δουλειά. Δημιουργούμε οικογένεια, αποκτούμε παιδιά και συγκεντρωνόμαστε στη δουλειά μη κοιτάζοντας αριστερά και δεξιά. Οι νέοι άνθρωποι σπάνια προβληματίζονται για το νόημα της ζωής. Μετά τα σαράντα, ασχολούνται όλο και περισσότεροι άνθρωποι με το θέμα αυτό, όχι σπάνια όταν βιώνουν σοβαρές ασθένειες, ατυχήματα, απώλεια της θέσης εργασίας ή το θάνατο ενός δικού τους ανθρώπου. Αυτές είναι πολύτιμες κρίσεις, γιατί μας δίνουν την ευκαιρία να ξυπνήσουμε και να ανοίξουμε τα μάτια μας για τα ουσιαστικά πράγματα. Μια και διαβάζεις αυτό το βιβλίο θα γνωρίζεις προφανώς πολύ καλά αυτά τα «εγερτήρια». Να τους είσαι ευγνώμων, γιατί είναι ευλογημένα. Στην πραγματικότητα, όμως, ήταν η ψυχή σου αυτή που σε ξύπνησε. Το προσπάθησε στην αρχή πολύ απαλά, με πολλές μικρές υποδείξεις που συχνά δεν τις έδωσες σημασία. Μόνο αργότερα χτύπησε τόσο δυνατά την πόρτα σου που δεν μπόρεσες να μην την ακούσεις. Πολλοί, όμως, αφήνουν τη μέγιστη κρίση να περάσει δίχως να την εκμεταλλευτούν.

⊞ **Σύναψε ειρήνη με τους εσωτερικούς σου γονείς.**

Από όσα προαναφέρθηκαν, πρέπει να έχει γίνει σαφές πόσο σημαντικό είναι για μας να έχουμε ειρήνη με τους γονείς μας, τους «εσωτερικούς γονείς», τους γονείς μέσα μας. Όταν συνάψεις ειρήνη μαζί τους, αλλάζει και η σχέση με τους «πραγματικούς» σου (που ίσως ζουν ακόμη) γονείς κι έτσι αλλάζεις τη ζωή σου!
Με ποιο τρόπο μπορούμε να συνάψουμε ειρήνη με τους εσωτερικούς μας γονείς; Εδώ υπάρχουν διαφορετικές δυνατότητες. Διαβεβαιώσου και πάλι πως εδώ πρόκειται για μια πορεία και όχι για μια και μοναδική πράξη.Η ειρήνη πρέπει να μπορεί να αναπτύσσεται μέσα σου. Στην αρχή της κάθε διαδικασίας ειρήνης βρίσκεται η ειλικρινής επιθυμία για ειρήνη.

Έχω γράψει δύο ειδικούς διαλογισμούς σε CD που θα σου είναι μεγάλη βοήθεια σε αυτόν το δρόμο σου για την ειρήνη με τον πατέρα και τη μητέρα σου και που αποδείχθηκαν σε πολλά σεμινάρια και θεραπείες ιδιαίτερα πολύτιμοι*.
Στο πρώτο τμήμα, συνοδεύω τον ακροατή για ακόμη μια φορά στην παιδική του ηλικία και στα νεανικά του χρόνια με μια σειρά ερωτήσεων για τον πατέρα ή την μητέρα του, έτσι ώστε να ζωντανέψει και πάλι μέσα μας τι δεν βρίσκεται σε ειρήνη, τι απωθούμε και δεν αποδεχόμαστε. Οι παλιές πληγές δεν επουλώνονται αν τις κλείσουμε.
Στο δεύτερο τμήμα, συναντάς για ακόμη μια φορά την μητέρα σου ή τον πατέρα σου «ενσαρκωμένους». Αυτό σημαίνει πως η συνάντησή σου μαζί τους είναι τόσο ζωντανή

*Διαλογισμοί: Ο πατέρας της παιδικής μου ηλικίας – Μια αντάμωση μαζί του για διαύγεια, ειρήνη κι ελευθερία και Η μητέρα της παιδικής μου ηλικίας – Μια αντάμωση μαζί της για διαύγεια, ειρήνη κι ελευθερία

σαν να βρίσκονταν πραγματικά μπροστά σου. Μπορείς να νιώσεις τη μητέρα σου ή τον πατέρα σου κοντά σου, δίπλα σου, ακόμη κιαν πρόκειται για μια συνάντηση σε ψυχικό επίπεδο. Αυτός ο μακρύτερος διαλογισμός έχει ως σκοπό να δημιουργήσει διαύγεια, ειρήνη και ελευθερία ανάμεσα σε σένα και στους γονείς σου και να τις εμβαθύνει. Γιατί, μόνο εκεί όπου κυριαρχούν η διαύγεια και η αλήθεια μπορεί να προκύψει ειρήνη και μόνο εκεί όπου υπάρχει ειρήνη υπάρχει και ελευθερία. Σας συνιστώ να κάνετε αυτόν το διαλογισμό πολλές φορές, π.χ. μια φορά τον μήνα για μισό χρόνο.

▦ Σύναψε ειρήνη με τους πρώην συντρόφους σου.

Οι πρώην σύντροφοί μας είναι πιθανώς μαζί με τους γονείς και τα αδέλφια μας η «πλέον ενδιαφέρουσα» ομάδα ανθρώπων του παρελθόντος μας. Σε αυτούς συμπεριλαμβάνω καιτους ανθρώπους με τους οποίους έχεις περάσει τουλάχιστον μια νύχτα. Πάρε τους όλους αυτούς στο καράβι, θυμήσου λιγάκι ποιοι ήταν αυτοί τις τελευταίες δεκαετίες και νιώσε ποια σχέση έχεις σήμερα μαζί τους.

Τι αισθάνεσαι, ποια σχέση έχεις με τις γυναίκες και τους άντρες με τους οποίους περάσατε μαζί μια νύχτα ή δεκαπέντε χρόνια - είτε παντρεμένοι είτε όχι; Ποιος από αυτούς σου δημιουργεί ακόμη και σήμερα αρνητικά συναισθήματα, σε ποιον θα ήθελες να ρίξεις σήμερα ακόμη μια σφαλιάρα; Ποιος σου προκαλεί ακόμη οργή και συναισθήματα εκδίκησης; Πόσους σκελετούς κρύβεις ακόμη και σήμερα στο ντουλάπι σου;

Σχετικά με τους πρώην συντρόφους μας πολλοί από μας κάνουν ένα μοιραίο λάθος. Πιστεύουν: «Χώρισα από εκείνον ή από εκείνη! Έληξε πλέον. Δεν έχω πια καμία σχέση μαζί τους». Να που όμως γελιούνται! Σε ό,τι αφορά τους πρώην συντρόφους, για πολλούς ανθρώπους η σκέψη του χωρισμού είναι ιδιαίτερα σημαντική. Πιστεύουν πως είναι χωρισμένοι, επειδή εξωτερικά δεν είναι πλέον μαζί και ίσως επειδή μένουν πολύ μακριά ο ένας από τον άλλο. Αυτό, όμως, δεν ισχύει. Γιατί χωρισμός δεν υπάρχει στην πραγματικότητα. Μόνο με τα επίγεια μάτια μας φαίνεται ότι είμαστε χωρισμένοι. Στην πραγματικότητα, όμως, αυτό είναι αδύνατο. Σε όλο το σύμπαν δεν συναντάται ποτέ κάτι αντίστοιχο με το χωρισμό. Γιατί όλα συσχετίζονται μεταξύ τους. Μπορούμε να αποφασίσουμε να πάρουμε εδώ στη γη διαφορετικούς δρόμους, όμως αόρατα είμαστε όλοι συνδεδεμένοι μεταξύ μας και ιδιαίτερα με εκείνους που υπήρχε μεγαλύτερη σχέση ενέργειας, με τους οποίους διατηρούσαμε μεταξύ άλλων και σεξουαλική σχέση. Και ο καθένας μας μπορεί να το νιώσει. Όσο πιο σημαντικό είναι για το μυαλό μου, το ότι εγώ κι ο άλλος είμαστε τώρα χωρισμένοι, τόσο ισχυρότερα είμαι δεσμευμένος με αόρατα σχοινιά με τον άλλο. Και αυτό το προβάλλει προς τα έξω το ιστορικό των σχέσεών μου. Οι απογοητεύσεις και τα τραύματα επαναλαμβάνονται. Απογοητεύεται μόνο εκείνος που προηγουμένως εξαπατήθηκε. Ο χωρισμός από τους πρώην συντρόφους είναι μια τέτοια απάτη.

Η μοναδική επιλογή που έχουμε είναι να διαμορφώσουμε την εσωτερική λεπτή σχέση με τους πρώην συντρόφους μας έτσι, ώστε να έχουμε ειρήνη. Μπορώ να εκτιμήσω, να σεβαστώ και να ευλογήσω ό,τι βίωσα και δημιούργησα μαζί με τον άλλο; Αισθάνομαι ευγνωμοσύνη για τις εμπειρίες που αποκτήσαμε μαζί; Εκμεταλλεύτηκα, αλήθεια, τις εμπειρίες αυτές για να ξυπνήσω; Αν ακόμη και σήμερα αισθάνεσαι από τον πρώην σύντροφό σου απογοητευμένος, πληγωμένος, απατημένος ή ό,τι άλλο, τότε έχεις μερικές ασκήσεις για το σπίτι που οφείλεις να φέρεις σε πέρας. Πρέπει να φροντίσεις για τη διαύγεια και την ειρήνη μέσα σου προκειμένου να γίνεις ελεύθερος. Όποιος είναι εσωτερικά μπλεγμένος σε κατάσταση μη ειρήνης με άλλους ανθρώπους δε μπορεί να βαδίσει στο δρόμο της ζωής ελεύθερα και ξένοιαστα. Στη σημερινή σου σχέση (εφόσον έχεις κάποια) ή στην επόμενή σου θα μεταφέρεις όλη τη μη ειρήνη και δυσαρέσκεια που μέχρι σήμερα διατηρείς από τον πρώην σύντροφό σου. Αν η λογική σου συνεχίζει να σου λέει: «Όμως αυτός (ή αυτή) με έχει πληγώσει! Πώς να μπορέσω να έχω ειρήνη μαζί του;», τότε πρέπει να αναγνωρίσεις για τον εαυτό σου κάτι πολύ σημαντικό.

Πρώτον: Μόνο εσύ μπορείς να πληγώσεις τον εαυτό σου. Κάθε άνθρωπος που σε πλήγωσε σου έδειξε απλά σε ποιο σημείο βρίσκεσαι στη σχέση σου με τον εαυτό σου, με τον κόσμο, με τους άντρες και με τις γυναίκες. Τον πόνο που ένιωσες τον δημιούργησες εσύ ο ίδιος με την εσωτερική σου αντίδραση σε αυτό που έκανε ή δεν έκανε ο άλλος.

Δεύτερον: Κάθε άντρα και κάθε γυναίκα που συνάντησες στη ζωή σου τους χρειάστηκες για τον δρόμο σου, κάθε έναν από αυτούς. Όλοι αυτοί σε έφεραν στην κατάσταση συνείδησης στην οποία βρίσκεσαι τώρα.

Τρίτον: Ποτέ δεν είχες τον λάθος σύντροφο. Τέτοια λάθη δεν υπάρχουν στο σύμπαν, ακόμη κι αν η λογική σου σού λέει: «Αυτόν τον ηλίθιο δεν τον είχα ανάγκη, αυτός ο ηλίθιος ήταν χάσιμο χρόνου ...». Κι όμως τον είχες ανάγκη, διαφορετικά δε θα τον είχες συντροφο.

⊞ **Σύναψε ειρήνη με το παρελθόν σου.**

Δημιούργησε συστηματικά ειρήνη στη ζωή σου με όλα τα μη ειρηνικά γεγονότα του παρελθόντος και του παρόντος σου. Κάθε σύγκρουση ή διαμάχη, κάθε μη ειρηνικός χωρισμός, κάθε διχόνοια και μνησικακία, κάθε κατάκριση και κάθε μπλέξιμο είναι σαν ένας σκουρόχρωμος μανδύας που τον ρίχνεις πάνω σου. Όσο πιο πολλούς μανδύες φοράς, όσο πιο πολλά ΟΧΙ υπάρχουν μέσα σου, τόσο πιο δύσκολη και γεμάτη συγκρούσεις αισθάνεσαι να είναι η ζωή σου. Και τόσο λιγότερο μπορεί να διεισδύσει το φως στην καρδιά σου και να σε θρέψει, τόσο λιγότερη χαρά θα έχεις στη ζωή σου. Θυμήσου συστηματικά όλους τους ανθρώπους που πέρασαν στη ζωή σου (καλά θα ήταν γραπτά) και νιώσε για ακόμη μια φορά τι αισθάνεσαι μέσα σου για αυτούς. Κοίταξε τους δασκάλους σου. Πόσους δασκάλους δε μισήσαμε, επειδή υποφέραμε από το ζυγό τους; Κοίταξε τα αφεντικά σου. Από πόσα δε βιώσαμε άδικη μεταχείριση και τα κατηγορήσαμε γι' αυτό; Κοίταξε όλους τους πρώην συντρόφους σου, ακόμη κι εκείνους με τους οποίους πέρασες μόνο λίγο καιρό μαζί. Τι σκέφτεσαι και τι νιώθεις σήμερα βαθιά μέσα σου γι' αυτούς; Κοίταξε γι' ακόμη μια φορά από ποιον απομακρύνθηκες και για ποιον είπες ή σκέφτηκες: «Να πάει στο διάολο...» Σ' αυτή την ομάδα συχνά ανήκουν τα αδέλφια μας. Σύναψε με όλους αυτούς ειρήνη μέσα σου. Όπως και στη σχέση με τους γονείς σου, η διαδικασία της ειρήνης αρχίζει μέσα μας. Μην αρχίζεις παίρνοντας τηλέφωνα ή γράφοντας γράμματα. Αποφασιστικό είναι να δούμε τι συμβαίνει μέσα μας σχετικά με το πρόσωπο αυτό, αν είμαστε σε ειρήνη ή σε μη ειρήνη. Είσαι πρόθυμος να τους παρακαλέσεις να σε συγχωρήσουν για τις κατηγορίες σου; Είσαι πρόθυμος να τους συγχωρέσεις και να ανακαλέσεις όλες τις κατηγορίες σου εναντίον τους; Είσαι πρόθυμος να αναλάβεις την ευθύνη για την συνυπευθυνότητά σου και να διαπιστώσεις ότι σε αυτό που βίωσες με αυτό το άτομο υπήρχε ένα βαθύτερο νόημα;

Σου έστειλα μόνο αγγέλους», λέει ο Θεός σε έναν τόμο του *Συνομιλίες με τον Θεό* του Neale Donald Walsh. Μπορείς να δεχτείς αυτή τη σκέψη; Γιατί άραγε, όμως, να είναι οι άνθρωποι εκείνοι που μας έκαναν τη ζωή τόσο δύσκολη ή που σήμερα μας εξοργίζουν και μας αναστατώνουν οι μεγαλύτεροί μας άγγελοι; Γιατί σε αγγίζουν σε ένα πληγωμένο σου σημείο! Σε ένα σημείο, για το οποίο δεν έχεις ακόμη αναλάβει την ευθύνη, εκεί όπου δεν ήθελες να στρέψεις το βλέμμα σου. Γιατί γνωρίζουν οι σύντροφοί μας πιο καλά από κάθε άλλον τα «κουμπιά» μας; Με σιγουριά τα πατούνε κάπου-κάπου και εμείς πεταγόμαστε στον αέρα και ανάβουμε, χάνουμε την ψυχραιμία μας, ξεσπάμε ή απομακρυνόμαστε. Υπάρχει εδώ κάτι καλό; Ναι, εδώ είναι η ευλογία. Γιατί οι άγγελοι αυτοί πατώντας τα κουμπιά σου –τα σημεία πίεσής σου– σου εφιστούν όλο και περισσότερο την προσοχή σου στο ότι δεν τάχεις ακόμη καλά με τον εαυτό σου. Ευχαρίστησέ τους όλους και κατευθύνσου προ το μέσα σου. Καθάρισε τη μη ειρήνη με τον εαυτό σου, κοίταξε τα τυφλά σου σημεία και άλλαξέ τα.

Από την ειρήνη προκύπτει η ελευθερία. Ό,τι κάνει τη ζωή μας βαριά και καταθλιπτική είναι τα βάρη ενός μη ειρηνικού παρελθόντος. Σύναψε ειρήνη με όλα τα γεγονότα του παρελθόντος σου και θα είσαι ελεύθερος.

6.

Εμπρός!
Ζήσε τη ζωή σου!

⊞　**Το πιο σημαντικό στη ζωή σου.**

Γιατί σηκώνεσαι το πρωί απο το κρεβάτι σου; Για ποιο λόγο ξεκινάς τη μέρα σου; Έχεις συνειδητοποιήσει γιατί είσαι σήμερα στον κόσμο; Ξέρεις ποιο είναι το νόημα της ζωής σου εδώ σε αυτό το σώμα σου; Αν το νόημα αυτό δεν σου είναι σαφές, τότε ζεις (ακόμη) μια ζωή δίχως νόημα, μια ζωή σε μη συνειδητότητα. Κανείς από το εξωτερικό περιβάλλον δεν μπορεί να σου μεταδώσει το νόημα αυτό. Μόνο εσύ ο ίδιος μπορείς να το κάνεις. Το νόημα της ζωής σου είναι πρωτίστως εκείνο που της δίνεις εσύ.

Είδαμε πως το νόημα των περισσότερων ανθρώπων είναι να λειτουργούν έτσι, ώστε να τα βγάζουν πέρα, να έχουν όσο το δυνατόν λιγότερα προβλήματα ή και καθόλου προβλήματα με τους άλλους, να μη δημιουργούν δυσάρεστη εντύπωση και να μπορούν να απολαμβάνουν λίγη ευημερία και να εξασφαλίζουν κατά κάποιο τρόπο τη σύνταξή τους. Το παιδί μέσα τους συνεχίζει να καθορίζει σε μεγάλο βαθμό τη συμπεριφορά των περισσότερων ενήλικων ανθρώπων με το να είναι φρόνιμο, εργατικό, προσαρμοσμένο, ώστε να νιώθει πως το παραδέχονται, πως ανήκει στη μάζα και πως το αγαπάνε. Οι περισσότεροι άνθρωποι σηκώνονται το πρωί με την πρόθεση να κερδίσουν με τις πραξεις της ημέρας τους λίγη αγάπη από τους άλλους.

Αναρωτήσου, σε παρακαλώ: «*Τι είναι ή τι θα ήθελες να είναι για σένα το πιο σπουδαίο πράγμα στη ζωή σου; Προς τα πού θέλεις να στρέφεις κάθε μέρα τις σκέψεις, τις λέξεις και τις πράξεις σου;*» Το ερώτημα αυτό ελάχιστοι άνθρωποι το έχουν απαντήσει μέχρι σήμερα.

Διασαφήνισε, σε παρακαλώ: Ακόμη κι αν κατάφερνες να γίνεις ενενήντα ή και εκατό χρονών σε αυτό το σώμα, η ζωή περνάει πολύ γρήγορα. Άλλωστε, ακόμη και μερικοί ογδοντάρηδες παραξενεύονται για το ότι ήρθε ο καιρός του αποχαιρετισμού.

Για να δώσουμε ποιότητα στη ζωή μας, έτσι ώστε να ζούμε μια ευτυχισμένη και εκπληρωμένη ζωή, σου συνιστώ να έχεις στο νου σου τον περιορισμένο αυτό χρόνο. Οι περισσότεροι άνθρωποι απωθούν το γεγονός ότι περνούν μόνο λίγες δεκαετίες σε αυτό το σώμα. Για να επιτύχουμε μια ζωντανή, συνειδητή ζωή, είναι ουσιώδες να ασχοληθούμε με το θάνατο. Γιατί, μόνο όταν μού γίνεται όλο και πιο συνειδητό πως ίσως ήδη αύριο ή σε ένα ή σε δέκα χρόνια θα εγκαταλείψω ως πνευματικό ον αυτό το σώμα, καταλαβαίνω με σαφήνεια πόσο πολύτιμο, πόσο ακριβό είναι κάθε λεπτό που περνάω εδώ σε αυτό το σώμα.

Οι άνθρωποι που νιώθουν έκπληξη από το γεγονός του επικείμενου θανάτου τους, επειδή σε όλη τους τη ζωή τον απωθούσαν από το φόβο τους, θα είναι στο τέλος λυπημένοι κάνοντας σκέψεις όπως: «Ας το είχα κάνει ... Εάν δεν ήμουν τότε ... Εάν άρχιζα πάλι από την αρχή ...» Δεν εύχομαι σε κανέναν από εμάς να κάνει τέτοιες σκέψεις και να έχει τέτοια συναισθήματα πίκρας και μετάνοιας τις τελευταίες στιγμές του σε αυτό το σώμα.

Ένα μικρό παιχνίδι σκέψεων για να βρούμε την απάντηση στο ερώτημα για το ποιο είναι το εντελώς προσωπικό μας νόημα της ζωής είναι το εξής:

Φαντάσου, κάποια μέρα, στην πέτρα του τάφου σου στο νεκροταφείο να μπορούσε κανείς να διαβάσει πως ο άνθρωπος που είναι θαμμένος εκεί έχει ζήσει τη ζωή του. Μια και μόνη, μικρή πρόταση θα αντικατόπτριζε τι είδους άνθρωπος ήταν. Ποια πρόταση θα ήθελες να είναι γραμμένη στην πέτρα του τάφου σου;

Αν κοιτάζαμε τη ζωή των περισσότερων ανθρώπων σήμερα, θα έπρεπε να διαβάζαμε πλήθος προτάσεων όπως:

● Προσπαθούσε πολύ.
● Δεν έκανε κακή εντύπωση.
● Θυσιαζόταν πάντα για τους άλλους, αλλά ξεχνούσε τον ίδιο του τον εαυτό.
● Ήταν πάντα βιαστικός – μέχρι θανάτου.
● Δεν πίστευε ποτέ στον εαυτό του.
● Αναζητούσε την αγάπη στους άλλους.

- Ήταν πάντα φιλικός κι ευγενικός, μα σπάνια ευτυχισμένος.
- Πιο συχνά θα διαβάζαμε την πρόταση:
- Δεν ήξερε τι έκανε.

Ίσως, όμως, κάποτε να διαβάζαμε στην πέτρα του τάφου σου μια από τις παρακάτω προτάσεις:

- Δεν άφηνε ευκαιρία να του/της ξεφύγει.
- Ζούσε πολύ έντονα!
- Άκουγε όλο και πιο πολύ τη φωνή της καρδιάς του/της!
- Η ζωή του/της ήταν ένα μεγάλο γλέντι.
- Άγγιζε τις καρδιές πολλών.
- Το γέλιο του/της το ακούμε μέχρι και σήμερα!

Για το μέλλον εύχομαι να υπάρχουν νεκροταφεία με τέτοιες πέτρες τάφων.

▦ Τι κάνει την καρδιά σου να τραγουδάει;

Πολλοί άνθρωποι προσπαθούν να βρουν με τη βοήθεια της λογικής τους ποιο θα μπορούσε να είναι το νόημα της ζωής τους, τι θα μπορούσε να είναι το πιο σημαντικό και τι θα τους έκανε ευτυχισμένους. Όμως, η λογική δε γνωρίζει πολλά πράγματα για την ευτυχία. Το πολύ πολύ μπορεί να θυμηθεί ευτυχισμένες ώρες στο παρελθόν και να βγάλει συμπεράσματα όπως: «Τότε, όταν δεν ζωγράφιζα ακόμη πίνακες, ήμουν ευτυχισμένος», ή «Τότε, όταν αφιέρωνα χρόνο σε εκτενείς περιπάτους στη φύση, ήμουν πιο ήρεμος». Αυτό, όμως, που αύριο θα σου επιφέρει μεγάλη χαρά, αυτό που αύριο θα σε κάνει ευτυχισμένο, μπορεί να σου το απαντήσει μόνο η καρδιά σου. Ρώτησε λοιπόν την καρδιά σου: «Καρδιά, τι σε κάνει να τραγουδάς, να πανηγυρίζεις, να χορεύεις; Καρδιά, τι επιθυμείς;»

Αφιέρωσε χρόνο στην καρδιά σου, αφιέρωσε χρόνο ηρεμίας στην πολυθρόνα, στη μπανιέρα σου, στον τόπο διαλογισμού σου, στο μπαλκόνι σου, στη φύση – αδιάφορο πού. Ηρέμησε και μίλα με την καρδιά σου και αφουγκράσου την. Για να το κάνεις αυτό, δε χρειάζεται να διαλογίζεσαι δύο ώρες την ημέρα· τακτικές φάσεις σιωπής των είκοσι ή τριάντα λεπτών σίγουρα η καρδιά σου και όλο σου το σώμα θα τις ανταμείψει.

«Αν δε στραφείς μέσα σου, θα φύγεις άπραγος», λέει μια φράση-κλειδί του βιβλίου *Συνομιλίες με το Θεό* του Neale D. Walsh. Μόνο όταν γίνομαι όλο και περισσότερο σιωπηλός και αφουγκράζομαι, μόνο τότε αποκτώ πρόσβαση στη μέγιστη πηγή γνώσης και σοφίας. Η καρδιά σου έχει την άμεση πρόσβαση προς τη μεγαλύτερη τράπεζα δεδομένων του κόσμου στην καθολική γνώση που υπάρχει μέσα σου και είναι πρόθυμη να σε καθοδηγήσει. Μόνο που πρέπει γι' αυτό να δημιουργήσουμε τους όρους με τη βοήθεια των οποίων θα καταστεί δυνατό να αφουγκραζόμαστε και να κατανοούμε.

Ενώ η λογική προσπαθεί να μας πείσει πως παράλληλα με όλα μας τα σχέδια και τις λίστες δεν υπάρχει χρόνος γι' αυτό, η καρδιά μας μιλάει άλλη γλώσσα. Όποιος το πρωί και το απόγευμα αποσύρεται για τριάντα λεπτά στη σιωπή, αυτός ανοίγει ένα κανάλι που για τους άλλους παραμένει κλειστό. Ανοίγει την πόρτα για έμπνευση και διαισθητική γνώση. Λαμβάνει όλο και περισσότερα σινιάλα, ιδέες και εικόνες από τον εσωτερικό του κόσμο. Εγώ, προσωπικά, εκπλήσσομαι συχνά για το πόσα ερεθίσματα αντλώ για τη ζωή μου και τη δουλειά μου από αυτά τα διαστήματα της σιωπής.

Όποιος ακολουθεί τη φωνή της καρδιάς του, δεν μπορεί να χάσει τη χαρά, γιατί η καρδιά θέλει να αγαπάει και να χαίρεται με την αγάπη. Θέλει να αγαπάει τα πάντα και τους πάντες. Σε παροτρύνει να δουλεύεις με αγάπη και να αντιμετωπίζεις με αγάπη αυτά που απαιτεί η καθημερινή σου ζωή. Ακόμη και τα πολύ μικρά πράγματα οδηγούν – αν γίνονται με αγάπη – στη χαρά. Κάνε αυτό που κάνεις με αγάπη, κάνε το όσο πιο καλά μπορείς και με αφοσίωση. Να οδηγείς με αγάπη και με αφοσίωση το αυτοκίνητο. Να τακτοποιείς την κουζίνα σου στοργικά και αφοσιωμένα. Να πληρώνεις τους λογαριασμούς σου στοργικά και αφοσιωμένα, γιατί έλαβες κάτι ως αντάλλαγμα γι' αυτούς. Να συναντάς τον εαυτό σου κι όλους τους ανθρώπους όσο πιο τρυφερά κι πιο αφοσιωμένα μπορείς.

Ο καθένας μας μπορεί να είναι τρυφερός κι αφοσιωμένος μόνο όταν είναι κοντά στον εαυτό του. Όμως, για να αισθάνομαι καλά με τον εαυτό μου σε αυτούς τους τόσο αγχώδεις καιρούς, χρειάζομαι οπωσδήποτε χρόνο οπισθοχώρησης για να στραφώ μέσα μου. Μέσα μου παίζει η εξής μουσική: Στο εσωτερικό λαμβάνει χώρα ό,τι πιο ουσιώδες και το ουσιώδες βρίσκεται πάντα στο αόρατο, στο πνεύμα. Οι περισσότεροι άνθρωποι έχουν την αυταπάτη πως το εξωτερικό είναι το σημαντικό. Όχι, η βάση για κάθε τι εξωτερικό στη ζωή σου, για αφθονία ή έλλειψη, για υγεία ή αρρώστια, για ευτυχισμένες σχέσεις ή για τη μοναξιά, βρίσκεται πάντα μέσα σου. Και αυτόν τον δικό σου εαυτό τον βρίσκεις μόνο στη σιωπή.

⊞ **Να μπορέσεις μια μέρα να πεθάνεις ευτυχισμένος.**

Να μπορέσεις μια μέρα να πεθάνεις ευτυχισμένος, αυτό το θεωρώ ύψιστο στόχο, τον πραγματικό στόχο της επίγειας ζωής μας. Μόνο όταν αποφασίσουμε (συνειδητά) για το στόχο αυτό, ισχύει η απόφαση αυτή για όλη μας την ζωή. Η αναμενόμενη αναθεώρηση της ζωής που έζησα ρυθμίζει τον εσωτερικό μου πλοηγητή για το δρόμο της ζωής μου, δίνοντάς του κατεύθυνση και στόχο. Μόνο όταν συνειδητοποιήσω τη συντομία και την αξία αυτής της επίγειας ζωής, θα παρακινήσω τον εαυτό μου να καθορίσει συνειδητά την αξία της και να ζήσει ανάλογα.

Με ποιες σκέψεις και με ποια συναισθήματα θέλεις κάποια μέρα να εγκαταλείψεις αυτό το σώμα; Φαντάσου να μπορείς να κοιτάξεις πίσω σε μια ζωή δεκαετιών, όντας σε ειρήνη με τον εαυτό σου και με όλους τους ανθρώπους, γεμάτος χαρά για την έντονη και συνειδητή ζωή και με ένα χαμόγελο, όταν πρόκειται να φύγεις από αυτήν τη ζωή. Τι θα έλεγες, αν μπορούσες να πεις στον εαυτό σου: «Ναι, μόλις και τα κατάφερα. Πέρασα σκληρούς καιρούς και κοιμόμουν για πολύ χρόνο. Έζησα έτσι όπως και οι πιο πολλοί. Όμως, μετά, άφησα να με ξυπνήσουν. Άκουσα τον πόθο της καρδιάς μου κι άρχισα από την αρχή γι' ακόμη μια φορά. Ξύπνησα και κοίταξα πάλι τη ζωή μου. Και πήρα αποφάσεις που με οδήγησαν σε νέο δρόμο. Έγινα από άνθρωπος του μυαλού άνθρωπος της καρδιάς, γιατί έδωσα προτεραιότητα στην καρδιά μου. Έμαθα να ακούω τη φωνή αυτή όλο και περισσότερο και να την υπακούω και η καρδιά μου με καθοδήγησε με τον καλύτερο τρόπο. Τώρα, μπορώ να αποχαιρετίσω τη ζωή και να την εμπιστευτώ, με ένα ωραίο συναίσθημα, με ευγνωμοσύνη και χαρά, με αγάπη. Όταν ακούω την καρδιά μου, νιώθω πως αυτό εδώ ήταν μόνο ένα από τα πολλά ταξίδια. Και χαίρομαι για ό,τι θα ακολουθήσει. Μπορώ να ευλογήσω και να αφήσω αυτή τη ζωή με όλους τους ανθρώπους που με συνόδευσαν και με όλα τα γεγονότα που συνέβησαν. Εμπρός, λοιπόν, πάμε σε νέες όχθες. Ας με καθοδηγήσει σωστά το ποτάμι της ζωής και στα τελευταία μέτρα της ζωής μου».

Αφιέρωση και ευχαριστίες.

Το βιβλίο αυτό το αφιερώνω στον αδελφό μου Φίλιππο, που είναι ο αόρατος συνοδός μου σε αυτή τη ζωή, ο πνευματικός συνοδός στο πλευρό μου. Θέλω να του εκφράσω την ευγνωμοσύνη μου για την προθυμία του να με συνοδεύει σε αυτή τη ζωή με την απεριόριστή του αγάπη, τις παρορμήσεις του, τις αναμνήσεις και τις υποδείξεις του αλλά και την ατέρμονη προθυμία του να με υποστηρίζει στο δρόμο μου. Είναι ο συν-συγγραφέας αυτού του βιβλίου, των διαλέξεών μου αλλά και ο συν-διαμορφωτής των σεμιναρίων μου. Είμαστε ένα team, κι όχι μόνο αυτό. Μαζί είμαστε «τέλειοι»! Ευχαριστώ, αγαπητέ μου, για τη μεγάλη ευχαρίστηση που νιώθω μαζί σου.

Και, ταυτόχρονα, θέλω να ενθαρρύνω εσένα –αν τυχαίνει να αισθάνεσαι τώρα τη λαχτάρα στην καρδιά σου– να έρθεις κι εσύ σε επαφή με τον πνευματικό σου σύντροφο και να προσευχηθείς ώστε η επαφή αυτή να γίνει ζωντανή και γόνιμη. Γιατί ο καθένας μας έχει έναν τέτοιο συνοδό ή και ακόμη περισσότερους στο πλευρό του. Κανένας μας δεν είναι μόνος του, ακόμη κι αν κατά καιρούς πίστεψες κάτι τέτοιο στη ζωή σου. Εγώ ο ίδιος συνάντησα τον πνευματικό μου αδελφό Φίλιππο για πρώτη φορά το 1995, σε μια συνομιλία. Αυτό συνέβη τότε, μέσω μιας γυναίκας που εργάζεται ως μέντιουμ*. Σήμερα, ξέρω πως βρίσκομαι συνέχεια σε επαφή μαζί του, ακόμη και δίχως την παρέμβαση του μέντιουμ.

Όμως, η συνομιλία με τη βοήθεια ενός μέντιουμ είναι μια μικρή «πολυτέλεια», όπως είναι ένα κινητό τηλέφωνο.

Πέραν τούτου, θέλω στο σημείο αυτό να ευχαριστήσω εγκάρδια όλους τους ακροατές και επισκέπτες των διαλέξεών μου, των σεμιναρίων και των ταξιδιών μου αναψυχής στην Ελλάδα. Η χαρά σας και οι επιδοκιμασίες σας με ενθάρρυναν να συνεχίσω το δρόμο μου. Με ευχαριστεί ιδιαίτερα αυτό που κάνω. Ακόμη περισσότερο, όμως, με ευχαριστεί να προσφέρω χαρά σε άλλους. Γι' αυτό και κάνω αυτό που κάνω. Σας ευχαριστώ όλους μέσα από την καρδιά μου που αποδέχεστε αυτό που έχω να σας προσφέρω. Δίχως την αποδοχή δεν είναι δυνατή η προσφορά, δίχως την προσφορά δεν υπάρχει αποδοχή.

Σε ευχαριστώ θερμά για την προσοχή που έδωσες στο βιβλίο αυτό. Εύχομαι να ευλογήσει τη ζωή σου.

Ναμαστέ, λοιπόν, το θεϊκό μέσα μου υποκλίνεται στη θεϊκότητά σου.

Λίγα λόγια για το συγγραφέα.

Ο Robert Theodor Betz, πτυχιούχος ψυχολόγος, γεννήθηκε στις 23 Σεπτεμβρίου 1953. Είναι γιος μιας καθολικής οικογένειας που ζει στο Ομόσπονδο Κρατίδιο της Ρηνανίας, κοντά στην Κολωνία. Ανήκει στους πιο επιτυχημένους Γερμανούς που δίνουν σεμινάρια και διαλέξεις. Οι γεμάτες ζωντάνια και χιούμορ διαλέξεις του (από τις οποίες υπάρχουν στο μεταξύ πάνω από 40 τίτλοι σε CD με οδηγίες διαλογισμού) κατενθουσιάζουν κάθε χρόνο όλο και περισσότερους ανθρώπους όλων των ηλικιών και εθνικοτήτων, καθώς τους ενθαρρύνουν και τους επιτρέπουν να δώσουν στη ζωή τους μια νέα κατεύθυνση. Ο ίδιος το έκανε αυτό στα 42 του χρόνια, όταν εγκατέλειψε τη θέση του ως «Vice President Marketing Europe" σε μια αμερικάνικη βιομηχανική επιχείρηση προκειμένου να εργαστεί αυτόνομα, ένα χρόνο αργότερα, ως ψυχοθεραπευτής και σύμβουλος στο Μόναχο.

Στα χρόνια που ακολούθησαν, ανέπτυξε υπό τον όρο «Θεραπεία Μετασχηματισμού» τον δικό του δρόμο προς την απελευθέρωση, του οποίου τις βασικές αρχές διδάσκει σε πολυάριθμα σεμινάρια και διαλέξεις. Από το 2002 εκπαιδεύει κάθε χρόνο σε προγράμματα διαρκείας επτά μηνών όσους ενδιαφέρονται να γίνουν θεραπευτές στη «Θεραπεία Μετασχηματισμού».

Ενώ τους χειμερινούς μήνες περιοδεύει στη Γερμανία, περνάει την περίοδο από τον Μάιο έως τον Οκτώβριο στη Μυτιλήνη, που έχει γίνει γι αυτόν η δεύτερή του πατρίδα. Εκεί, συμμετέχουν στα σεμινάριά του χρόνο με το χρόνο όλο και περισσότεροι ενδιαφερόμενοι, τα οποία ο ίδιος διοργανώνει και για άλλους εισηγητές σεμιναρίων με παρόμοια θέματα. Στη Μυτιλήνη δημιουργείται προς το παρόν ένα μεγάλο κέντρο σεμιναρίων και διακοπών για άτομα που θέλουν με την ευκαιρία των διακοπών τους να δώσουν στη ζωή τους μια νέα κατεύθυνση, με την έννοια της χαράς, της αυτοδιάθεσης, της ελευθερίας, της υγείας, της ειρήνης και της ισχυρής αυτοέκφρασης.

Πληροφορίες για τις προσφορές του θα βρείτε στην ιστοσελίδα του ή στην ηλεκτρονική του διεύθυνση ή μέσω του γραφείου του στο Μόναχο στη διεύθυνση: Büro Robert Betz, Sonnenstraße 1, 80331 München. Σχόλια για το βιβλίο αυτό στείλτε παρακαλώ στη διεύθυνση:

Βιβλιογραφία

BETZ, ROBERT: *Willkommen im Reich der Fülle,*
KOHA 2007
BIDDULPH STEVE, *Männer auf der Suche (Manhood),*
Heyne, 2003
BLY, ROBERT: *Eisenhans. Ein Buch über Männer,*
Rowohlt, 2005
BUSCAGLIA, LEO: *Leben Lieben Lernen,* Goldmann,
2000
BYRNE, RHONDA: *Το μυστικό,* 2007
CADDY EILLEN: *Herzenstüren öffnen,* Greuthof, 2006
CLARK GLENN: Walter Russel. *Vielfalt im Einklang,*
Genius, 1999
DAHLKE, RUEDIGER: *Krankheit als Sprache der Seele*
(Η αρρώστια ως γλώσσα της ψυχής), Goldmann 2008
DAHLKE, RUEDIGER: *Krankheit als Symbol*
(Η αρρώστια ως σύμβολο), Bertelsmann, 2007
DAHLKE, RUEDIGER: *Lebenskrisen als Entwicklungs-*
chanchen (Κρίσεις ως ευκαιρίες ανάπτυξης),
Goldmann, 2002
DAHLKE, RUEDIGER: *Woran krankt die Welt?*
(Από τι αρρωσταίνει ο κόσμος;), Goldmann, 2003
DEIDA, DAVID: *Der Weg des wahren Mannes*
(ο δρόμος του πραγματικού άνδρα), Kamphausen, 2006
DETHLEFSEN, THORWALD: *Schicksal als Chance,*
Goldmann, 1998
DETHLEFSEN, THORWALD/ DAHLKE, RUEDIGER:
Krankheit als Weg, Goldmann, 2000
EGLI, FRANCOISE & RENÉ: *Illusion oder Realität?*
Die praktische Umsetzung des LOL²A-Prinzips,
Editions D´Olt, 1999
EGLI, RENÉ: *Das LOL²A-Prinzip. Die Vollkommenheit*
der Welt, Editions D´Olt, 1999

Ein Kurs in Wundern, Foundation for Inner Peace,
  Greuthof, 1994
EMOTO, MASARU: *Wasser und die Kraft des Gebets,*
  Koha, 2005
ESTÉS, CLARISSA PINKOLA: *Die Wolfsfrau,*
  Heyne, 1997
FERRINI, PAUL: *Denn Christus lebt in jedem von euch,*
  Kamphausen, 2002
FERRINI, PAUL: *Die Gesetze der Liebe,*
  Kamphausen, 2006
FERRINI, PAUL: *Die Wunder der Liebe,*
  Kamphausen, 2003
FERRINI, PAUL: *Die 12 Schritte der Vergebung,*
  Schirner, 2007
FERRINI, PAUL: *Stille im Herzen,* Kamphausen, 2005
FRIED, ERICH: *Es ist was es ist,* Wagenbach, 1983
GIBRAN, KHALIL: *Der Prophet,* Patmos, 2006
GIBRAN, KHALIL: *Die Rückkehr des Propheten,*
  Patmos, 2006
GIBRAN, KHALIL: *Jesus Menschensohn,* Patmos, 2006
GREEN, GLENDA: *Unendliche Liebe, Jesus spricht,*
  Koha, 2002
HESSE, HERMANN: *Mit der Reife wird man jünger.*
  Betrachtungen und Gedichte über das Alter, Insel, 1990
HOLEY, JOHANNES: *Alles ist Gott,* εκδόσεις
  Ama Deus, 2002
JAMPOLSKY, GERALD: *Lieben heißt die Angst verlieren,*
  Goldmann, 2005
KATIE, BYRON: *1000 Namen für Freude,* Goldmann,
  2007
KATIE, BYRON: *Ich brauche deine Liebe-stimmt das?,*
  Goldmann, 2005
KATIE, BYRON: *Lieben was ist,* Goldmann, 2002
KATIE, BYRON: *The Work (To Έργο). Der einfache Weg*
  zum befreiten Leben, Goldmann, 1999
KING, JANI: *P´taah. Botschaften des Lichts & Hoffnung*
  und Liebe für Erde und Menschheit, Heyne, 2006

KYBALION: *Eine Studie über die hermetische Philosophie des alten Ägyptens und Griechenlands,* Edition Akasha, 1997

LIEDLOFF, JEAN: *Auf der Suche nach dem verlorenen Glück,* C. H. Beck, 1999

MACDONALD- BAYNE, MURDO: *Göttliche Heilung von Seele und Leib,* Kamphausen, 2002

MANTESE, MARIO: *Aufbruch in die Ewigkeit,* Drei Eichen Verlag, 1993

MANTESE, MARIO: *Im Herzen der Welt,* Drei Eichen Verlag, 2006

MANTESE, MARIO: *Im Land der Stille,* Drei Eichen Verlag, 1998

MANTESE, MARIO: *Licht einer großen Seele,* Drei Eichen Verlag, 2005

MANTESE, MARIO: *Vision des Todes,* Drei Eichen Verlag, 1993

MEHRINGER-SELL, ISOLDE: *Reinkarnationstherapie mit Kindern,* Schirner, 2001

MOHR, BÄRBEL: *Neue Dimensionen der Heilung,* Ullstein, 2007

MOHR, BÄRBEL & MANFRED: *Fühle mit dem Herzen,* Koha, 2007

MOUNTAIN DREAMER, ORIAH: *Die Einladung,* Goldmann, 2000

NADOLNY, STEN: *Η ανακάλυψη της βραδύτητας, εκδ. Οίκος* ΚΑΣΤΑΝΙΩΤΗ, 1991

NAIMY, MIKHAIL: *Das Buch des Mirdad,* Drp Rosenkranz, 2006

NIDIAYE, SAFI: *Das Bewusstseins-Orakel,* Ullstein, 2005

NIDIAYE, SAFI: *Die Stimme des Herzens,* Bastei-Lübbe, 2000

NIDIAYE, SAFI: *Die Weisheit der inneren Stimme des Herzens,* Ullstein, 2004

NIDIAYE, SAFI: *Wieder fühlen lernen,* Integral, 2006

O´DONOHUE, JOHN: *Anam Cara. Das Buch der keltischen Weisheit,* Dtv, 1997

O´DONOHUE, JOHN: *Echo der Seele*, Dtv, 1999

O´DONOHUE, JOHN: *Vom Reichtum des Lebens*,
Dtv, 2007

OSHO: *Το βιβλίο των αντρών*, εκδ. *οίκος Ρέμπελ*, 2004

OSHO: *Το βιβλίο των γυναικών*, εκδ. *οίκος Ρέμπελ*, 2004

OSHO: *Το βιβλίο του εγώ*, εκδ. *οίκος Ρέμπελ*, 2004

OSHO: *Jesus, Mensch & Meister*, Innenwelt Verlag, 2004

OSHO: *Kinder. Sei einfach du selbst*, Ullstein, 2004

OSHO: *Liebe, Freiheit, Alleinsein*, Goldmann, 2002

OSHO: *Mut. Lebe wild und gefährlich*, Ullstein, 2004

OSHO: *Träume … und werde wach*,
Innenwelt Verlag, 2006

PRECHT, RICHARD DAVID: *Wer bin ich und wenn ja,
wie viele*, Goldmann, 2007

PRESSLER, MIRJAM: *Wenn das Glück kommt, muss man
ihm einen Stuhl hinstellen*, Beltz, 2004

REDFIELD, JAMES: *Η ουράνια προφητεία*, εκδ. *Διόπτρα*,
2004

REITER, PETER: *Geh den Weg der Mystiker. Meister
Eckharts Lehren für die spirituelle Praxis im Alltag*,
Via Nova, 2003

RUIZ, DON MIGUEL: *Die vier Versprechen. Ein
Weisheitsbuch der Tolteken*, Ariston, 2005

RUIZ, DON MIGUEL: *Vollendung in Liebe*, Ullstein, 2004

RUSSEL, WALTER: *Das Genie steckt in jedem*,
Genius, 2005

RUSSEL, WALTER: *Die Botschaft der göttlichen Iliade*,
Genius, 2005

SAMARPAN: *Glücklich Sein in jedem Moment*,
Kamphausen, 2003

STARKMUTH, JÖRG: *Die Entstehung der Realität*,
Jörg Starkmuth, 2006

THICH, NHAT HANH: *Ärger*, Goldmann, 2007

THICH, NHAT HANH: *Friedlich miteinander leben*,
Lotos, 2005

THICH, NHAT HANH: *Ich pflanze ein Lächeln*,
Goldmann, 2007

THICH, NHAT HANH: *Im Hier und Jetzt Zuhause sein,*
Theseus, 2006
THICH, NHAT HANH: *Jesus und Buddha,* Herder, 2005
THICH, NHAT HANH: *Tief aus dem Herzen,* Kösel, 2007
TOLLE, ECKHART: *Jetzt! Die Kraft der Gegenwart,*
J. Kamphausen, 2002
TOLLE, ECKHART: *Leben im Jetzt,* Goldmann, 2002
VÖDISCH, BARBARA: *Lady Nada. Botschaften der Liebe,*
Smaragd, 1999
WALSCH, NEALE DONALD: Συζήτηση με το Θεό, *1ος*
τόμος, εκδ. Δυναμική της Επιτυχίας, 1998
WALSCH, NEALE DONALD: Συζήτηση με το Θεό, *2ος*
τόμος, εκδ. Δυναμική της Επιτυχίας, 1998
WALSCH, NEALE DONALD: Συζήτηση με το Θεό, *3ος*
τόμος, εκδ. Δυναμική της Επιτυχίας, 1998
WALSCH, NEALE DONALD: *Was Gott will,*
Goldmann, 2006
WALSCH, NEALE DONALD: *Zuhause in Gott. Über das
Leben nach dem Tode,* Goldmann, 2007
WEINBERG, STEVEN L. (εκδότης): *Ramtha – Das weiße
Buch,* In der Tat, 2003
WILLIAMSON, MARIANNE: *Rückkehr zur Liebe,*
Goldmann, 1995

ROBERT
BETZ

Reclaiming
the Joy
in Being a
MAN!

How Men Can Rediscover Their Manhood

VERLAG
ROBERTO & PHILIPPO

Manhood is to be celebrated!

Robert Betz provides modern men with completely new impulses, encouraging them to really and truly live their manhood: freely, authentically, and with self-confidence. Leaving insecurity and self-doubt behind, men can discover the true meaning of manhood in all facets of their lives: in everyday life, work, and relationships.

A powerfully written motivational book for all men who want to give their lives deeper meaning and new direction. Even women reading this book will start seeing the man at their side, and men in general, with new eyes …

•••

Hardcover, 14 x 22 cm, 240 pages, 18,99 € [D]
ISBN: 978-3-942851-26-4

ROBERT BETZ

TRUE LOVE SETS Free!

How Women and Men Find Themselves and Each Other

VERLAG
ROBERTO & PHILIPPO

The truth about love that fosters happiness

We look to love for ultimate fulfillment, only to frequently encounter disappointment, hurt, and pain instead. But life by no means has to remain this way, as popular psychologist and life coach Robert Betz shows us. »When it comes to love, we're like children in adult bodies, hungering for attention« is one of his provocative premises. And those who succumb to widespread misconceptions about the essence of love are setting them-selves up for repeated disappointment.

With a truly refreshing approach, Robert Betz helps us see the major life issue of »love« in a completely new light: true love truly does bring happiness, for it leads us to joy – both within ourselves and with others. „Love always coexists with freedom. Those who truly love inevitably set their loved ones free at all times."

••

Hardcover, 14 x 22 cm, 306 pages, 19,95 € [D]
ISBN: 978-3-942851-23-3

ROBERT
BETZ

Welcome
to the Realm of
Abundance

Creating Success,
Prosperity, and Happiness

VERLAG
ROBERTO & PHILIPPO

All people long for a fulfilling existence

All people long for a fulfilling existence – and yet so many of us are caught up in a consciousness of scarcity: we "lack," we "need," and so forth. Many people live lives defined by constraint instead of choosing to explore their creative potential, allowing their power of creativity free reign.

Robert Betz, a psychologist who has proved to be one of Germany's most successful lecturers and seminar instructors of recent years, lets us in on his formula for success. Through a straightforward and inspiring approach, he reveals how we can overcome states of scarcity and associated feelings, enabling each of us to find our very own path to a successful life – one filled with abundance on both material and spiritual planes.

••

Hardcover, 14 x 19 cm, 189 pages, 14,95 € [D]
ISBN: 978-3-942851-21-9

ROBERT
BETZ

Step Out
of Your Old Shoes!

*Let Go of Old Habits –
Give Your Life New Direction*

VERLAG
ROBERTO & PHILIPPO

A fascinating motivational book on self-discovery and personal growth

Robert Betz, the well-known psychologist and life coach, encourages us to take inventory of our own lives – in a radically honest way. Stepping away from old patterns, lifestyles, and habits is possible! In leaving behind an exhausting existence marked by strain on body, mind, and soul, each and every one of us can step into a life that makes our hearts sing with joy …

• Recognize your „old shoes" – and step out of them
• Make peace with yourself and your past
• Convert pain, anxiety, and anger into joy
• Make new decisions and live your own truth

••

Hardcover, 13,5 x 22 cm, 235 pages, 17,95 € [D]
ISBN: 978-3-942851-22-6